閒話中國人

Talking about Chinese

談到中國人的事，實在是麻煩得很

易中天

著

各界推薦——

Cheap　百萬歷史 YouTuber

文成　作家、一歷百憂解主持人

矢板明夫　日本《產經新聞》台北支局長

羊咩老師　高中國文老師、《上一堂人生國文課》作者

厭世哲學家　《厭世講堂》作者

顏擇雅　出版人、作家

（依筆畫排序）

目錄

引言 005

第一章 飲食
一 民以食為天 020
二 生命與血緣 035
三 請客吃飯之謎 050
四 煙、酒、茶 062

第二章 服飾
一 文明與野蠻 074
二 道德與禮儀 084
三 非凡意義 093
四 時尚問題 105

第三章 面子
一 命之所繫 122
二 面子丟失之後 132
三 吃得開與玩得轉 142
四 面具、角色、戲劇性 155

第四章 人情
一 面子與人情 174
二 人情法則 183
三 做人問題 192
四 良心、義氣、人情味 202

第五章 單位
一 單位之謎 212
二 公與平 223
三 窩裡鬥揭祕 235
四 告別單位 249

第六章 家庭
一 家為國之本 258
二 差異與等級 270
三 泛倫理 284
四 官本位 294

第七章 婚戀
一 無愛的婚姻 304
二 子女問題 312
三 大男大女 320
四 當代婚戀 333

第八章 友誼
一 真情所繫 342
二 交友三昧 350
三 任俠與清高 359
四 圈子 368

第九章 閒話
一 所謂閒話 380
二 閒話不閒 389
三 男人女人 400
四 閒話心理 409

引言

看不懂的中國人

這本書是講中國人的。

中國人的事最不好講。

比如腐敗。中國人喜歡腐敗嗎？當然不喜歡。提起腐敗，中國人沒有不咬牙切齒痛心疾首恨之入骨的。就連那些行賄受賄者，也未必當真喜歡腐敗。如果不受賄即可財源滾滾，他為什麼要冒丟官下獄的風險？如果不行賄就能通行無阻，他又為什麼要拿自己的錢送人？渴望腐敗的大約只有一種人——在種種權錢交易或權色交易中拉皮條的。但那是極少數。

多數人是不喜歡腐敗的。但他們又離不開腐敗。事實上許多中國人一旦自己有事，首先想到的便是拉關係走後門請客送禮。如果所有的官員都當真既不吃請也不收禮，恐怕不少人就會悵然若失，心裡空落落的，不知道自己的事到底辦不辦得成。所以，不反腐敗是不行的，反得太厲害怕也不行。最好是留一條尾巴，限制在吃一兩頓飯和收一兩條煙的範圍內，則皆大歡喜。

你說這是逼出來的？也未必。比如公款吃喝，是大家都反對，都憎惡的。但如果你請那從未參加過的人一起來吃，則他多半會欣然前往，且面有得色。可見他反對的並不是公款吃喝，而是別人有份自己沒有。因為自己沒有份，便只好連公款吃喝一齊加以反對。

那麼，中國人兩面派嗎？不對！他是始終如一的，也是有原則的。這個原則，就是我們以後要講到的人情、面子等等。你請他吃飯，是你的人情，也是給他面子，豈能不領情，給臉不兜著？換句話說，他吃的只是你的人情你的面子。至於用的是公款還是私款，和他又有什麼關係？當然也不妨礙他在理論上反對公款吃喝。結果，大家都反對公款吃喝，而公款吃喝卻屢禁不止，且愈演愈烈。因為沒有人會把抽象的原則和具體的事物混為一談，也沒有人會為了某個大道理犧牲面子人情。怎麼說是一回事，怎麼做又是另一回事。比方說，你那個老朋友是一貫反對公款吃喝的，但如果他到了你的轄區，你不拿公款招待他，他還不高興！因為這似乎意味著他上不了檯面，或沒有資格享受公款吃喝，是很沒有面子的。

顯然，不是中國人說一套做一套，也不是中國人當面一套背後一套，而是為人處世的原則或法則太多，又往往互相矛盾。老祖宗留下了不少的遺訓，這些遺訓常常都是要打架的。比方說，老祖宗諄諄教導我們，一個人，應該見義勇為，「路見不平，拔刀相助」，但同時又會告誡我們少管閒事，「各人自掃門前雪，休管他人瓦上霜」。那麼，我們是管還是不管？哈！這你就不懂了。管不管，要看那事是不是閒事。如果是閒事，就不該管；不是閒事，就應該管。所以，見義勇為是對的，袖手旁觀也是對的。中國有句老話「公說公有理，婆說婆有理」，也就是說，有理沒理，不光看講不講得出道理來，還要看你是「公」還是「婆」。

這樣一來，研究中國人「國民性」或「民族性」的人就麻煩了。

他實在想不出該用哪一兩個詞或哪一兩句話來概括中國人，概括中國人的民族性格和文化心理。比方說，中國人耿直卻又圓滑，坦誠卻又世故，多疑卻又輕信，古板卻又靈活，講實惠卻又重義氣，尚禮儀卻又少公德，主中庸卻又走極端，美節儉卻又喜排場，守古法卻又趕時髦，知足常樂卻又夢想暴發，燒香算命卻又無宗教感，愛抱團兒卻又好窩裡鬥，愛挑刺兒卻又會打圓場，不愛管閒事卻又愛說閒話，懂得只爭朝夕的道理卻又主張慢慢來，等等。結果，中國地大物博、歷史悠久，有著五千年燦爛的文化，在世界歷史上最早先富起來，卻又最終弄得一窮二白，因為落後而挨打。總之，中國人是不大容易看懂的。豈但外國人看不懂，便是中國人自己，也不一定說得清。

其實，就連「說不清」也是不對的。如果你用「說不清」三個字來概括中國人，保准有人立馬表示反對：說不清？怎麼說不清？我就說得清。然後，他就會一五一十地說將起來，而且說得頭頭是道，說得旁邊的人直點頭。可是，點頭又怎麼樣呢？他聽張三講的時候會點頭，聽李四講的時候也會點頭，因為張三、李四講得都對。但你要以為張三、李四觀點一致，那就大錯特錯了。他們的說法很可能正好相反——張三講的是「公理」，而李四講的是「婆理」。何況在中國，點頭並不一定表示贊同（當然也不一定表示不贊同）。它可能是表示在傾聽，或者表示禮貌，甚至只不過習慣動作而已。

中國人的事，實在是麻煩得很。

就說吃飯。中國人是最愛請客吃飯的。南方北方，都一樣。但如何吃，吃什麼，卻不大相同。北方人請客吃飯，總是整一桌子菜，盤子疊盤子碗摞碗。那些菜，往往也都很實在，整隻的雞整隻的鴨，整隻的豬腿或羊腿，總之是大碗喝酒大塊吃肉。南方的盤子就要小得多，菜的分量也少得多，幾乎一筷子就可以夾完，但花色品種則比較豐富，一隻雞可以做好幾種菜，一條魚也可以兩吃或三吃。於是北方人就瞧不起南方人了，認為他們小氣。南方人也看不上北方人，認為他們傻氣。最好玩的是，他們都認為對方虛偽。北方人說，弄那麼一點點菜，讓人不敢下筷子，這是請的哪門子客？虛情假意吧！南方人則說，明明吃不完，還要不停地上菜，這是讓人吃還是讓人看？虛張聲勢嘛！那麼到底誰虛偽？其實誰也不虛偽。北方人認為，既然誠心誠意請人家吃飯，就得讓人能夠放開肚皮吃，這樣才實在。南方人則認為，實實在在地待人，就用不著鋪張浪費。菜嘛，夠吃就行，弄那麼多幹什麼？如果是自己家裡人吃飯，有這麼擺譜的嗎？沒有吧？再說，弄那麼多菜，豈不把人家當成了飯桶？還是能吃多少弄多少的好。這可真是南轅北轍，猴吃麻花——滿擰。結果，他們雖然都很實在，卻又都被認為是虛偽。

你看，同樣是中國人，南方北方就大不一樣。中國人，是不是很難說得清？

文化與人

中國人和中國人不一樣，西方人和西方人也不一樣。

有人做過一個實驗。他把兩男一女編成一組，送到一個孤島上，看看會發生什麼事情。三天以後，他來到英國人的島上，只見那三個人各自孤零零地坐在那裡，誰也不理睬誰。問其故，英國人抱怨說：你忘了給我們互相介紹。他又來到西班牙人的島上，發現那兩個男人不見蹤影，那個女人則在跳舞。女人滿不在乎地告訴實驗者：他們為我而決鬥，都死掉了。實驗者又來到法國人島上，發現一男一女不見了，剩下一個男人吹著口哨在修剪樹枝。男人興高采烈地告訴他，他們一上島，就約定兩個男人輪流做那女人的情人，現在那一對男女正在樹林子裡面快活。最後，他來到俄國人的島上，只見兩個男人喝著伏特加在打牌。問那女人到什麼地方去了，俄國男人醉醺醺地回答說：你問女同志？哦，勞動婦女正在集體農莊建設社會主義。又問他們在幹什麼，這回俄國男人不再醉眼矇矓了。他倆瞪大眼睛一本正經地回答說：奇怪！難道你沒有看見領導們在開會嗎？

這當然只是一個笑話。這樣的笑話還可以再講一個。幾個人，到咖啡館喝咖啡，發現咖啡裡有蒼蠅。第一個發現的是英國人。這個英國人一聲不響站起身來，掏出錢放在咖啡杯下，揚長而去。第二個是日本人。日本人拍案而起，把領班臭罵了一通，並揚言要教會他們如何管理企業。第三個是美國人。美國人舒舒服服地靠在椅子上，手指一勾叫來女招待，笑瞇瞇地對她說：小姐，在我們美國，蒼蠅是單獨放在碟子裡，和咖啡、伴侶、奶、糖一起送上來的，顧客自己放，想要多少就放多少。

那麼，如果發現咖啡裡有蒼蠅的是中國人，會怎麼樣呢？多半會大吼一聲：搞什麼名堂！去，叫你們領導來！

你看，不同的人，對待同一件事情，是不是會有不同的處理方式？

不同也是有原因的。原因就在民族性，或曰民族的文化性格。英國人講究所謂「紳士風度」，不會當場翻臉，未經介紹，陌生人之間也不會說話。此外，法國人浪漫，美國人幽默，日本人嚴厲，西班牙人強悍，他們也都有不同的表現。至於中國人，向來就是聽領導話的。出了事，首先想到的當然也是找領導。而且，為了表示自己有資格教訓對方，「叫你們領導來」這句話還必須說得氣壯山河。美國人則相反。他們認為，自己的事情應該自己解決。所以他們不會去找領導，要找也是找律師。何況，現在面對的只是一個漂亮妞，那又何必大喊大叫？

這就是文化的差異了。

文化的差異隨處可見。一個中國人到一個外國人那裡去做客，人家或許也會問一句「喝點什麼」，而中國人往往會回答說「不客氣」。結果這個中國人就只好去忍受口乾舌燥，因為你已經說過了「NO」，人家是不會去強人所難，硬要讓你喝點什麼的。

當然，這個中國人也可能會回答說「隨便」，其結果則很可能同樣糟糕。咱們國門剛剛打開那會兒就鬧過這種笑話。一個大清帝國的官員去拜訪一位洋人。洋人問他「喝點什麼」，他說「隨便」。於是洋人便請他喝咖啡。該官員從未喝過咖啡，第一口差點吐了出來。他放低了聲音問翻譯：「這是什麼東西？」答曰：「咖啡。」官員說：「我沒有說要喝咖啡呀！」翻譯說：「你剛才說隨便。」官員憤怒地說：「啊，我說隨便，他就讓我喝苦水呀？那好，下回他要是也說隨便，我就讓他喝馬尿！」

其實，這位官員的脾氣是發得沒有道理的，也是沒有用的。第一，人家並沒有一定要你喝咖啡，是你自己說隨便。第二，人家也沒有隨便到請你喝馬尿的程度，你當然也不應該用馬尿來報復人家。第三，當真你問人家「喝點什麼」，人家也不會說「隨便」。反倒是，由於這位官員不知道文化的差異，也不懂得吸取教訓，下次去洋人那裡又說「隨便」，便當真喝了味道和馬尿差不多的東西——洋人管那玩意叫啤酒。

可見，不懂得文化的差異，就會惹麻煩，鬧笑話，無所措手足。比方說，看見一位老太太在上樓梯，你是應該去扶她一把呢，還是不扶呢？如果是中國人，就應該去扶一把，不扶，是不道德的。但如果對方是老外，是美國人，則不但不會領情，沒準還會生氣，因為她會認為你小看了她，把她看作了「老不中用的東西」。

這也不奇怪。人，是文化的存在物。任何人都只能生活在一定的文化之中。甭管是中國人西方人，直頭髮鬈頭髮，藍眼睛黑眼睛，黃皮膚白皮膚，全都一樣。比如我們中國人吃飯是用筷子的。沒有筷子，就用別的東西代替。我在農場勞動時，中飯常常要送到地裡來吃。那些沒帶碗筷的，就用農作物的葉子做碗，用樹枝做筷子，沒人用手抓飯抓菜吃。但有些民族卻是用手抓的（當然飯前要洗手）。手抓羊肉手抓飯，便因此而得名。西方人在學會用刀叉之前，也是用手抓的。這不是生理的差別，是文化的差異。

文化的作用比遺傳的作用還大。美國的黑人和非洲的黑人在體質上並無多少差異，但美國的黑人穿西裝，打領帶，說英語，信上帝，有事找律師，和他們穿長袍，打赤腳，信鬼神，說班圖語，有事找巫師的非洲兄弟完全兩碼事。何況，班圖尼格羅人也不全信萬物有靈，也有信伊斯蘭教的。信伊斯蘭教的，和信基督教、信萬物有靈的，做起事來，常常就會兩樣，哪怕他們都是黑人。

顯然，人之謎，就是文化之謎。

中國人之謎，當然也就是中國文化之謎。

所以，要看懂中國人，就得先弄清中國文化。

文化之謎

然而文化卻不好把握。

文化是什麼？什麼是文化？這個問題真的好難回答。文化沒有形狀，無法描述；沒有範圍，難以界定。文化就像是空氣，我們天天都生活在它當中，一刻也離不開它，但當我們試圖伸出手去把握它時，卻又會發現它無處不在、無時不在，唯獨不在我們手裡。

實際上，一旦我們發現文化無時不在、無處不在時，事情也就變得比較好辦了。因為我們正可以從自己身邊最普通、最常見、最熟悉的種種文化現象入手，去探尋文化的祕密。

就說方便（文雅的說法又叫「如廁」），原本是人的動物性本能，和阿貓阿狗無異。但如何方便，在哪裡方便，卻有文化。中世紀法國宮廷是用一根粗麻繩來充當手紙的。這根粗麻繩從屋頂吊將下來，隨手便可取用。皇帝用完了皇后用，皇后用完了寵臣用，常年不換，一貫到底。這就連中國的農民都不如。中國的農民先前也不用手紙，用土疙瘩，或苞米葉，但用完即扔，並不重複使用。所以，雖然土了一點，卻也不至於傳染疾病。

不過，知道用粗麻繩，就算是有了文化。動物是不會用粗麻繩的，牠們也不會給自己蓋廁所，或在方便的時候避開他人。可見，文化是人類獨有的東西。動物生活在自然界，人類生活在文化中。文化，是「人類生存和發展的方式」。或者說，就是人的活法。

不同的人有不同的活法，也就有不同的文化。比方說，中國人吃飯用筷子夾，西方人吃飯用叉子戳，這是兩種不同的文化；中國人見面鞠躬作揖，西方人見面握手擁抱，這也是兩種不同的文化。其實，見面的禮節，也不光是鞠躬作揖和握手擁抱，沒準還有吐唾沫的。東非尼格羅人中的一支，就視吐唾沫為緊要關頭的一種祝福。一個人生了病，或者一個孩子剛剛生下來，都要請法師來吐唾沫。他們相互之間見了面是不是也吐，就不知道了，但在這個世界上，見面以後相互打一拳的人肯定有。

文化，就是這樣五花八門。

這同樣並不奇怪。任何民族，都要生存，要發展，所以任何民族都有自己的文化。但如何生存，如何發展，不同的民族又有不同的方式，所以又有不同的文化。比方說，中國重農，西方重商，這是經濟生活方式的不同；中國講禮，西方講法，這是社會組織方式的不同；中國人用方塊文字，西方人用拼音文字，這是思維認知方式的不同，等等。不同的方式，不同的活法，就構成不同的文化，也形成不同的民族、不同的人群，比如東方人、西方人，或中國人、日本人、印度人、英國人、法國人、德國人等等。

由此可見，文化與人，難解難分。不同的人創造不同的文化，不同的文化也造就不同的人。這裡面好像沒有太多的道理可講，也沒有太多的價錢可講。比如美國人，其實是不怎麼喜歡律師的。美國有個笑話講，兩個年輕人，在天堂裡一見鍾情。他們對上帝說要結婚。上帝說，好吧，我給你們找個牧師。一個月以後，這兩個年輕人又要離婚。上帝說，這就難辦了，天知道什麼時候才會有一個律師上天堂！

可惜，不管美國人多麼不喜歡律師，他們有了事，還是要去找律師，而不是找領導。討厭律師，又離不開律師，這就是美國人的活法。因為他們是生活在一個法治文化的社會裡，而這種文化又是他們自己創造的。這就叫「自己挖坑自己埋」。

文化，作為人的活法，豈能沒有道理？

其實，任何文化現象的產生，都不可能是任意的、偶然的、毫無道理的。文化學的任務，就是要找到並說清這些道理。

一個顯而易見的道理或規律是：一個民族的文化方式或生活方式，總是體現著這個民族的文化性格。比方說，中國人見面鞠躬作揖，是因為中國人的性格「內向」；西方人見面握手擁抱，則是因為西方人的性格「外向」。外向，所以伸出手去握別人的手；內向，所以伸出手握自己的手。這就正如中國人吃飯用筷子夾，是向內用力；西方人吃飯用叉子戳，是向外用力。一向外，一向內，故西方文化的象徵物是十字架，中國文化的象徵物是太極圖，一個從一點出發向四面擴展，一個由兩極構成在圈內互動。

這就十分有趣了。一個進餐方式（筷子叉子），一個交際方式（握手作揖），表面上看風馬牛不相及，卻居然有著內在的心理聯繫。這就說明，在種種文化現象，或者說，在種種具體的文化方式之上，還存在著一個更高層次的方式，一個統率一切的總方式。如果說文化是人的一種活法，是人類生存的發展的方式，那麼，這個總方式就是「活法的活法」，「方式的方式」。所以，我們把它稱之為「文化內核」，或「文化的思想內核」。

文化內核，是一個民族文化的思想核心，是這個民族生存和發展的總綱。綱舉才能目張。只有把握了文化的思想內核，我們對於一個民族的文化精神、文化特徵、文化個性、文化機制、文化行為和文化心理，才可能有一個較為深刻和透徹的瞭解。也就是說，只有把握了中國文化的思想內核，我們才有可能看懂、看透、看清中國人。

中國文化之謎

然而，要把握中國文化的思想內核，真是談何容易！

如果說，中國人是一個謎，中國文化也是一個謎，那麼，中國文化的思想內核就是謎中之謎。文化本身是具體的、生動的、鮮活的，文化內核作為方式的方式，卻只能是一種高度抽象的哲學概括，而且這種抽象概括又必須為生動具體鮮活的文化現象所證實。從具體中得到抽象難，從抽象上升到具體更難。解謎難，解謎中之謎就更是難乎其難。

於是，我們想到了文化現象。

文化，無疑是由林林總總的文化現象來構成的。這些現象，有如細胞，構成了文化鮮活的生命。正如一切細胞所含的生命祕密都是「全息」的，文化現象也隱含著一個民族文化的生命資訊和遺傳密碼。因此，對它們進行「立體的掃描」和「深層的透視」，就有可能揭示和掌握它所代表的那個文化的核心機密。

就說請客吃飯。世界各民族都要吃飯，也都要請客，但請法和吃法卻不大一樣。有人就鬧過一個笑話。有一次，他和幾個中國人請兩個美國人吃飯。按照程序，也出於禮貌，他請大家每個人都點一道菜。客人中之一位，在美國大概上過中國餐館，多少有點經驗，便很老到地率先點了「芙蓉雞片」。另一位美國人對中國菜則一無所知，大家都點過之後，他仍很茫然。於是主人便誘導他點了一道湯，反正是要等菜齊了大家一起吃。開席了，頭一道菜便是芙蓉雞片。那個自以為內行的美國人問道：這是我點的菜嗎？得到肯定的回答後，便高興地說：Sorry！我先吃了。接著，便移過盤子，刀叉並進，大快朵頤。在哭笑不得的尷尬中，幾個中國人只好「主隨客便」，也按美國規矩各人吃各人點的菜。這下另一個美國人可就倒楣了。他不得不硬著頭皮喝下最後上來的一大碗榨菜肉絲湯。

認真說來，這當然只是小事一件。然而，正是在這件小事中，我們不難看出文化精神，即：中國文化的思想內核是群體意識，而西方文化的思想內核是個體意識。

所謂個體意識，簡單一點說，就是認為每個人都是單獨的個體，是具有獨立人格和自由意志的個人。因為具有自由意志，所以，每個人的幸福要靠每個人自己去爭取，每個人的行為也要由每個人自己來負責。哪怕只是一盤菜的享用，也得自己點了自己吃；即便是在他人的誤導下點了榨菜肉絲湯，也得由自己硬著頭皮喝下去。因為具有獨立人格，所以，每個人的選擇和行為，他人都不能強加干涉，除非是危害了公眾利益。大至總統的選舉，小至職業的選擇，都如此。至於吃飯穿衣之類，就更是純屬個人行為，與他人毫不相干。別人愛吃什麼，想吃什麼，我管不著；我自己愛吃想吃的，也用不著請別人吃或讓別人吃，以免把自己的意志強加於人，干涉了別人的意志自由，侵犯了別人的人格獨立。既然如此，自然是各點各的菜，各人點了各人吃，甚至各付各的帳。

所謂群體意識，也簡單一點說，就是認為每個人都是群體的一部分。群體的利益就是個人的利益，群體的價值就是個人的價值。個人的意志，必須服從於群體的共同意志；個人的人格，只能依附於群體的共同人格。即便吃飯穿衣，也不完全是個人的事。如果是眾人聚餐，就更要「顧全大局」。比方說，在點菜的時候，要儘量選擇大家都愛吃的菜，不能只顧自己的口味。因為「一人向隅」，尚且「舉座不歡」，倘若只有你一個人吃得開心，又成何體統？至於各自為政，就更沒名堂。如果各點各的，各吃各的，那又何必坐到一起來？乾脆各自回家或者吃份飯好了。聚餐，不就圖的是大家在一起，體驗群體性嗎？

不同的思想內核，就造就了不同的文化性格。

一般地說，以個體意識為思想內核的民族多半性格外向，以群體意識為思想內核的民族多半性格內向。因為個體已是社會的最小單位，實在已無「內」可「向」。只有向外發展，才能求得生存空間。群體卻有著自己的內部空間。以群體為單位，生存空間界定以後，要解決的就是內部問題，眼睛非向內看不可。所以，中國人性格內向而西方人性格外向，當然也就有著不同的交際方式。西方人見面，是兩個單獨個體的事情。個體的獨立人格不可入，自由意志不可犯。因此必須敞開懷抱，伸出雙手，表示願意建立關係；還必須握手擁抱，相互接觸，關係的建立才能得到確證。中國人見面鞠躬作揖，則另有一番意義。雙手抱拳，表示關係早已確定，大家都是自己人，就像左手和右手，早就抱成了團兒，不必再分彼此，如果把手伸了出去，豈非見外？至於點頭彎腰，則無非表示敬意。因為即便是「哥們」，也有大有小有兄有弟。自己的頭低一點，腰彎一點，也就抬高了對方。大家都禮貌，都謙讓，也就能「群」。

可見，文化現象是體現著文化內核的。為此，本書特別拈出九種文化現象來進行討論。這九種文化現象，有的是中國獨有的，如人情、面子；有的雖非中國獨有，卻頗具中國特色，如飲食、家庭。現象雖有九種，但「九九歸一」，目的卻只有一個，即要揭示出中國文化最核心最深層的祕密。

所以，這些現象，便有一個共同特點，即它們都是我們自己的身邊人、身邊事，是每個中國人熟視無睹、司空見慣、習以為常、見怪不怪的。因為最「尋常」的，也就必然是最「正常」的。文化內核既然是最具綱領性的東西，就一定能見之於最具普遍性的現象。不過，太尋常也就難免看不見。這就需要分析，需要解剖，需要追根尋源，或者說，需要「破譯」，才能「解密」。

這，便正是本書要做的事情。

Chapter 1

飲食

一　民以食為天

吃出來的和做出來的

有人說，中國文化是吃飯吃出來的，西方文化是做愛做出來的。

這當然不像話，也沒什麼科學依據，卻也不是全沒影兒。什麼是文化？文化就是人類生存和發展的方式。要生存，要發展，這「飲食男女」四個字是不能不講的。就連動物，都知道不能不覓食，不能不求偶。這是本能。用句文雅的話說，就叫「食、色，性也」，管你張三李四天王老子，都一樣。反正不吃飯，就會一命嗚呼（個體無法存活）；不做愛，就會斷子絕孫（種族不能繁衍）。不能生存，何談發展，又哪有什麼文化？

這可是天大的事，擱到誰頭上也含糊不得。

所以中國便有句老話，叫「民以食為天」。就是說，吃飯這事，有天那麼大，或者直接的就是天。可惜「天」只有一個，給了「食」，就不好再給「色」了。因此不曾聽說過「民以色為天」

的。民以色為天，舉國上下都是「淫夫蕩婦」，那還了得？再說，「飽暖思淫欲」，填飽了肚子才談得上其他。如果連吃飯都成了問題，哪裡還動得了別的心思？

因此重視歸重視，偏心眼兒卻也難免。大體上說，「飲食男女」這四個字，中國人似乎更看重「飲食」，西方人則似乎更在乎「男女」。西方人會因為一個女人去打仗，中國人就不會。像古希臘人那樣，為一個什麼名叫海倫的女人而發動一場特洛伊戰爭的事，中國人是不會幹的。中國人只會在打敗了仗以後把責任推到女人身上，讓女人當替罪羊，比如妲己或楊貴妃。中國人打仗也有搶女人的。比如曹操攻破鄴城，曹丕便趁機把袁熙的老婆甄氏「笑納」了。但那是「摟草打兔子」，捎帶的事。主要任務還是搶飯碗，打人家鍋碗瓢盆的主意，文雅的說法叫「問鼎」。鼎是什麼玩意？燒飯鍋嘛！

當然，「問鼎中原」的那個「鼎」，已不簡單的只是一口燒飯鍋了。作為政權和權力的象徵，它也是一種神器。這事我們以後再說。但用燒飯鍋來做神器和權柄，這就很有些意思，至少說明管飯比管別的什麼更重要一些。男女之事當然也很重要，因此也有用性器來做神器和權柄的，比如「圭」就是。圭，玉制，狀如男根，大小不一。天子所持者曰「鎮圭」，一尺二寸；公爵「桓圭」，九寸；侯爵「信圭」，七寸；伯爵「躬圭」，五寸。反正誰的陽器粗壯偉岸，誰的權力就大，地位就高。看來，上古時期人們要解決的，主要就是「飲食」和「男女」這兩件大事。一個「鼎」，一個「圭」，便都好生了得。鼎供在廟堂之上，圭拿在諸侯手中。拿在手中的沒怎麼聽人說要奪，供在堂上的卻老是有人來問，「鼎」的分量顯然要重於「圭」，「飲食」還是比「男女」

重要。

其實不要說神器，就連神，也中西有異，職司有別。西方人的神是上帝。上帝是創世神。祂創造了世界，也創造了人，而且一造就是男女兩個。這就麻煩。你想，孤男寡女弄到一起，豈有不出事的？

果然弄出了些尷尬事體，以至於上帝一怒之下，把他們逐出天堂，罰往人間生兒育女，這才有了人類社會。吃飯的問題，也由人自己想辦法，上帝是不管的。

中國的神就不同。造人的是女媧娘娘，而且並不單造一男一女，一造就是一大群。造出來以後，老太太就樂呵呵地看著他們生育繁衍，自己躺在雲裡霧裡安享那天倫之樂。至於吃飯的問題，則留給另一位「準神」去解決。這位準神就是伏羲。伏羲究竟是人還是神，不大說得清楚，大約是半人半神吧！但可以肯定他是一個廚子，或者曾經當過廚子，要不就是「司務長」。伏羲又叫庖犧。庖就是庖廚，犧就是犧牲。主管庖廚和犧牲的，不是紅案就是白案。史書上說他「教民漁獵畜牧」，說了歸齊也就是解決了大家的吃飯問題，自然功莫大焉。於是這個「夥頭軍」和「大師傅」的地位便越弄越高，弄到最後，就連造人的女媧，也居然成了他的太太，甚至還有說伏羲和女媧由兄妹而夫妻者。這就不能不說是把「飲食」看得比「男女」還重要了。

我們知道，神的職能無非是滿足人的需要。有什麼樣的人和人的文化，就有什麼樣的神。古希臘奧林帕斯山上的諸神們，平時都幹些什麼呢？也就是打情罵俏尋歡作樂捎帶著爭風吃醋罷了。中國的神、神王或先聖就辛苦得多。比如伏羲要發明捕鳥獸的網和捕魚的罟，神農則要發明種地的耜和耒。反正得想辦法讓老百姓把肚子吃飽，老百姓才會尊你為神為聖。這就叫「民以食為天」。世界上還有比天大的嗎？沒有。中國人既然以食為天，則「悠悠萬事，唯此為大」，甚至「普天之下，莫非一吃」。

難怪中國人要把什麼都看成吃，說成吃了。

泛食主義

的確，中國文化有一種「泛食主義」傾向。

首先，人就是「口」，叫人口。人口有時候也叫人丁。或者男人叫丁，女人叫口。但不管女人男人，也都可以叫人口。人既然是口，謀生也就叫糊口，職業和工作也就是飯碗。幹什麼工作，就叫吃什麼飯。修鞋補鍋是吃手藝飯，說書賣唱是吃開口飯，當教書匠是吃粉筆灰，出租房屋是吃瓦片兒。總之，靠山吃山，靠水吃水。如果自己不謀生，靠積蓄過日子，就叫吃老本，粵語叫食穀種。老本總有吃完的一天，就叫坐吃山空。老本吃完，或並無老本可吃，就只好喝西北風，粵語則叫吊砂煲。砂煲是用來煲飯吃的，居然吊了起來，顯然是無米可炊，文雅的說法叫「懸磬」。

當然，最讓人羨慕的還是吃皇糧。吃皇糧的人，捧的是鐵飯碗，吃的是大鍋飯。鐵飯碗打不破，大鍋飯不定量，可以放開肚皮吃，不怕「吃空心湯圓」。最讓人看不起的則是「食拖鞋飯」。所謂「食拖鞋飯」，就是靠與自己有密切關係的女人出賣色相過日子。男子漢大丈夫，原本應該養家糊口的，居然墮落到食拖鞋飯，豈不可恥？

和「食拖鞋飯」相關的是「賣生藕」和「吃豆腐」。「賣生藕」是廣州話，意思是女人把自己白嫩的肉體當生藕賣；「吃豆腐」是上海話，意思是男人把女人白嫩的肉體當豆腐吃。前者指女人賣弄風情，後者指男人心懷不軌，但語氣比調戲婦女略輕，大體上屬於性騷擾的擦邊球，因此叫「吃豆腐」。豆腐白嫩，使人聯想到女人的肉體；豆腐又是素的，意思是並無真正的性關係。所以，吃吃豆腐，在許多男人看來也沒什麼了不起。但如果碰到特別潔身自好的正派女人，也可能讓他吃耳光，甚或讓他吃官司。即便不會吃官司，一個釘子碰了回來，也是吃癟，很沒有面子。

不體面的還有「飯桶」。一個人沒什麼用，是個「飯桶」，廣州、香港叫食塞米，北方叫白吃飯；受冤枉背黑鍋，廣州、香港叫食死貓，北方叫吃冤枉；被老闆或上司申斥，廣州、香港叫食貓面，上海叫吃排頭；如果挨打，在上海就叫吃生活，而開車開到路口過不去則叫吃紅燈。紅燈尚且可「吃」，還有什麼吃不得？

其實不但民間話語說「吃」，官方話語也說「吃」。比如孔子說《韶樂》之美，就說「三月不知肉味」；孟子說義利之辯，就說「熊掌與魚不可得兼」；毛澤東說實踐的重要，就說「你要知道梨子的滋味，你就得變革梨子，親口吃一吃」；焦裕祿說創新的可貴，就說「吃別人嚼過的饃沒有味道」。西漢初年，曾爆發了一場關於「湯武革命」是否合理合法的爭論。道家的發言人黃生認為商湯周武以下犯上，是「弒」。儒家的發言人轅固生則認為是「受天之命」。主持討論的漢景帝左右為難，完全無法表態。肯定黃生，則高祖皇帝代秦而即天子位也不合法；肯定轅固生，則等於承認自己這個皇帝也可以由他人取而代之。最後只好宣布：吃肉不吃馬肝，不算不懂味道吧？意思是說討論這個問題，如食有毒之馬肝，還是繞過去算了。反正大家都是美食家，馬肝又吃不得，不如一起去喝排骨湯。

諸如此類的說法還有很多。比如思索叫咀嚼，體驗叫品味，嫉妒叫吃醋，幸福叫陶醉，司空見慣叫家常便飯，輕而易舉叫小菜一碟，學風浮躁叫淺嘗輒止，理解深刻叫吃透精神，廣泛流傳叫膾炙人口，改變處境叫苦盡甘來。此外，如吃苦、吃虧、吃不消、吃不准、吃得開、吃裡扒外、吃不了兜著走、不吃那一套，以及生吞活剝、囫圇吞棗、秀色可餐、食古不化等等，都是見慣不怪的說法。反正好事也好（吃小灶），壞事也好（吃官司），有利也好（吃回扣），沒利也好（吃工夫），都能吃、可吃、該吃。即便什麼都沒吃到，也是「吃」，比如吃啞巴虧、吃閉門羹。

看來，說中國文化是一種食的文化，也沒什麼大錯。

頭等大事

中國人的這種觀念，依我猜測，多半是餓出來的。

想來我們的先民對於饑餓一定有刻骨銘心的記憶。那時候謀生有多難啊！剛剛走出森林那會兒，赤手空拳的人（或者說古猿）真是有些走投無路。坐享其成的日子一去不復返了，與平原上的動物競爭又沒有本錢。沒法子，只好自己拿自己開刀。一是改革飲食結構，由單純的素食改為雜食，也就是逮住什麼吃什麼，不挑嘴。二是改革飲食習慣，由一天到晚吃個不停改為定時定量一日三餐。三是改革飲食方式，由茹毛飲血改為用火加工。更重要的是，學會了製造和使用工具。事實上，人類早期的工具都是用來解決吃飯問題的。一類是用來獲取食物的，比如掘取塊莖的木棒、採集果實的藤籃、追擊野獸的石球、捕捉魚鳥的繩網。一類是用來加工食物的，包括用於初加工的石刀和用於深加工的炊具。還有一類則是用來儲存食物的，包括籃筐、陶罐和簡易糧倉。不要小看這些棍棍棒棒、罎罎罐罐，它們可是自然界沒有的東西，是文化呢！

於是人類便由自然的生存狀態進入了文化的生存狀態。

這倒是中外一律的。那麼，為什麼咱們的祖先對於饑餓格外地記憶猶新呢？大約也就是人家放牧而咱們種田之故。遊牧民族是不大容易挨餓的。因為好歹有奶可吃。實在餓急了，拖一頭羊出來宰了就是。所以遊牧民族都比較樂觀和瀟灑。反正牧草不用種，牛羊也自己會吃，用不著操什麼心，滿可以悠然地騎在馬背上，唱那「藍藍的天上白雲飄」。

咱們農業民族就麻煩多了，得等莊稼熟了以後才有飯吃。從春耕、夏耘到秋收，那日子是何等的漫長。這當中，就保不定哪天要餓肚子。何況還有災年，哪能年年都風調雨順？洪災、旱災、風災，防不勝防。眼看麥子熟了就要開鐮，一場冰雹砸下來，就會功虧一簣顆粒無收。所以農業民族就會有一種憂患意識，老擔心哪一天會沒有飯吃。

這就不能不把吃飯看得很重了。

事實上吃飯在中國，從來就是頭等大事。既是政府的頭等大事，也是民眾的頭等大事。中國人見面的第一句話，往往就是「吃了沒有」；而中國人每天要做的第一件事，也往往就是吃，或為吃做準備。所謂「開門七件事：柴米油鹽醬醋茶」，哪一件不是吃？即便在全民生活水準空前提高的今天，黨和政府也一再強調「省長要抓米袋子，市長要抓菜籃子」；年節時期的食物供應，更從來就是媒體報導的新聞熱點。

其實，在中國，吃飯不但是一件重要的事情，也是一項基本的權利。中國古代專制社會是沒有什麼人權可言的。宰相可能被「廷杖」，縣太爺也可以隨便打小民的屁股。臣民也好，草民也好，都既無思想權言論權，也無隱私權知情權，但都有「吃飯權」。就算是死刑犯，臨刑前也會有一頓飽飯可吃，甚至允許親屬和友人送酒肉到刑場，叫作「不殺餓死之人」（許多英雄好漢便常常利用這個機會劫法場）。在中國人的觀念中，「餓鬼」是最悲慘的一種。不讓臨死之人吃一頓飽飯，簡直比殺了他更不人道。有的地方還有這樣的民間風俗：每年的鬼節，即閻王爺放那些無主孤魂出來覓食時，家家戶戶都要大擺宴席，並在門口擺放食品，供「野鬼」們享用，就因為在中國人眼裡，「餓鬼」是很可憐的。

這也不奇怪，民以食為天嘛！沒有飯吃，不要說做人，便是做鬼也不安生。

這可馬虎不得，也小看不得。處理得不好，就會出亂子，出問題。你看中國歷史上所謂「大治之年」是什麼狀況？風調雨順，五穀豐登，國泰民安。天下大亂和改朝換代的時候呢？肯定是天災人禍，連年饑荒，餓殍遍地，易子而食。這時，如果有誰能開倉分糧，那麼民眾就會毫不猶豫地跟他走。所以，李自成揭竿而起，號召天下的口號是「闖王來了不納糧」；朱元璋逐鹿中原，所用策略之一是「廣積糧」。孟子甚至把「七十歲以上的老人可以有肉吃」當作理想社會的標準。反正，在中國，誰要是能讓普天下的人都有口飯吃，誰就是替天行道、奉天承運的「真命天子」，就是既順乎天意又得乎民心的好皇帝。

因此也可以說，中國的政治問題，首要的就是吃飯問題。任何一個政權，都只有在解決了吃飯問題之後，才能得到人民群眾的衷心擁護，由「得人心」而「得天下」。其他問題，倒在其次。

於是，吃飯，就是一個政治問題了。

政治與吃飯

政治即吃飯，這是不少政治家的看法。

在中國古代的政治家和思想家們看來，平定天下，治理國家，和宰牲割肉、炒菜做飯是一個道理。老子就說過，「治大國者若烹小鮮」，所謂小鮮就是小魚小蝦。烹煎小魚小蝦，當然不能拿一把鍋鏟，上上下下攪個不停，翻亂一氣。治理大國，也應該舉重若輕，以靜制動，切忌有事沒事不停地搞運動，瞎折騰，弄得人心離散，民不聊生，一塌糊塗。

這也不完全是比喻。事實上在中國，搞政治往往就是吃飯，或請客吃飯。至少在餐桌上討論國家大事，歷史就很悠久。比如「周禮」中的「鄉飲酒禮」，就是一種酒宴形式的「政治協商會議」，或者說「元老會議」。依此禮，國君、卿大夫、地方官等，應定期（據說三年一屆）邀請所謂「賢者」、「能者」、「鄉老」、「鄉大夫」等社會賢達舉行酒會，並在觥籌交錯中，就一些大事進行諮詢。上古尊老（老人多經驗）重賢（賢者多智慧），召開這樣的會議並不奇怪，且確有效果。但這種會議非行之於酒會之中不可，並名之曰「鄉飲酒禮」，卻不能不說是一種中國特色。

政治既然即吃飯，則會不會吃、懂不懂吃、善不善於處理飲食問題，就關係到會不會做人、會不會做官、會不會打仗，甚至能不能得天下。

這也是有例的。比如趙國的老將廉頗，為了表示自己寶刀不老，雄風猶在，便曾經在趙王的使者面前，一口氣吃了一斗米飯、十斤肉。因此辛棄疾才有「憑誰問：廉頗老矣，尚能飯否」的詩句。可惜趙王的使者受了廉頗政敵的賄賂，回去後彙報說：廉老將軍的飯量蠻好的，只是消化系統不太靈光。一頓飯的工夫，上了三次廁所。趙王一聽，便犯了嘀咕。嘀咕的結果，則是廉頗白吃了那麼多米飯和酒肉。

樊噲的運氣就好多了。因為樊噲是當著項羽的面吃喝的。鴻門宴上，項羽原本要殺劉邦，結果被樊噲攪黃了。樊噲衝進宴會廳，大碗喝酒，大塊吃肉，而且吃的是生豬腿，簡直就是帥呆酷斃，弄得項羽全然忘記了自己要幹什麼，劉邦也就趁機溜之大吉。劉邦開溜前，問樊噲要不要去告辭。樊噲說：「今人方為刀俎，我為魚肉，何辭為？」壯哉樊噲，不愧是能吃善飲的漢子，這見地是何等了得！

如果說名將（廉頗、樊噲）都是自己特別能吃的人，那麼名相則多半特別會處理別人的吃飯問題。比如陳平就是。陳平少年時代在家鄉是當過「宰」的。所謂「宰」，就是在酬祭社神的慶典中主持分配「胙肉」的人。所謂「胙肉」，就是祭祀用的牲肉。這些肉當然不會被神們吃掉，所以典禮結束後，要再分給大家吃，以便分享神的賜福。這項工作不好做。倘若分配不均，便會引起糾紛，把好事辦成壞事。然而陳平雖然年少，卻幹得十分出色，「分肉食甚均」。於是父老鄉親們便一齊贊道：陳平這小夥子可真會當咱們社祭的「宰」啊！陳平也大言不慚，說：啊呀！要是讓我當天下之「宰」，那麼咱們國家也就和這塊肉一樣啦！後來，陳平果然「得宰天下」，成為西漢的開國元勳和一代賢相。連司馬遷也認為，這不能不追溯到他少年時，在砧板上切肉時所立下的志向和所表現的才幹。

社祭的「宰」雖然操刀割肉，畢竟還算是「神職人員」（儘管是業餘的）。商王朝的開國賢相伊尹，甚至很可能就是廚子，墨子就說伊尹曾「親為庖人」。墨子是宋人，宋乃商之後。墨子的話，大概比較靠得住。伊尹這個人身世來歷，史書上說得不太清楚，但肯定出身比較卑微，也許是一介平民，甚或是一個奴隸。《墨子》、《呂覽》和《史記》都說他是陪嫁的「媵臣」。大概伊尹成為陪嫁，主要因為他的烹調手藝。所以陪嫁過來後，就當上了王宮的廚師長，而且很可能不但負責日常的伙食，還要負責祭祀和犧牲。總之，成湯覺得他做的菜的確味道好極了，伊尹也就趁機「說湯以至味」。大概是說天下還有比魚肉更美的滋味，那就是平定天下治理國家，同時又說了些諸如「治大國曰烹小鮮」之類由此及彼的道理。於是成湯大為賞識，提拔他當了右相。這就是歷史上有名的「伊尹以割烹要湯」，「負鼎俎以滋味說湯」。

關於這段史實，從春秋戰國時起，便諸家說法不一。孟子甚至根本予以否定。伊尹本人是不是廚子，這已經搞不清楚了。但在上古，宰相出身於廚師，或廚師當了宰相，則完全可能。什麼是宰相？宰，就是宰殺犧牲，分割胙肉；相，就是贊禮司儀，陪伺招待。一個「紅案師傅」，一個「陪酒先生」，合起來便是宰相。當然，他們宰的是祭祀犧牲，相的是王公大臣，所以非由高級知識分子擔任不可。其實，宰牲相君是大學問，連孔子都說行軍打仗的事他一點也不懂，廚房裡的學問倒多少通曉一點，可見宰和相都是「高級職稱」，同時也是廚子。由這樣的人領導的政府，能不是「廚房內閣」嗎？他們開起御前會議來，能不滿嘴都是「滋味如何」嗎？[1]

廚房內閣

1　事實上，上古三代相當於後世宰相職務的所謂「天官冢宰」，往往就是「主治庖膳」的「總務長」。他的下屬官員職員，有60％以上在編制上應歸屬「膳食科」，其中包括：主管王宮飲食的「膳夫」一百五十二人；主管王、后、世子家宴的「內饔」一百二十八人；主管祭祀、國宴、招待外賓的「外饔」一百二十八人；主管廚房事務的「庖人」七十人；主管烹煮肉類的「亨人」六十二人；主管供應野味的「甸師」三百三十五人；主管供應野獸的「獸人」六十二人；主管供應魚類的「漁人」三百四十二人；主管供應鱉類的「鱉人」二十四人；主管供應臘味的「臘人」二十八人；主管制定酒會的「酒正」一百一十人；主管釀酒的「酒人」三百四十人；主管飲料的「漿人」一百七十人；主管冷藏和供冰的「淩人」九十四人；主管果脯之類籩中食品的「籩人」三十一人；主管醃菜肉醬等豆中食品的「醢人」六十一人；管醋的「醯人」六十二人；管鹽的「鹽人」六十二人；管餐巾的「冪人」三十一人。冢宰既然領導了這樣一大群「膳食科幹部」，那麼，把他稱為「總務長」甚至「廚師長」，也就並無不妥。

內閣設在廚房裡，派個廚師當宰相，實在太有中國特色了。

這也不奇怪。因為君以國為家，則家務即是國務；民以食為天，則治民即是治餚。更何況，政治生活中的宴會又是何其多啊！祭祀天神地祇祖宗人鬼要吃，接待外賓簽訂盟約要吃，酬勞臣下討論國是要吃，召集元老們開政治協商會議也要吃。身為「國務總理」的宰相，怎麼能對廚房裡的事一無所知呢？

其實，既然是民以食為天，那麼，治理國家，也就無妨廣義地看作是分配食物。所以陳平分割肉食「甚均」，便證明了他確有能力成為「天下之宰」。所謂分配食物，又包括三個方面。一是數量的多寡，二是品質的優劣，三是飲食的先後。總的原則，是地位越高，就吃得越多、越好、越早；地位越低，就吃得越少、越差、越晚。比如菜盤子（上古時叫「豆」），就不能一樣多。天子二十六豆，公十六，侯十二，上大夫八，下大夫六，這就叫「均」。如果你認為均是大家都一樣，那就大錯特錯了。

看來，分配食物，也絕非一件容易的事。為了防止忙中出亂、亂中出錯，就必須在酒會開始以前，事先安排好席位。席位，就是每個人在餐廳裡坐的位子。古人席地而坐，所以叫席位。席位其實也就是地位——席地而坐之位。所以席位要根據地位來安排。首腦人物、中心人物、顯赫人物的席位設在正中，叫主席（主人或主賓之席）；其餘參加者的席位，又依照一定的等級秩序，分列於兩邊，叫列席。什麼人主席，什麼人只能列席，都有一定之規。這些規矩，就叫「禮」。孔子是禮學家，自然懂得這一套，所以自稱通曉「俎豆之事」，因為這套規矩原本就是吃飯吃出來的。

除席位外，酒具也是身分地位的象徵。所謂酒具，主要是尊與爵。尊是酒罐，爵是酒杯。酒會上，尊放在地位最高者面前，於是由「尊」（酒罐）而「尊」（尊貴）。至於爵，當然是人手一隻。但爵有質地好壞之分，便用以區分貴賤。比如卿用玉爵，大夫用瑤爵，士和其他低級官吏用散爵。這樣，爵與位就一致了，合稱「爵位」，用以區分貴族的等級。一隻酒杯就有這麼多的名堂，這麼多講究，那「俎豆之事」豈是小看得的？

一個盛大的宴會，當然不會只有酒而沒有肉。酒盛在尊裡，肉煮在鼎中。鼎是一種青銅炊具，圓形三足兩耳，也有方形四足的。體積大的，或者竟可烹煮整頭的牛羊；體積小的，也可煨雞燉魚。目前出土的最大的鼎，是殷墟武官村後母戊大方鼎，通耳高一百三十三公分，口長一百一十二公分，口寬七十九點二公分，重八百三十二點八四公斤。鼎越大，當然排場也越大。但是鼎多，同樣排場也不小。周制諸侯之食五鼎，分別烹煮著牛、羊、豬、魚、野味（獐子等），謂之「列鼎而食」。在一片鐘鼓齊鳴聲中，宴會的主持人（宰相之類）依照「禮」，或遵君主之命，用「匕」把不同肢體部位的肉從鼎中取出，再按爵位的高低分配到每個人席前的「俎」上，由各人用刀切著吃，這就叫「鐘鳴鼎食」。

顯然，誰掌握了鼎，誰就掌握了食物的分配權；如果掌握了國家的「鼎」，也就意味著掌握了政權。因此，當禹擔任了中國各部落聯盟的領袖時，所做的一件大事，就是「鑄九鼎」。鑄九鼎所用之青銅，據說來自「九州之牧」。這樣，「九鼎」便象徵著「九州」，亦即象徵著普天之下食品的分配權了。

這當然是寶貝。所以夏商周三代之時，一直被奉為傳國之寶。商革夏命，成湯遷鼎於商邑；周革殷命，武王又遷鼎於洛邑。鼎之所在，即王者之所在，亦即政權之所在。西元前六〇六年，楚軍伐陸渾之戎而至於雒水，趁機在周王室的地盤上搞軍事演習，耀武揚威。周王室自然知道楚人不懷好意，無奈其時早已不大擺得起天子的架子，只好派了王孫滿去勞軍。於是楚莊王便故意問王孫滿說：不知道那九鼎究竟有多大多重？這就叫「問鼎」，很明顯的是要搶飯碗了。

覬覦政權叫問鼎，建立政權則叫定鼎。反正那口燒飯鍋擱在哪兒，權力中心就在哪兒，朝廷大臣們也都得圍著它團團轉。於是宰相之位便叫鼎鼐，國家重臣便叫鼎臣，首輔三公便叫鼎輔，而國運國祚便叫鼎祚。如果國運興隆國祚昌泰，就叫鼎盛；如果三方並峙勢均力敵，就叫鼎立。倘若不懂中國文化中政治與飲食的關係，就無論如何不會明白，一口滷牛肉的銅鍋竟會有如此之高的地位。

二　生命與血緣

祭壇上的羊

大禹鑄的那九隻鼎，當然不會是什麼燒飯鍋，而是權柄和神器，兼有宗教和政治的雙重意義，而且多半是祭祀時用的。祭祀的時候為什麼要有鼎呢？因為所謂「祭祀」，說白了也就是請客吃飯，只不過那些請來吃飯的「客」，是天神、地祇和人鬼（去世的祖先）。祭這個字，下面是一個「示」，上面是「一隻手拿著一塊肉」。所以，祭，就是用手拿著肉給神看——我們請您老人家吃肉了，您老人家也得表示表示吧？

祭祀既然是請客吃飯，那麼，有兩樣東西是不可少的。這兩樣東西，一是酒，二是肉。請神喝酒，倒不因為「男人不醉，不給小費；女人不醉，不給機會」，或者是希望神們喝醉了以後，便會稀裡糊塗地給咱們批一大堆幸福，主要是因為酒有香味。神是虛無縹緲沒有蹤影的，大約也是一種「氣」。同聲相應，同氣相求。以同樣是「氣」的酒來敬神，就顯得禮貌客氣，也比較好通聲氣。

酒客氣，肉實在。只有酒，沒有肉，就不好意思。所以肉也是少不得的。祭祀的動物叫「犧牲」。犧就是「色純」，牲就是「體全」。犧牲主要有馬、牛、羊、豕、犬、雞，一共六種，叫「六牲」。去掉馬，叫「五牲」。再去掉犬和雞，就叫「三牲」，也叫「太牢」。不過，不必牛、羊、豕齊全，只用一牛，也可以叫「太牢」，也叫「特牛」。太牢去掉牛，叫「少牢」。同樣地，不必豕、羊齊全，只用一羊，也可以叫「少牢」，也叫「特羊」。可見六牲之中，最重要的是牛與羊。因為牛重要，所以犧、牲、牢、特這幾個字，皆從牛。不過牛畢竟是龐大少見之物，所以又規定非天子、諸侯或隆重祭奠而不可擅用。最常見的，也就還是羊。

羊是一種重要的祭品。依照周禮，每月初一，諸侯們都必須殺一隻活羊祭於祖廟，叫「告朔」；然後回朝聽政，叫「視朔」。到了孔子的時代，禮壞樂崩了。諸侯們在朔日既不祭廟，又不臨朝，只不過照例殺一隻活羊來「虛應故事」。孔子的學生子貢（端木賜）認為內容既失，形式也不必徒有，主張不如乾脆連這隻羊也一併省去。然而孔子卻不能同意。在孔子看來，有那麼一隻半隻羊在那裡支撐門面，也就還多少有那麼一丁點「禮」在。要是連這隻羊也公然取消，可就一點兒「禮」也沒有了。

事實上，不但中國的鬼神愛吃羊肉，外國的上帝也愛吃羊肉。猶太教、基督教和伊斯蘭教都有「替罪羔羊」的故事。這故事說，有一天，上帝耶和華（或真主阿拉）昭示其忠實信徒亞伯拉罕（或易卜拉欣），要他將幼子以撒（或易司馬儀）宰殺獻祭。當那愚忠的亞伯拉罕（或易卜拉欣）真的將親子帶上神山並舉起屠刀時，上帝（或真主）卻用一隻同樣無辜的羔羊代替了那無辜的孩子。可憐羊又何罪之有，而當受此一刀？難道不正因為那肥美鮮嫩的小羊羔太好吃了嗎？

神的愛好其實不過是人的愛好。對於許多人來說，羊肉確實好吃。如果把羊和魚放在一起烹煮，就更好了，因為那就是「鮮」。沒有魚也不要緊，單單羊肉也是美味，這美味就叫作羞。羞是一個「羊」字加一個「醜」字。醜，按許慎的說法，是「象手之形」；按郭沫若的說法，則是「象爪之形」。所以羞的本義是進獻。但解釋為進獻「手抓羊肉」，大概也不會錯。手抓羊肉也是一道名菜，現在西北少數民族地區仍以此肴款待貴賓，可以推想當年也是我們祖先喜愛的美食。

烹製羊肉最便當也最原始的辦法，大約是把羊架在大火上燒烤。直到現在，它也是一道名菜——「烤全羊」。寫成漢字，就是「美」。這個字，有兩義，其一為「美」，其二為「羔」。當年徐灝注《說文解字》，就曾懷疑羔的本義是「羊炙」。炙這個字，是火上一塊肉，也就是燒烤。徐灝說：「小羊味美，為炙尤宜，因之羊子謂之羔。」這是有道理的。

羊羔除架在火上燒烤外，還可以切碎了放進「鬲」中文火慢熬。這樣做成的美味佳餚就叫羹。如果不放鹽梅，原汁原湯，就叫太羹。羹字的又一寫法，是一個「羔」字加一個「鬲」字，即把羊羔放進鬲中去煮。鬲是古代的一種炊具，有陶製和金屬製兩種，圓口，三足，足中空而曲且肥大。這種足叫袋形足，裡面能盛食物，受熱面積大，受熱均勻，所以能做味道很鮮美的羹。不但羊肉，其他肉類（包括鳥、魚）也能做羹。甚至水果、蔬菜、豆類所做，只要湯濃，也叫羹，如曹植《七步詩》所云「豆在釜中泣」，做的就是豆羹。不過究本清源，大約還應以羊羔所製而最為正宗。

羊肉如此可吃、好吃，當然也就有資格有理由成為奉獻給上帝、神祇和祖宗們的祭品，成為請神吃飯宴席上的一道主菜。

神聖的背後

羊的功德還不止於此。

羊肉可食，羊皮則可衣。衣著、穿著、著裝之「著」，就是一「羊」一「目」，即可供觀看之羊，大約就是羊皮大衣。羊皮做大衣是很合適的。不但穿在身上暖和，而且往地下一鋪，就成了毯子，因此無論貴賤賢愚都不妨一穿，只不過貧賤者穿老羊皮，富貴者穿名貴的卡拉庫爾羊羔皮（其價值甚至高於貂皮）。也可以把羊毛剪下來織毛衣，沒毛的羊皮則可以用來做船。民謠有云：「甘肅省，武威縣，羊皮筏子當軍艦。」當然這是特例，更多的情況還是羊皮做衣羊肉做菜。這真是妙不可言。一道手抓羊肉（羞），一件羊皮大衣（著），便概括了飲食服飾兩件大事。善哉羊也，真乃我之衣食父母！

不過，我們的先民對這位衣食父母，似乎並不禮貌有加，反倒時時打它的主意，要把它捉來殺掉。這也怪不得咱們。那時肚子實在太餓，吃口肉又實在太難。你想那個年代是誰的天下？滿世界的凶禽猛獸，猛瑪象呀，劍齒虎呀，目中無人，橫行霸道，不被它們吃了就是好事，還敢打它們的主意？其他體大肉多的動物也不是沒有，野牛啦，野豬啦，大狗熊啦，梅花鹿啦，可就憑咱們那兩下子，你逮得住？頂多也就是逮個兔子，抓個老鼠，捕隻鳥，釣條魚，再弄點貝類螃蟹什麼的。可那麼一丁點肉，解饞都不夠，更不用說讓一大家子人維持溫飽奔小康了。

幸虧有羊。羊這東西，跑又跑不快，打又打不贏，體又大，肉又多，捕殺起來非常方便，還成群結隊的，簡直天生就是上帝賜給的美味佳餚。恩格斯早就說過，肉食是從猿到人的重要一步，而羊肉則很可能是我們先民的主要動物蛋白來源。羊以一己之軀幫助人類完成了從猿到人的偉大歷史轉變，簡直是功德無量！正因為有此大功德，羊才成為吉祥之物，羊字才成為美善之詞——羊言為善，羊人為美，羊我為義，示羊為祥。其實，「吉祥」二字，原本就寫作「吉羊」。東漢許慎《說文解字》更乾脆說，羊，就是祥。

羊之所以為「祥」，其功德恐怕首先在於可吃和好吃。因為有了羊就有飯吃，當然「吉祥」；沒有羊就要餓肚子，當然「不祥」。反正吉祥不吉祥，就看抓不抓得住羊。

這就要想辦法。辦法也很簡單：抓不住就騙。羊的智商大約是比較低的，又喜歡隨大流，盲從。只要你裝成它的樣子，它也不辨個真假，就傻乎乎地跟著你走。於是先民們便頭戴羊角身披羊皮裝作羊兒混入羊群，將其一舉捕獲或誘入某地。這就是最早的「著羊之裝」。所以，至今我們還把偽裝稱之為佯裝，把假裝攻擊稱之為佯攻。佯裝就是裝羊，現代漢語演化為裝洋、裝樣、裝洋蒜；而那些頭戴羊角身披羊皮裝作羊兒混入羊群的獵人，也就是最早的「羊人」。

由此可見，「羊人」本是佯裝，是一種狩獵技術。當這種技術獲得成功並屢試不爽時，原始先民們便連自己也迷惑起來，以為羊皮羊角與真羊之間真有什麼聯繫。而我們之所以能有那麼多羊肉可吃，則是我們身披羊皮頭戴羊角之故。於是，他們便把佯裝、裝羊的行為固定化、規範化和程序化，並賦予它新的內容而成為「儀式」。這樣一來，「狩獵技術」就變成了「狩獵巫術」，「佯裝」也就變成了某些人——巫師和祭司的專利和職業。

巫師和祭司們的任務，是頭戴羊角身披羊皮施行巫法，或敬神、媚神、賄神，以企求上蒼多賜羊肉給我們吃。這些人當然不是一般的人，而是「大人」，故於文字上，不能寫作「亻」（側身而立之人），而應寫作「大」（正面而立之人）。他們作為「羊人」，也不能寫作「佯」，而應寫作「美」。其之所以美，並非面目姣好（其實獰厲可怖），而因為他能使我們多吃羊肉。順便說一句，「多」是兩塊肉加在一起。吃一塊肉，又加一塊肉，便是多。正是為了多，先民才需要美的「羊人」。如果羊肉不美，佯裝何益？如果羊兒不肥，冠羊何為？只因「羊人」能使我多，故在他人看來就是美。對他自己而言，冠羊則是儀。儀之本字為「義」，即一個「羊」字加一個「我」字。冠羊之事，在人（他人）為美，在我（自己）為儀。而這「儀」又是一種義務，因此也是「義」。

這位頭戴羊角身披羊皮的巫師或祭司，是在人神之間進行種種交易的「經紀人」。他的任務之一，便是代神立言。神祇之言當然都是吉祥的，或被希望為吉祥的。吉言也就是羊言，即「善」（善言）。善的字形，原本是上面一個「羊」，下面兩個「言」字。許慎說：「善，吉也。從言，從羊。此與義、美同意。」當然和義、美同義的。因為它原本就是「羊人」所說之「吉言」啊！

於是，羊，不起眼的羊，默默奉獻的羊，被捕捉宰割的羊，被「食其肉，寢其皮」的羊，就這樣地既被人推上了祭壇，又被人推上了神壇。

有奶便是娘

這一點都不神聖，但事實就是這樣：在遠古時代，偉大的神聖的，往往就是可吃的和被吃的。因為被吃，所以理應受到回報（祭祀）。同理，但凡被請來吃的，神也好，人也好，也往往同時要「被吃」——或者曾經吃過，或者預備要吃。曾經吃過就現在回報，預備要吃就提前回報，反正從來就沒有白吃的，也不能白吃。如果是在極其困難的情況下受人一食，則很可能還要報之以生命。

比如韓信。

韓信是一個挨過餓的人。韓信少時家貧，常常到南昌亭長家去混飯吃。亭長的老婆顯然並不歡迎他，便一大清早就把飯提前做好，在床上就吃光了。韓信再來時，當然沒有吃的，一怒之下，便跑到河邊去釣魚。一個在河邊拍絮的大娘（漂母）見他饑餓，便把自己的飯分給他吃，天天如此，直到漂絮工作結束。所以後來韓信封了楚王，衣錦還鄉時，第一件事就是去報答那位漂母。

正是出於同樣的原因，韓信在楚漢之爭的最後關頭便不肯背叛劉邦。因為他念念不忘劉邦「解衣衣我，推食食我」之恩。韓信說：「吾聞之，乘人之車者載人之患，衣人之衣者懷人之憂，食人之食者死人之事，吾豈可鄉利背義乎！」所謂「死人之事」，就是「以必死的精神為他人辦事」、「為他人之事不惜獻出生命」的意思。一飯之恩，竟大如此。

其實，不僅韓信，只要是稍微感受過一點饑餓之苦的人，都會產生相同的感情。的確，挨過餓的人都知道食品的寶貴，死亡的危險往往是最好的教員。因此，在我們民族的文化心理深層，便積溉著這樣一個觀念：食物是生命之源。提供食物，即賦予生命。

母親，就是這樣一個生命的賦予者。

幾乎所有人一生下來，就是母親給吃的，先是吃奶，後是吃飯。這個過程往往要延續很長一段時間，直到那孩子長大成人。因此，在一般人心目中，母親最親，同時也最偉大，最神聖，最值得崇敬和感激。實際上，娘親娘親，不親在生，而親在養。一個呱呱落地的嬰兒，哪裡可能知道自己是誰生的？也不會有什麼「血緣」之類的觀念。那他怎麼認識媽媽的呢？還不是吃奶時認下的。如果他的生母並不餵奶，就很可能和奶媽更親。甚至貴為天子（如明熹宗天啟皇帝朱由校），也如此。中國民間許多地方都把母親的乳房叫作媽媽，把吃奶叫作吃媽媽。這就等於說，母親就是乳汁，就是哺育者。所以，但凡對我們有哺育之恩的，也就同時具有母親的性質，可以也應該被看作母親，如乳母、養母。再廣義一點，如母校、母親河。總之，有奶便是娘。

有奶便是娘，這話似乎不中聽，卻很實在。因為給我們吃的，就是給我們生命。這又顯然是只有神才做得到的事。所以母親就是天，就是神。事實上世界各民族最早創造出來的神，差不多都是母親神。歐洲是這樣，中國也是這樣。這些母親神的偶像都有著隆起的肚皮（意謂生育）和碩大的乳房（意謂哺育）。紅山文化遺址甚至還出土了一大批乳房泥塑。這麼多這麼大的乳房，當然不是為了表示性感，而是為了吃。或者說，為了生存，為了獲得和維持生命。這是不能不感恩戴德的。誰要是不感激，那就是沒良心。不但要受譴責，而且要遭報應，也許再也沒有吃的。

於是，乳房們和有著碩大的乳房的女人們，就這樣走上了神壇。這裡體現的正是這樣一種觀念：被吃的也應該是被感激和被崇拜的，可吃的也必然是偉大的和神聖的。反過來也一樣，偉大神聖的，也一定是可吃的。國家是偉大神聖的（同時又是我們的母親），所以是可「吃」（吃皇糧）的，而且吃起來絲毫用不著不好意思。上帝和神也是偉大神聖的，所以也是可「吃」的。古埃及人吃神王奧西利斯身上長出的麥芽，基督徒則吃象徵著耶穌血肉的葡萄酒和麵餅。這一聖餐儀式表達的大概正是這樣一個觀念：只有那些給了我們食物的，才真正是我們的上帝，我們的主。或者說，誰給我們吃的，我們就把誰看作天，看作神，看作上帝。

但這還不是母親的全部文化意義。

吃出來的血緣

母親是個體生命的賦予者，也是血緣關係的締造者。

中國人是很看重血緣關係的。在中國人看來，只有血緣，才最親密、最穩定和最靠得住。誰都知道「是親三分向」，血總是要濃於水，自家人也總是比外人可靠。這樣，中國人在和別人打交道時，就總是要千方百計把非血緣關係變成血緣關係。拜把子啦，認乾親啦，要不就是把明明不是血緣關係的說成是血緣關係，比如父母官、子弟兵、父老鄉親、兄弟單位等，似乎非如此便不能建立和發展自己的人際關係。

血緣關係中，最親的是母子。中國傳統禮教雖然規定父親的地位最高，但在中國人內心深處，最愛的卻是母親。從「慈母手中線」，到「媽媽的吻」，最美的讚歌總是獻給母親；從「孟母擇鄰」到「岳母刺字」，子女的成長也總是歸功於母親。就連認乾親，中國人也習慣於認乾媽，而不是認教父。反正「世上只有媽媽好」。有沒有唱「世上只有爸爸好」的呢？沒有。歌頌父親的文學名作好像只有朱自清先生的《背影》，但那父親卻怎麼看怎麼像母親。

中國傳統社會的家庭，也幾乎都是以母親為中心。比如自己的家叫娘家，丈夫的家叫婆家。娘家不能叫作爹家，婆家也不能叫作公家，反正沒當爹的什麼事。雖然說「養不教，父之過；教不嚴，師之惰」，但一個人如果當真沒家教，也只會被罵作沒娘養的。事實上，中國的母親也確實了不起。她不但管吃管穿管教育，還管救命。中國的小說中常有這樣的情節：一個人，惹了事，闖了禍，小命難保了，要討饒，便會搬出老娘救駕，道是「家中還有七旬老母」，往往也能奏效，如《水滸傳》中李逵之放過李鬼。因為愛母之心，人皆有之，不看爹面看娘面，只好放他一馬，以免讓那老娘傷心。

比母親次一點的，則是兄弟。兄弟也很親。按照中國人的說法，兄弟是手和腳的關係（手足）。儘管說親兄弟明算帳，禍起蕭牆的事也時有發生，兄弟仍被認為是同輩男子間之最親密者（女性則為姐妹）。所以，一個人要想和別人拉關係套近乎，最便當的辦法就是稱兄道弟。中國社會各階層，稱謂各不相同，如官場稱大人，商界稱老闆，儒林稱先生，江湖稱大俠，唯獨「兄弟」，放之四海而皆準，什麼人都可以用來稱呼自己的朋友，或稱呼自己，甚至用來稱呼各自所屬的群體，比如兄弟單位。就連初通漢語的老外都知道一見面就叫一聲：嗨，哥們！

再次就是鄉親了。鄉親鄉親，老鄉也是很親的。「老鄉見老鄉，兩眼淚汪汪。」一個中國人，如果背井離鄉，外出謀生，所能依靠的，往往是老鄉；伸出救援之手的，也往往是老鄉。所以，全國各地，都有「同鄉會」一類的民間組織。某些時候，某些地方，還有專門的「會館」，專一為老鄉們提供保護和支援。中國大陸一些單位甚至還有這樣不成文的規矩，一個人，犯了錯誤，如果是因為要幫老鄉的忙，而且錯誤又不太大（比如開後門），便多半能得到諒解。因為人人都有老鄉，都要給老鄉開點方便之門，否則便沒法做人。老鄉，可以說是非血緣關係中最親的一種。

那麼，母子、兄弟、鄉親，又是一種什麼樣的關係呢？說得白了，就是「吃」的關係。母子關係是「吃與被吃」的關係，兄弟、鄉親則是「同吃」（共食）的關係。母這個字，《說文解字》謂「像乳子也」，也就是「有奶的人」；《倉頡》篇云，「其中有兩點者，像人乳形」，也就是「餵奶的人」。無論甲骨文、金文，都無不是一個有著碩大乳房的女人形象。這可真是「有奶便是娘」了。

其實餵奶一事看似尋常，意義卻很重大。因為嬰兒無奶便不能存活，也不能成長，可以說是「命之所繫」；而母親哺育兒女，則是直接將自己的生命賦予下一代，可以說是「命之所付」。這實在是一件了不起的事，理應得到回報；而贍養老母，也就天經地義，否則便禽獸不如。所以，當一個人提出「家中尚有七旬老母」時，也就只好饒他一條狗命。不放了他，連自己都不是人了，行嗎？

甚至第二種最基本的人際關係——兄弟姐妹，也是靠母親的哺乳建立起來的。什麼是兄弟？說穿了，就是同吃一個娘的奶長大的人。兩個人，無論是否一娘所生，只要同吃一母之乳，便是兄弟（如奶兄弟）。再廣義一點，只要有著同一物質食糧或精神食糧之來源者，比如同一老師或師父教出來的學生或徒弟，也是兄弟（如師兄弟）。顯然，這裡便隱含著一個文化學的原理：吃同一種食物的人可以看作是有血緣關係的。因為食物是生命之源，而最早的食物是乳汁。乳汁既然是生命之所繫，其他食物當然也是。吃同一個娘的奶的人是兄弟，吃同一種食物的人當然也是。

食與共食

鄉親便正是因為吃同一種食物而親的。所謂鄉親，就是「喝同一條河水」的人，或「吃同一口井水」的人。「美不美，家鄉水；親不親，故鄉人。」故鄉人為什麼親呢？祕密就在於那家鄉水。那河，是母親河；那水，是母親的乳汁。我們讚美長江、黃河，不就是說「你用甘甜的乳汁，哺育各族兒女」嗎？

事實上，水也是生命之源。科學研究證明，水較之食物，更為生命所需；考古學也證明，原始人類幾乎大都伴水而居。「我住長江頭，君住長江尾，日日思君不見君，共飲長江水。」既然共飲一水，則生命之源相同，自然會有不同一般的感情。所以，同鄉之間，即便並無血緣，也有親緣，故謂之鄉親；而離開自己的家鄉，則叫作離鄉背井。井，是被看作生命源頭的；鄉，則是生命源頭之所在。

其實，「鄉」這個字，本義就是共餐、共食。它的甲骨文字形，是當中一個盛放食物的簋（飯桶），一邊一個跪坐的人，共同面對當中那只飯桶。整個字形，便表示兩人相向對坐、共食一簋的情況。在遠古，能如此共食者，八成是親人。不同家庭，也同家族；不同家族，也同氏族。後來，範圍擴大了。凡共食一簋者，即為鄉。當然，在古代，能共食者，一般也都相距不遠，來往很方便的，故能相鄰、相親、相友相助、相保相賓。所以楊寬先生說：「鄉邑的稱『鄉』，不僅由於『相親』，實是取義於『共食』。」因此「是用來指自己那些共同飲食的氏族聚落的」（《古史新探》）。

這下子我們清楚了：母子是「吃與被吃」（食）的關係，兄弟、鄉親則是「同吃」（共食）的關係。或者說，兄弟是吃同一個娘的奶長大的人，鄉親則是吃同一口井的水長大的人。所以，只要是同吃一鍋飯的人，比如部隊裡的戰友，單位上的同事，就多多少少有些兄弟情分。道理也很簡單：食物是生命之源。吃了同一種食物，也就有了同一種生命之源，能不是兄弟不是哥們嗎？

顯然，兄弟也好，鄉親也好，人際關係也好，人神關係也好，都是「食與共食」的關係。同理，真血緣關係也好，假血緣關係也好，準血緣關係也好，類血緣關係也好，也都可以簡單地理解為「吃同一食物」。也就是說，任何人，無論他們之間是否相識，或真有血緣，一旦在一起吃了同一種食物，就會被視為有著同一生命來源，因而有可能成為自己人，被看作兄弟。直到現在，沙漠中的阿拉伯人仍有這樣的習俗：無論是誰，只要與貝都因人一起進餐，哪怕只吃一口食物或喝一口牛奶，就不必害怕被視為敵人了。

可以作為反證的一個事實，是在許多民族中都有這樣的習俗：復仇者絕不和自己的仇敵共食。大仲馬的《基督山恩仇記》中就有這樣的描寫。因為一旦共食，便成了「哥們」，則下一步的復仇，豈非「手足相殘」，又如何下得了手？當然，一對敵人或兩個敵對集團如果要講和，則最好的辦法亦莫過於在一起大吃一頓。只要對方端起了你的酒杯，八成就會化干戈為玉帛。因為酒杯一端，即成「兄弟」。兄弟之間，還有什麼不好商量的呢？還有什麼仇怨不可消除的呢？所以，許多民族都有這樣的文化心理：如果你能大吃他們的手抓羊肉，痛飲他們的雜糧米酒，則幾乎立即就會視你為知心朋友，受到最熱烈的歡迎和最親切的招待。相反，如果文質彬彬，淺嘗輒止，甚或自帶乾糧，便會被視為極不友好的表示，也就必定會受到冷遇，甚至敵視。可以說，親與疏，敵與友，竟全在於共食與否。

甚至真正的兄弟，如果長期不共食，關係也可能疏遠。所以，在中國，分出去的兒子，嫁出去的女兒，總會回到娘家，與父母兄弟姐妹共食。這個家之所以稱為「娘家」而非「爹家」，就因為它是以食物的主要提供者——母親為中心的。這時，母親便會為子女們準備和製作他們愛吃的飯菜，並笑眯眯樂呵呵地看著他們吃下去。這實際上是在重申母親的角色——食物或曰生命之源的提供者。同樣地，兄弟姐妹們也在重申自己的角色——吃同一母親的奶長大的孩子。因此，大多數情況下，母親總是親自下廚，至少也要親自安排、主持、指揮。在這種家宴上，如果邀請某一外人共食，則是很高的待遇，也是很不見外的表示。這個外人，便被視為「家裡人」，視為「兄弟」，成為這家人的「鐵哥兒們」。

所以，家宴，便歷來是中國諸多宴會中最重要也最具真情的一種。尤其是大年三十晚上的那一次家宴，幾乎無論在哪一個家庭，都是一件大事。這時，分散在各地的家人，都要千方百計趕回去吃團圓飯，弄得我國的交通每到春節前後便格外繁忙。政府必須全力以赴，來安排處理春運事宜，以保證家家戶戶都團團圓圓。

說起來，所謂「年夜」，也不過就是一個夜晚罷了；而只要能團圓，又何必拘泥於哪一天？但這一回的家宴就是特別重要，因為它具有承前啟後的意義——對前一年已然存在的血緣關係，是肯定和確認；對後一年將要延續的血緣關係，則是預約和重申。不難想像，在北風凜冽大雪紛飛的除夕之夜，一家人團團圍定一張圓桌，舉筷共食，舉杯共飲，親親熱熱地吃上一頓好飯，那真是其情也切切，其樂也融融！

三 請客吃飯之謎

革命不是請客，就是吃飯

既然血緣關係就是「食與共食」的關係，既然兄弟就是吃同一食物的人，那麼，要想把非血緣關係變成血緣關係，和別人變成「哥們」，最便當的辦法就是和別人同吃一鍋飯。如果上帝給了你這種機會，比如在一起工作、開會等等，固然是你的福分；如果無此機會，也不用著急，因為你還可以請客吃飯。

中國人最愛請客吃飯。

中國人請客吃飯的理由、藉口、題目和機會很多。公司開張啦，會議閉幕啦，外賓參觀啦，記者採訪啦，諸如此類的事情，固然都少不了要請吃一頓；即便尋常百姓家，逢年過節，紅白喜事，老人做壽誕，小孩過生日，誰家不請，哪個不吃？如果升了職位，漲了工資，搬進新居，走出國門，三朋四友七姑八姨也都會堂而皇之地要求你請吃。人來了要接風，人走了要餞行，有事要嘬一嘬，沒事也要聚一聚。趙家請了王家請，吃了張家吃李家。咱中國人，大約是世界上最愛請客吃飯的民族。

似乎很少有人想到這裡面有什麼文化上的原因。

照一般人想，請客吃飯，當然是有好處或有求於人。沒有好處，有事沒事的，天天請客吃飯，那不叫犯病，也叫犯傻。中國的事是有些怪。一些事，在辦公室、會議廳、談判桌上講不成談不通的，餐桌上卻一談就通。再難辦的事，只要到了酒桌上，就好說好商量。正所謂「筷兒尖尖，碟兒圓圓，酒杯一端，政策放寬」。所以，好些個事情，就非得靠請客吃飯去解決不可。

這辦法不但小民們要用，有時候皇帝也要用。比如「秦皇漢武、唐宗宋祖」中的宋太祖趙匡胤就用過。趙匡胤這個皇帝，當得有點來路不明，是他手下的將領，趁著七歲的娃娃皇帝周恭帝孤兒寡母地坐不穩江山，一夜工夫擁立起來的。具體做法，則是在他駐兵陳橋時，突然闖進驛館，把一件事先準備好的黃袍，七手八腳地披在他身上，然後倒身在地，山呼萬歲。趙匡胤的皇位既然是這樣來的，當然很怕別人故技重演，便請手下握有兵權的幾位大將來吃飯。酒過三巡，趙匡胤端起酒杯，趁著酒色蓋臉，對幾員大將說：哥幾個都是朕信得過的人，就怕你們手下的人，貪圖富貴，也把黃袍加在你們身上。這幾員大將一聽，連忙趴在地上磕頭如搗蒜，紛紛請求交出兵權。這在歷史上，就叫「杯酒釋兵權」。一頓飯一杯酒，就解除了權臣的兵權，鞏固了自己的政權，這可真是太值了。

其實請客吃飯這事，原本就是極其重要的交際手段和外交手段。中國有個成語，叫「折衝樽俎」。「折衝」是折退對方的戰車，「樽」是酒杯，「俎」是砧板。折衝樽俎，就是在酒宴上克敵制勝，當然高明得很。西元前二七九年，趙國和秦國的國君相會於澠池（在今河南省澠池縣西十三裡）。喝到半醉時，秦王借酒發瘋，要趙王彈小曲兒。趙王在宴會上拉不下臉，只好勉為其難，結果被秦國的史官記錄在案，很沒有面子。作為報復，趙國的上大夫藺相如則強迫秦王「演奏打擊樂」，並大聲招呼趙國的史官：記下來記下來，某年某月某日，秦王為咱們大王敲瓦罐兒啦！這一回，秦國沒有占到什麼便宜，趙國則取得了外交上的勝利。所以回國以後，藺相如的官位，就排到了武將廉頗的前面。

打仗在餐桌上，政變也在餐桌上。比如春秋時，晉國的驪姬要謀害太子申生，搞掂權臣里克的辦法便是「特羊之饗」（殺一頭羊請里克吃飯）。吳國的公子光要刺殺王僚，辦法則是請他來吃太湖叉燒魚。叉燒魚是當時的一道名菜，有一整套專門的烹調技術，光的廚師（實則殺手）專諸學了三個月才學會。僚聽說有叉燒魚吃，欣然前往，卻沒想到專諸一把短劍就藏在魚的肚子裡。結果自然是叉燒魚沒有吃到，自己反倒成了「叉燒魚」。

請客吃飯既然有如此之多的好處，既能拉關係，又能搞陰謀，還能公然殺人或預謀殺人，當然也就成了中國人社會生活和政治生活中時時可以祭起的法寶。甚至在與洋人辦交涉時，往往也都照此辦理。可惜洋人未必都「吃」咱們這一套，每每心中抱怨耽誤時間。正式談判時，也不因為吃了咱們的便稍有讓步。「鬼子」的確不懂中國國情。他們不知道，中國人甚至在與上帝和神靈們打交道時，也是要請客吃飯的。從這個角度講，它確實是一種工作需要。事實上不少人的工作也是如此——不是請人吃飯，就是被人請吃；不是陪人吃飯，就是被人陪吃。所以「革命不是請客吃飯」這句話，後來就變成了「革命不是請客，就是吃飯」。民謠說：「工作就是開會，管理就是收費，協調就是喝醉。」是啊，不先在酒桌上「勾兌」一番，怎麼協調關係呢？

人人有份，大家同吃

不過，如果以為請客吃飯就只不過吃吃喝喝，一飽口福，或拉拉扯扯，行賄受賄，則大謬不然。一般地說，在中國，求人辦事，紅包要送，飯也要吃。如果所託之事不大，那麼，不送紅包只請吃飯也行。只送紅包不請吃飯則不合適。如果只送紅包不請吃飯，那就多半是一錘子買賣，只有交易沒有交情了。可見，請客吃飯這事，並不就是吃吃飯，送送禮，套套近乎，而是「別有用心」。

前面說過，在中國人看來，食物是生命之源。因此給人食物，請人吃飯，是一種很重的情誼；而接受他人的食品，則是受了很大的恩惠，必須加以回報。但在通常情況下，這種回報並不困難。你請了我一頓，我還你一席就是。一來一往，兩下裡也就扯平了。

事實上也是如此。被請的人，很少有不回請的。而且往往是被回請了以後，對方又要以「回請」的名義再請一次。或者隔一段時間，倒過來，上次回請的，這次主動先請；上次先請的，這次回請。總之是循環往復，沒完沒了。結果自然是誰也不欠誰的，或弄不清誰欠誰。如果其目的僅僅在於回報，豈非南轅北轍，不但還不清舊帳，反倒白白便宜了商家？然而大家還是樂此不疲。

原因就在於不管誰請誰，都好歹在一起吃了飯。

一起吃了飯又怎麼樣呢？就有關係了。我們知道，中國人吃飯，無論家人團聚還是宴請客人，都必定是全體共食：所有的筷子，都伸向同一盤菜；所有的勺子，都伸向同一碗湯。不管上什麼菜，至少在理論上人人有份，每個人都可以而且應該吃上一口的。像西方人那樣，各點各的菜，各吃各的飯，甚至各付各的帳，在中國人看來就簡直是莫名其妙。

顯然，在這裡，最重要的是「人人都有份，大家一起吃」。也就是說，中國人真正看重的不是吃，或不僅是吃，而是「一起吃」。或者說，共食。請神吃飯是人神共食，請人吃飯是主客共食。因為是人神共食，所以胙肉只能吃掉不能倒掉；因為是主客共食，所以主人和客人必須吃同一種東西，甚至用同一菜盤、湯盆、飯桶。可以說，共食，才是中國人酷愛請客吃飯的祕密所在。

事實上，請客吃飯的意義也正在於此。所謂兄弟，不就是在一起吃、吃同一種東西嗎？那麼，如果我們也在一起吃了同一種食物，豈非也是兄弟？所以，無論你我是否同宗，也不論你我是否相識，只要在一起吃了飯，就有了同一生命來源，也就是「哥們」了。即便不是哥們吧，至少也是熟人。所謂「熟人」，也就是經過了烹煮和料理，從而具有「可食性」的人，當然可以「吃」。如果是「生人」，就「開不得口」。相反，如果關係很「熟」（已經過反覆多次烹煮），又在飯桌上（正在再次烹煮中），便可以請他幫忙，對方也多半不好意思拒絕。如果拒絕，等於把已然煮熟的東西再回生，豈不夾生？在中國，做人切不可「夾生」。因為生並不要緊。火到豬頭爛，生的總可以慢慢變成熟的。夾生就不好辦了。再煮吧，煮不熟；不煮吧，又吃不得。算什麼東西呢？

同樣，餐桌上答應的事，就得努力去辦。餐桌上的許諾是開不得玩笑的，否則就叫食言。言出於口，食言便意味著把吐出去的東西再吞進來，別人鄙夷不說，自己想想也噁心。何況你應承下的，又是哥們的事。說話不算話，弟兄們怎麼看呢？弄不好可就真的要「吃不了兜著走」啦！

所以，中國人一旦要求人幫忙，便多半要請客吃飯。當然，請客吃飯也不一定就是有求於人，更多地還在於建立一種比較親密的關係。因為請客吃飯的意義，不在於或不完全在於「給人吃」，更在於「一起吃」，即不完全在於「吃了人家的嘴軟」，而在於「同吃一碗飯」的情誼。這種情誼使中國人的人際關係溫情脈脈，什麼政策、規章、天理、王法，都有可能被它消解。

當然也不一定要請客吃飯，只要能聚在一起吃就行。聚在一起吃，就多少有些「共食」的意思。所以，即便是吃份飯，吃自助餐，也要聚在一起。關係好一些的，還要把自己的菜撥給對方，或從別人碗裡夾菜吃。

餐桌上的學問

正是由於這個原因，中國人不太喜歡分餐制。

儘管許多人都承認，分餐制科學、衛生、不浪費，但同時也認為，那種進餐方式太冷漠，太沒有人情味。豈止是沒有人情味，簡直就是怠慢客人，好像懷疑人家有傳染病。所以，越是大家都懂科學衛生，反倒越不好意思分餐。相反，為了表示大家都是兄弟，是自己人，是鐵哥兒們，就必須將所有的筷子都伸向同一菜盤，這樣才不分彼此，才真正是「同吃一碗飯」，也才能真正獲得意味著同一血緣的生命因素。

甚至就連別人的病也無妨一併傳染過來，至少要表示不怕傳染。什麼是兄弟？就是「不求同年同月同日生，只求同年同月同日死」。做不到這一點，至少也得「同年同月同日病」吧？要知道，「食人之食」是要「死人之事」的，那麼，不妨先「病人之病」。作為主人，無妨看作酒菜之外的又一「投資」；作為客人，則無妨看作接受情誼的一種「表態」。總之，共餐的目的，是情感的交流、心靈的溝通、血緣的認同，因此不能考慮衛生，也不用顧及身體，而簡直要有赴湯蹈火、視死如歸的精神，所以餐桌上的流行歌曲便是「感情淺，舔一舔；感情深，打吊針；感情鐵，胃出血」。一個講義氣的人，應該能夠為朋友兩肋插刀，獻出生命連眼睛都不眨一下。如果連喝醉酒或吃出病來的風險都不敢承擔，誰還會相信你敢為友誼而萬死不辭呢？

同理，吃的方式，吃的禮儀，也大有講究：淺嘗輒止表示禮貌，同時也表示生分（生就是「不熟」，分就是「不共」）；開懷痛飲表示不客氣，同時也表示很親熱（親就是「有血緣」，熱就是「剛煮熟」）。又如，吃得很響表示沒教養，但為了表示主人的飯菜好，或表示自己是回家而非做客，又必須吃得香。吃得香才吃得開，吃得開才好開口。當然，為了營造氣氛，主人也要懂得待客之道並有所動作，比如敬菜、敬酒。敬酒的學問主要有三條：一是要注意先後次序，即尊者先，卑者次；二是在碰杯時，自己的杯子要低一點，以示謙虛；三是自己要先喝完，叫作先乾為敬。這無非是表示：兄弟我為朋友兩肋插刀，是不怕胃出血的了，您老人家則可隨意。這種敬酒如發生在同輩之間，則被敬者也往往只好硬著頭皮乾下去。另外，還有一種更親密的方式，就是喝交杯酒，或用同一酒杯喝酒，或把雙方的酒相互混入，則更加是不分彼此，「吃一個娘的奶」了。飯桌上不分彼此，生活中就會同甘共苦。它也意味著肝膽相照、榮辱與共和同心同德。總之，醉翁之意不在酒，而在乎人際之間。

餐具也有講究，而餐具中最具中國特色的則是筷子。兩根筷子夾住一塊食物，正像兩人面對一只飯桶的那個「鄉」字，本身就有共食之意義。所以用筷子給客人夾菜，幾乎是宴會上不可或缺的禮儀。它表示客氣，也表示和氣，同時也未嘗沒有把對方緊緊夾住，以防脫落的意思在內。其實，中國人最早也是用刀叉的，正如中國人最早也是實行分餐制的。甘肅武威皇娘娘臺齊家文化遺址出土的一件骨質餐叉，和現在西餐所用之叉在外形上就幾無差別。但，筷子終於取代了刀叉，共食也終於取代了分餐。有人說，這是因為發明了桌子。有了桌子，就可以圍在一起吃飯，不用像先前那樣，每人面前放一張幾，各吃各的了。既然大家都擠在一張桌子上吃飯，用筷子當然要比用刀叉便當得多。

問題是，發明了桌子，為什麼就一定要圍在一起吃飯呢？即便圍在一起，也可以像西方人那樣各吃各的呀！說白了，還是中國人愛共食。那張便於圍在一起吃飯的桌子，說不定原本就是為了共食而發明的。中國人喜歡過群體生活，喜歡扎堆兒抱團兒，喜歡和親人朋友團聚，當然也喜歡圍在一起吃飯。圍在一起，又是共食，當然要用筷子。用筷子，無論自己進食，還是給客人夾菜，都很方便，而且既穩重，又文雅，還極富人情味。不像西方人進餐，用刀切像屠宰，用叉戳像攻擊，還冷冰冰的，也不能給別人夾菜，一點人情味都沒有。在中國人看來，沒有人情味的飯食是絕不會好吃的，而沒有人情味的進餐方式則是一點意思也沒有的。

顯然，對於中國人來說，飲食的味道，絕不僅僅只是食物的味道，還必須包括餐桌上特有的那種人情味。中國的菜餚，便體現了這種團結、和合、交融的群體意識和文化精神。中國菜，無論煎、炒、蒸、煮、燒、烤、炸、拌，幾乎都無不是將主料和佐料混在一起下鍋上桌，絕不會像西方人那樣，肉是肉、魚是魚、鹽是鹽、胡椒是胡椒地各自獨立，分得一清二楚。一些大菜名菜，如「全家福」、「佛跳牆」、「霸王別姬」之類，更是多種主料的和合，味道早已不分彼此。而且，按照中國的烹調學、營養學和食療學的說法，這種「和合」，有利於陰陽協調，是一種極科學的做法。

當然，最好是，食物本身既味道好極了，人情味又很濃，而最能體現這雙重目的的，大概就是火鍋了。

火鍋的文化意義

火鍋簡直渾身上下都是中國文化。

火鍋熱，表示「親熱」；火鍋圓，表示「團圓」；火鍋用湯水處理原料，表示「以柔克剛」；

火鍋不拒葷腥，不嫌寒素，用料不分南北，調味不拒東西，山珍、海味、河鮮、時菜、豆腐、粉條，來者不拒，一律均可入鍋，表示「兼濟天下」；火鍋葷素雜糅，五味俱全，主料配料，味相滲透，又體現了一種中和之美。更重要的是，火鍋能最為形象直觀地體現「在同一口鍋裡吃飯」這樣一層深刻的意義，可以說是不折不扣的「共食」。更何況，這種「共食」又絕不帶任何強制性，每個人都可以任意選擇自己喜愛的主料燙而食之，正可謂「既有統一意志又有個人心情舒暢」的那樣一種生動活潑的局面。所以，北至東北，南到廣州，西入川滇，東達江浙，幾乎無不愛吃火鍋。

還有一點也是極為重要的，那就是火鍋要用火。

用火，是人類文化史上的一件大事。我們民族用火的歷史相當悠久，早在一百七十萬年以前就已開始（雲南元謀人），吃火鍋則至少有八千年的歷史（大約在磁山、裴李崗文化時期）。事實上，中國文化一直把會不會用火、熟食還是生食，看作進步與落後、文明與野蠻的分野。《禮記．王制》說，東方的野蠻人叫夷，南方的野蠻人叫蠻，都「不火食」。《禮運》篇也說，我們的先民，起先也是不會用火的，只能生吞野果，茹毛飲血。後來，「聖王」出現了，「修火之利」，這才有了烹調、釀酒、服飾與建築，也才有了禮儀，有了文化。這就正對應了列維．斯特勞斯的那個著名公式：生／熟＝自然／文化。直到現在，以用火為界限，生與熟也仍有褒貶之別，如生吞活剝與爛熟於心，生拉硬拽與熟門熟路等。此外，如生澀、生疏、生硬、生造、生僻等詞，亦有明顯貶義。至於「生番」，則直接指「不火食」的野蠻人；「夾生」，則往往是罵人的話；而「人生地不熟」，則是很不幸的事。

這就不可等閒視之。因此在上古，就要有人專門來管理「火食」。這個人的任務是：一、看管火堆；二、烹煮食物；三、分配食品。可見其權力和責任都很重大，工作性質也很神聖。因為神聖，所以也是「善」，而「火食」也就稱為「膳食」。這人既然掌握了食物的分配權，當然也就掌握了群體的領導權。可見最早的「政府」，一開始就是「廚房內閣」。只是到了社會分工更為精細、政府職能更為多樣以後，「膳食科長」才不再由「內閣總理」兼任，而另派他人專司。但在遠古，這人的地位仍一直很高。傳說中擔任過高辛氏或顓頊氏「火正」一職的「黎」，大約就是這種專司管火和「火食」的人。

當時的族群肯定很小，族人中年輕力壯者外出採集和狩獵，年長體弱又富於經驗者留家看火，並烹烤食物。外出勞動者日暮歸家，寒風暗夜中大家圍定火堆，享用熟食，真是何其樂也！因此，「火食」並不單單只是「熟食」，更重要的還是「共食」。所以，它也是「伙食」，即「共火而食」，故「夥」字從人從火。

共火而食的人就是夥伴。夥伴原寫作「火伴」，據云起源於古代兵制。古代兵制，五人為列，二列為火，十人共一火炊煮，即為「火伴」。《木蘭詩》云：「出門看火伴，火伴皆驚惶。」這裡的「火伴」便泛指同一軍營的人，相當於今之戰友。其實共火而食，古來如此。不過一般共火而食者多為家人，不足為奇。只有軍營裡，才是非親非故而成「夥」。所以後來，便把不同的人因同一目的而結合成群體，稱為「結夥」，並由此產生出合夥、入夥、打夥、搭夥、散夥、團夥、平夥等概念，而「火食」也就變成了「伙食」。

火鍋，大概就是對原始時代和古代戰爭中共火而食的遠古回憶吧！中國菜餚，無論煎炸蒸炒，一般都是在廚房裡加工完成後才端上桌來，只有火鍋把烹調過程和食用過程融為一體，不但把鍋端上桌來，而且讓火貫穿始終。這不正是一種最古老也最親切的方式嗎？圍在一起吃火鍋的人，不是家人，便是夥伴，不是兄弟，便是朋友，不是極富人情味嗎？尤其是在北風凜冽大雪紛飛的數九寒冬，三五友人，圍爐共酌，傳杯換盞，淺吟低唱，真是何其樂也！白居易詩云：「綠螘新醅酒，紅泥小火爐。晚來天欲雪，能飲一杯無。」我懷疑那就是請朋友來吃火鍋的邀請函。

由此可見，火鍋不僅是一種烹飪方式，也是一種用餐方式；不僅是一種飲食方式，也是一種文化模式。作為飲食方式，火鍋可以多人合吃，也可以一人獨食，然而獨食者又何其寥寥。在火鍋店裡，我們實難見到一人獨食者。這不是為了省錢，只因獨食無趣。一般地說，中國人是不喜歡獨食的。獨食難肥，共食才能吸取營養；獨食無味，共食才會其樂無窮。如果不得已而自斟自酌，就要在想像中與人共食：「舉杯邀明月，對影成三人。」否則就叫作喝悶酒。喝悶酒不但了無趣味，而且還會傷身。如果與友人共飲，則「酒逢知己千杯少」，喝得過量也無妨。

這就是請客吃飯的意義了。它不僅是吃喝，而且是共食；共食也不僅是聚餐，而且是同吃；同吃也不僅是同在一起吃或吃同樣的食物，更是吃人情，吃血緣。有了人情和血緣，一個又一個群體才得以建立和鞏固，個體也才得以生存。顯然，中國人喜歡請客吃飯，並不是中國人好吃，而是中國文化的思想內核——群體意識所使然。

四　煙、酒、茶

說煙

說起來，中國居然有那麼多人吸煙，似乎是沒有什麼道理的。煙，即煙草，西文 tobacco，譯名「淡巴菰」。這玩意不是咱們的土特產，據說是葡萄牙水手在十六世紀的時候帶到中國來的。不過這個來歷，現在已很少有人記得。因為從十六世紀到現如今，好歹也有幾百年的歷史，就不好再算是番邦貢品，得算是國貨了。這在文化史上也是常見的事。比如辣椒，據說原產南美洲熱帶地區，十七世紀時才傳入中國。但你去問湖南人、四川人、陝西人，有幾個承認吃辣椒是吃外國佐料的？

中國煙民的人數也很多，早已超過始作俑之國。而且，雖有科學家警告於前，政府限制於後，卻並未發現有人數銳減之勢，反倒又有不少人加入這一行列，終於在煙草的世界裡，也形成了一個泱泱大國。

這實在是一件很奇怪的事。

中國人按說是不該也不會吸煙的。吸煙並非祖傳，而國人重傳統；吸煙並無好處，而國人講實惠；吸煙有害健康，而國人善養身；吸煙形象不佳（國產影片中流氓特務無不吸煙），而國人尚道德。這樣一種既非國粹，又無實利，既礙長壽，又欠正派的嗜好，竟然能為國人欣然接受，且屢禁不止，便一定有文化上的原因。

原因仍在於群體意識。

煙和群體意識有什麼關係呢？因為香煙和酒飯，甚至和音樂一樣，能夠使人「群」，也就是能協調人際關係。兩個人見了面，遞根煙過去，拍拍肩膀，說起話來就比較融洽。哪怕剛剛發生過一點小衝突的，只要遞了煙，氣氛也就會緩和許多。而吸煙者在受到家人（父母、妻子等）指責時，辯護的理由也有一多半是要應酬。這雖然會被視為託詞或狡辯，但也有相當成分是實情。不信你去問煙民們，他們什麼時候吸得多？一是需要提神的時候，比如寫作時；二是需要解悶的時候，比如旅途中；三是需要應酬的時候，比如酒桌上。另外，據我觀察，北方的煙民似較南方為多，也因為北方人比較豪爽，講義氣，重感情，愛交朋友。當然，他們喝起酒來也比南方人凶。

事實上，煙的一個重要文化功能就是交際。中國傳統的交際之物，有酒與茶。「茶交隱士，酒結豪俠」，但都不如煙。因為你總不能一天到晚拎著一瓶酒或一壺茶，逢人就倒吧？然而懷揣一包煙，卻可走遍天下。「相逢開口笑，遞上一支煙」，實在是自然得很，也便當得很。求人辦事時，遞上一支煙，只要對方也是煙民，往往都會接過去。因為人家請你抽煙，至少也是友好的表示。況且一支煙實在微不足道，收下不算受賄，拒絕則又未免小題大作。但是，東西再小，也是人情。只要對方接了煙，也就算是領了情，開了口子，搭了橋樑，下面的文章也就比較好做，至少不會碰得灰頭灰臉。俗話說：拳頭不打笑臉。面對人家遞過來的煙，一般人也很難拉下臉來。

煙能幫我們交人，也能幫我們識人。比方說，吸煙者多半大度、豪爽，但也可能馬虎、放蕩；不吸煙者往往嚴謹、沉穩，但也可能拘謹、小器。搞公關的人都知道，吸煙的人要比不吸煙的人好打交道。這不僅因為煙能起到敲門磚的作用，還因為吸煙者往往性格外向，不吸煙（不含戒煙）者則多內向。外向者多愛交際，愛交際者多愛聊天。聊天時，如果大家都吞雲吐霧，又相互遞煙，便氣氛融洽，談興更濃。相反，如果大家都不抽煙，則久談必有枯坐之感，難得盡興，實際上往往也未必有神侃海聊之興致。除女人在一起總有話說外，不抽煙的男人在一起，便多半只能談正事（除非有酒）。他們內心有了鬱悶，也往往無法找朋友排遣，或只能去喝悶酒。

通過煙，還可以看出人與人之間關係的深淺。客客氣氣遞煙，說明關係尚淺，還很生分，尚處於建立友好關係的探索階段，或說明二者之間有一定的鴻溝（如屬上下級關係）；相互搶著遞煙，說明雙方地位相等，或視為相等，但關係半生不熟，又都願發展友好關係；隨隨便便遞煙，不計較是否禮尚往來，說明關係較深，已達到無論怎樣也沒關係的程度；伸手到對方口袋裡掏煙，掏出來還要散給別人，那就簡直是親密無間、不分彼此的鐵哥們了。當然，一般地說，相互遞煙，總以次數大致相等為宜。抽別人的多，或只抽別人的，便多少有些不尊重對方，也顯得自己小器。至於請客吃飯時，只要被請者中有煙民，香煙實乃必備之物。如果讓客人自己掏煙，是很丟面子的事。酒菜總比香煙貴，豈能因小失大？所以，在請客吃飯的宴席上，煙也往往是不可或缺之物。它的重要性，一般說要超過點心糖果之類，有時還略勝於茶。

說酒

如果說煙能打開局面，那麼酒則能打破界限。中國傳統社會是一個等級社會，講究內外有別、親疏有差、長幼有序、貴賤有等，如若逾越，便是「失禮」。現代社會雖然平等多了，但年齡、資歷、地位之類的差異總是存在的。也就是說，人與人之間總是有界限、有隔閡的。能最有效地消除它們的，也就是酒。真正的酒席上是沒大沒小的，因為非如此不能盡興。一杯下肚，全身放鬆；兩盞入懷，寵辱皆忘。等到善於公關者以「花言巧語」強行勸酒，稍會飲酒者以「豪言壯語」自作多情時，酒會便空前熱鬧起來。有的高聲叫添酒，有的低聲唱小曲，有的換酒杯，有的換座位，總之是一派「胡言亂語」。這時，所有的人，都既無分賓主，亦無分貴賤，人人都是酒神，個個都是醉鬼，真真正正是人人平等，大家一樣。親疏貴賤，男女老少，種種差別都被酒精消解。什麼規矩、防範、禁忌、禮儀，也都化為烏有，只剩下不分彼此的和睦融洽。中國人之愛喝酒，愛勸酒，愛在喝酒時猜拳行令，吆五喝六，吵吵鬧鬧，要的就是這種平等和融洽，親密和熱鬧。

中國人喝酒的資格很老。歷史學家一致認為，中國的穀物釀酒，起源於新石器時代，唯在是源於仰韶文化時期抑或龍山文化時期的問題上尚有爭議，總之是十分久遠。酒的種類，三代時就有很多，有澄酒，又稱清酒，是久釀後又濾去酒糟的米酒；醴酒，又稱醪，即老糟、撈糟，是短期內釀成的連糟糯米酒；香酒，又稱鬯，是用鬱金香草或香茅草加在米酒裡浸泡的酒。這些酒，主要是用於以下方面：一是敬神，因為神只聞香味不吃食物，酒香撲鼻，自然敬神最宜；二是做菜，如「周代八珍」之一的「漬」，就是香酒牛肉；三是治病，即用酒浸泡藥材，以便藥性發散；四是公關，謂之「酬酢」。「酬」是主人敬酒，是客人回敬，「酢」今人謂之「應酬」（應即酢）。總之，酒原來是一種有實用價值的東西，並非簡單的只是飲料。

然而，正如請神吃飯終於變成請人吃飯，實用的酒也終於變成了人的一種享受。據說當年有個叫儀狄的，發明了一種「旨酒」，進奉給大禹。禹喝了以後，覺得味道好極了，於是便斷言「後世必有人以酒亡其國者」，結果不幸而言中。他的孫子太康，便因酒而「亡其國」。末代子孫夏桀甚至因「酒濁」而「殺庖人」，結果也亡國。殷的紂王，也是以肉為林，以糟為山，以酒為池，划船在酒池裡豪飲，飲到爛醉時，便舉行男女三千人的裸體舞會，終於弄得家破人亡。所以，「周革殷命」以後，周公便發布禁酒命令，如有群飲，於法當斬。後來，《漢律》也規定「三人以上，無故群飲酒，罰金四兩」。以後禁酒的事還很多。比如曹操，就曾下令禁酒，還因此而殺了反對禁酒的孔融。這事我在《品人錄》一書中有交待，請讀者參看。

其實曹操也是喝酒的，否則怎麼會有「何以解憂，唯有杜康」的詩句？事實上，官方要禁的，並不是酒，而是酗酒和群飲。只因酗酒和群飲屢禁不止，有時便只好連酒一併禁了。禁酗酒好理解，因為酒喝多了，便神志不清。為君者神志不清必亂政，為民者神志不清必亂禮，兩者都會導致亡國，非禁不可。禁群飲也有道理。因為大家在一起共食，謙恭禮讓，思一粥一飯來之不易，便會感念君父，更加效忠朝廷。聚在一起群飲，酒壯了膽，難免說些不忠不孝發牢騷的話，弄不好便會起心謀反，至少也會弄得秩序大亂。所以，儘管共食是大家聚在一起吃，群飲是大家聚在一起喝，都是「群」，但共食就該提倡，而群飲便要禁止。

不過，一群人聚在一起喝酒這事，當真要禁，那是禁不了的。比如國宴、家宴，給上司接風，為朋友餞行，還能不聚在一起喝點兒？於是便只好規定不得「無故群飲酒」，也就是群飲要有「正當理由」。這倒是難不住中國人。有個相聲講，某單位領導宣布，為了紀念偉大的科學家巴夫洛夫，加深對「條件反射」原理的理解，全體到烤鴨店吃烤鴨一次。結果，「學習效果」很好，同志們在酒席上都「感動地流下了哈拉子（口水）」。

於是又只好規定，即便是在一起喝酒，也要講究禮儀。這就不怎麼行得通了。因為飲酒之樂，恰在無拘無束。當年，齊威王問淳于髡：「先生能飲幾何而醉？」淳于髡回答說：「臣飲一斗亦醉，一石亦醉。」威王不懂。淳于髡說，如果是大王賜酒於殿堂，監視酒政的執法官站在臣的旁邊，糾察失儀的御史官站在臣的背後，臣誠惶誠恐，伏地叩首而飲，不到一斗便簡直醉了。如果是鄉下人在一起喝酒，坐無分貴賤，席無分男女，敬酒沒有時間限制，搏戲完全自由組合，抓住了異性的手也不受罰，瞪著眼睛看人也不受禁，女人的首飾亂七八糟地落了一地，鞋子襪子也亂成一團，在這種氣氛下，臣便是飲八鬥，也只有兩三分醉。可見飲酒之樂，全在身心的放鬆，哪裡能「行禮如儀」？

需要放鬆身心的人很多，帝王將相如此，平頭百姓也如此。需要靠酒來結交朋友協調關係的人也很多，商界官場如此，市井村閭也如此。何況還有文人。文人沒有酒，就沒有靈感了。所以，歷史上的禁酒令，常常不過一紙空文。但一來二去，弄得酒的名聲不太好，卻也是事實。比如說，「酒肉朋友」啦，「酒色之徒」啦，「酒囊飯袋」啦，「酒色財氣」啦，都不是什麼好詞。

當然，名聲最壞的還是「酒色」二字。酒是色媒人，三杯落肚，便色膽包天。當年西門慶勾引潘金蓮，便正是在她「三杯酒落肚，哄動春心」之時。更有一個名叫蘇五奴的，公然讓自己的老婆張四娘當「陪酒女郎」。請張四娘陪酒的人，當然都醉翁之意不在酒，一門心思只想早點把蘇五奴灌醉，好和四娘幹那事。蘇五奴便說，只要多給我錢，便是吃「糍子」（蒸餅）也醉了，用不著喝那麼多酒啦！這就叫「飲糍亦醉」。酒既為淫亂的禍首，正統的道學先生，自然主張禁酒，或主張酒只能用於祭祀和官方的酬酢。

於是酒的地位，便逐漸地讓位於茶。

說茶

中國人飲茶的習慣，顯然晚於飲酒。雖然有人認為我們民族的飲茶，已有上萬年的歷史，但此說在學術界尚有爭議。比較靠得住的文字記錄，始見於西漢末年，當時稱作「檟」，《爾雅》說是「苦茶」。但茶是菊科草本植物，茶是山茶科木本植物，風馬牛不相及。大約是茶味之苦近於茶，才把「荼」也稱作「茶」吧！郭璞注云：「（檟）樹小似梔子，冬生葉，可煮作羹飲。」又說檟葉早采的叫茶，晚采的叫茗，也叫荈，也就是老葉粗茶。到唐代陸羽著《茶經》時，才把荼字減去一橫，寫成了茶，荼字反倒很少有人認識，害得一些念白字的，老是把「如火如荼」念成「如火如茶」。

茶之正式得名如此之晚，可見飲茶也不會太早。商周青銅器中沒有茶具，漢墓出土食品中也不見茶葉，至少說明當時飲茶尚未形成一種風氣，或非生活之必須。過去曾有一種說法，認為茶原產印度，是從印度進口的。佛門多飲茶，可為明證。有人還言之鑿鑿，說是禪宗祖師菩提達摩帶來的。達摩從天竺西來，跑到梁武帝那裡談佛論禪，結果話不投機，只好折了一根蘆葦做船，渡過長江，北入嵩山，躲進少林寺的一個山洞裡，「面壁而坐，終日默然」，一坐就是九年，連小鳥在肩上築巢都沒有察覺，終於雙眉盡落，落地而生為茶葉，所以上品的茶葉又叫珍眉。湖北鄂西山區有「五峰珍眉」，品質甚佳，不知是否系達摩雙眉一脈相傳？其實《三國志》和《世說新語》中都有飲茶的記錄。《三國志》上講，韋曜參加孫皓的宴會，因不善飲酒，便代之以「茶荈」。《世說新語》云，任育長到王導家做客，因不識好歹，便問喝的是「茶」還是「茗」，被傳為笑柄。可見三國兩晉時，飲茶已是上流社會的高雅習俗，那時節，達摩祖師還沒出世呢！

實際上，茶樹原產何方，是土生土長還是印度進口，抑或「中外合資」，都不要緊，要緊的是飲茶這件事，是不折不扣的中國文化。

中國人愛喝茶，和西方人愛喝酒完全是兩回事。西人飲酒乃取其汁，國人飲茶乃取其氣。西方的人體科學，注意的是體液。他們曾根據血液、黏液、黃膽汁和黑膽汁在人體中的比例，把人分為多血質、黏液質、膽汁質和抑鬱質四種類型，稱之為 temperament。這個詞，究其本源，實應譯為液質，中國人卻譯為氣質，就因為中國人是以「氣」為「質」的。中國人認為，一個人的素質和品質，取決於他胸中之氣：充盈著正氣的是君子，充盈著邪氣的是小人，充盈著清氣的是雅士，充盈著濁氣的是俗物。所以我們常說某人氣宇軒昂，某人氣度不凡，某人盛氣淩人，某人一團和氣，某人帥氣，某人俗氣，某人大氣，某人小氣，某人妖裡妖氣，某人怪裡怪氣，等等，就是這個道理。

氣充盈天地，有清有濁，有雅有俗。就拿香氣來說，香而妖，香而豔，香而濃，香而媚者，都是俗氣。暴發戶的如夫人，濃妝豔抹，珠光寶氣，香水灑得越多，越是俗不可耐；農夫新割的稻草麥秸，被秋陽暖暖地曬過以後，則最是清香可人。因此甚至有人認為花香不如藥香，酒香不如茶香，藥與茶，才是至清至雅之物。

何況飲茶也是好處多多。茶能防癌，不像煙有害於健康；茶能醒腦，不像酒多喝亂志。所以歷來有禁酒的，有禁煙的，卻斷乎不會有禁茶的。事實上，茶也是中國人尤其是中國文人雅士的愛物。中國人在家裡要喝茶，出門也要喝茶，上班後第一件事是泡茶，開會時更是人手一杯。到中國人家做客，雖有女賓來訪擺糖，男賓來訪敬煙之別，但泡茶都是必不可少的。客人來訪主人捧上一杯清茶，既禮貌周全，又全無媚態，則彼此的交往，便完全是君子之交淡如水。如果竟無茶水招待，那麼，不是主人不通人情，便是客人不受歡迎。連茶都不泡一杯，簡直等於下逐客令。

可見，茶也有交際的功能。所以，中國人不但喜歡請客吃飯，有時也要請客吃茶，比如「吃講茶」和「吃早茶」就是。吃講茶是舊社會江湖上用於擺平糾紛的一種手段，吃早茶則是如今商場上用來談生意的辦法之一。吃早茶不像擺酒宴那樣排場，又不像只有清茶一杯那樣寒酸。過於排場，談不成事情；過於寒酸，又不好意思，只有吃早茶最為適宜。它既能讓人靜下心來認真談判，又比坐在公司裡唇槍舌劍討價還價更有人情味，更便於套交情拉關係走後門，還能順便解決一下早餐問題，豈非妙不可言？當然，無論搞陰謀，抑或談生意，也確乎可以借此沖淡一點血腥或銅臭。

至於清朝官場，則又是一番風味。待客之茶，只作擺設，並不真喝。如果長官談得不耐煩，要下逐客令，便會端起碗來，說聲「請喝茶」。這時，你最好自己知趣，起身告辭。即便不告辭，長官身邊的聽差也會拉長聲調大呼「送客」。這一絕招，不知是誰的發明，也真虧他想得出。可見，喝茶也好，飲酒也好，吸煙也好，吃飯也好，在中國確實是一種文化現象。不過本章已說得不少，讀者諸君恐怕也要不耐煩了。那就還是「端茶送客」吧！

Chapter 2

服飾

一　文明與野蠻

人命關天

吃飯是頭等大事，穿衣這事也不小。

有句老話，叫「人生在世，吃穿二字」。老話也不一定就對。人生在世，豈能就是吃穿二字？但人活在世上，不能不吃，不能不穿，倒也是事實。所以，飲食和服飾，就不但都很重要，而且還有瓜葛。

奇怪，穿衣戴帽和吃飯能有什麼關係呢？偏偏就有。比如服，就有吞食的意思，如服藥、服毒。只不過只有吃藥（包括吃毒藥）才是「服」，吃別的就不算，但好歹是「吃」。還有修飾，也並不簡單地只是穿著打扮或體面好看，也和吃飯有關的。上古沒有「修」字，只有「脩」，兩字相通，脩也就是修，而脩的本義則是乾肉，或加香料製造而成的乾肉。它的字形，是一個人拿著一把錘子面對一大塊肉，表示「捶而施姜桂」的意思。不管什麼肉，總要先洗乾淨以後才好晾曬，所以脩這個字又有洗滌的意思。如果把十條乾肉捆在一起，就叫束脩或束修，是古代諸侯大夫相互饋贈的禮物，也是學生向老師致送的酬金。所以孔子說：「自行束修以上，吾未嘗無誨焉。」

修（脩）是製造乾肉，飾則是擦拭飯碗。飾這個字，本義是「拭」，也就是拂拭、清潔。從字形看，是一隻手拿著一條餐巾，在拂拭食品或食器上的灰塵和汙垢。《周禮・地官司徒・封人》說，「凡祭祀，飾其牛牲」，這裡的「飾」便是使其清潔之意，不是裝飾打扮。所以修（洗滌）和飾（擦拭）也可以連起來，叫「修飾」。

修飾不是可有可無的，也馬虎不得。古時，一個人如果沒有好名聲，就叫修名不立；而一個大臣如果搞腐敗，犯了貪汙罪，也不叫不廉，而叫簠簋不飾。簠，長方形，是一種古代食器，青銅制，有蓋有耳，用以盛黍稷稻粱。簋也是一種古代食器，青銅或陶制，圓口圓足，也用以盛黍稷稻粱。也就是說，簠是方飯碗，簋是圓飯碗。不飾則是「不常擦拭，沒弄乾淨」。飯碗既然弄不乾淨，當然要丟飯碗啦！

又豈止是會丟飯碗，弄得不好，還會掉腦袋。春秋時，一個名叫褚師聲子的人就差點因此而腦袋搬家。因為他在參加國君的宴會時，穿著襪子就登上了酒席，於是他的國君衛出公便勃然大怒，喝令「推出午門斬首」。儘管褚師聲子再三解釋，說自己不脫襪子，是因為腳上生瘡，恐怕君王見了會嘔吐，也無濟於事，最後只好落荒而逃，才倖免一死。

這也奇怪。不就是沒脫襪子嗎？也值得說翻臉就翻臉，甚至要問以死罪？原來，古人席地而坐，因此進門必須脫鞋。脫鞋之後，脫不脫襪，則要看身分。如果身分相當，可以不脫；如果是卑者見尊者，如臣下見君主，兒媳侍翁姑，就一定要光著腳，叫作跣足。跣足是表示敬意的方式。當年晉悼公盟會諸侯於雞丘時，為了向執法如山的中軍司馬魏絳表示敬意，就曾「跣而出」。君對臣示敬尚且要跣足，褚師聲子「襪而登席」，當然要被視為大不敬。能死裡逃生，實屬萬幸。

襪子不脫不行，帽子亂戴也不行。另一個名叫子臧的人就當真為此掉了腦袋。這位子臧，大概也確實是個花花公子，竟喜歡一種名叫「聚鷸冠」的裝飾。所謂「聚鷸冠」，大約就是用鷸羽做成的帽子。鷸羽色黃、褐、沙灰，密綴細碎斑紋。聚鷸而冠，可能比較好看，卻是「非禮之服」，或者說是奇裝異服。他老爸鄭文公聽說後，十分厭惡反感，居然買通強盜，把自己這個親生兒子，誘拐謀殺在陳宋之間的某地。

這又奇怪。不就是一頂帽子嗎？何至於謀殺親生兒子呢？但在中國古代，帽子卻是不好隨便亂戴的。比如春秋時陳靈公戴著楚國的便帽（南冠）去會情婦，東周王朝的使臣單襄公便斷定他要倒大楣，也該亡國。後來，陳靈公果然被情婦的兒子射死在馬廄裡，楚軍也打進了陳國。所以我們現在還說：「不要亂扣帽子。」帽子戴錯了，那是要出人命案的。

人命關天，當然不能含糊。穿衣戴帽，又豈能說是小事？

其實，中國人並沒有厚此薄彼，只重飲食不重服飾。我們常說的「衣食住行」、「衣食父母」等等，「衣」不是就排在「食」的前面嗎？衣不蔽體，不是和食不果腹同樣悲慘嗎？所以，就像吃飯是政治問題一樣，穿衣也會和政治發生關係。就拿前面提到的那位身為「內閣總理」的「天官塚宰」來說，他就不但領導著一大幫廚子，也領導著一大幫裁縫。在他的下屬官員和職員中，也有不少人在編制上，是歸屬於「服飾部」的[1]。人數雖然沒有「膳食科」多，卻也相當可觀。

文明與野蠻

事實上，正如治國之道常常被看作是烹調術，它也常常被看作是紡織業。中國古代的所謂「聖王」，都被描述成「經天緯地」的大人物。經，是織布機或紡織品的縱線，緯則是橫線。經天緯地，就是像紡紗織布一樣有條有理地治理天下。

其實，所謂「治理」，原本也是紡織業上的術語，即把一團亂麻或亂絲，理出一個頭緒來。治理的「治」，本來是「乱」（亂），而「亂」這個字，本義又是「治」。它的字形，上面有「爪」，下面有「又」，中間是絲。絲容易亂，所以必須用一隻手在上面抓著，又一隻手在下面托著，才有可能理順。理順就是「治」，不理順或理不順就是「亂」。天下大亂以後便是天下大治，天下大治以後又天下大亂，真是「剪不斷，理還亂」，所以要有經天緯地的大人物來收拾局面。後來，大家也覺得治和亂都用一個字，難免混淆不清，於是才用治水之「治」，代替了理絲之「亂」。

1　計有：主管帷幄幕帳之類的「幕人」四十五人；主管首飾和旗幟的「玉府」七十八人；主管裘衣的「司裘」五十二人；主管皮革的「掌皮」五十人；主管絲織品的「典絲」二十二人；主管麻織品的「典枲」二十六人；主管王后和命婦服裝的「內司服」十一人；主管縫紉事物的「縫人」一百二十人；主管印染事物的「染人」二十六人；主管王后、命婦髮式和頭飾的「追師」十一人；主管鞋襪的「屨人」十六人。

治理天下國家，既然有如理亂絲，或如烹小鮮，則「王天下」者，也必是裁縫或廚師。比如伏羲（庖犧）是大廚師，黃帝（軒轅）則是大裁縫。據說，黃帝是我們民族最早的服飾發明家，也是最早擬訂服飾體制的大禮學家。他的主要發明，是旃、冕和旒。旃是一種軍旗，冕是一種禮帽，旒則是旗下的飄帶和冕前的下垂物。看來，黃帝的主要貢獻，在於「飾」。而養蠶業和制衣業的發明人和領導人，則分別是他的正妻嫘祖和他的臣屬胡曹。當然，他們的功勞也都可以照例歸於黃帝。據說，自從黃帝制定了服飾禮儀後，紊亂無序的天下便變得井然有序了。以後，堯、舜二位，也照此辦理。傳位到禹，雖然自己的穿著不講究，但祭禮之服還是不含糊的。這就叫作「黃帝、堯、舜垂衣裳而天下治」。

伏羲是三皇之首，黃帝是五帝之先，堯和舜都是神話了的部落聯盟長，他們幾位帶了頭，以後的聖王，或比聖王低一等的明君，或比明君還低一等的候補明君，以及預備輔佐他們平治天下的儒臣門，便都相當地重視服飾的事情，而且往往能「上綱上線」到國家興亡、民族存亡的高度。比如衣襟向右開（右衽）還是向左開（左衽），就不是可以馬虎的小事。有一次，孔子和他的學生討論對管仲的評價問題。他的兩個學生子路和子貢都認為管仲不仁。因為管仲原是公子糾的師傅。齊桓公（即公子小白）與公子糾爭奪君位，殺了公子糾，公子糾的另一位師傅召忽因此殉節而死，而管仲非但不自殺，反倒投靠桓公，成了桓公的得力輔佐，這不是叛徒嗎？怎麼能算是「仁」呢？孔子卻說，啊！要是沒有管仲，我們這些人，只怕都早已披著頭髮，衣襟向左邊開了！可見，在孔子這裡，衣襟向哪邊開，至少比誰當國君要重要一些，也比什麼「從一而終」要重要一些。

這就很有些非得要弄清姓資姓社，分個白貓黑貓的味道了。其實，不管白貓黑貓，能逮老鼠就是好貓。同樣，也甭管右衽左衽，穿著舒服漂亮就是好衣服，哪怕當中開縫也行。然而孔子他們不這麼看。在孔子他們看來，衣襟要是開反了，就會從文明變成野蠻。儒家是很看重這個區別的。用他們的話說，就叫夷夏之別。夷就是蠻夷，也就是野蠻人；夏就是華夏，也就是文明人。文明人和野蠻人有什麼區別呢？首先是吃飯不同——野蠻人吃生肉，文明人吃熟食。再就是穿衣不同。《禮記．王制》說：東方的野蠻人叫「夷」（東夷），披頭散髮，身上刻花紋（被髮文身）；南方的野蠻人叫「蠻」（南蠻），也是光著身子，臉上腳上刻花紋（雕題交趾）；西方的野蠻人叫「戎」（西戎），披頭散髮，拿野獸皮裹在身上（被髮衣皮）；北方的野蠻人叫「狄」（北狄），拿鳥羽毛做衣服，住在洞裡（衣羽毛穴居）。這些都是不開化民族，通通只能算作野蠻人，沒法和華夏民族相提並論。

其實華夏民族先前也是茹毛飲血光著屁股的。能拿獸皮鳥羽遮遮身子，就很不錯。任何民族都有一個開化的過程。開化之前，誰不是這樣？然而現在不同了。現在既已得了「先王教化」，衣冠楚楚起來，自然要視被髮紋身為野蠻，羞與為伍。甚至連衣襟向左邊開都要視為奇恥大辱，不能接受。

原來服飾是文化的象徵和標誌，是有文化與沒文化、文明與野蠻、進步與落後的分水嶺，那當然不得開玩笑。因此，一個中國人，如果穿上了「夷狄」的服裝，就會為他人所不齒。比如《阿

Q正傳》[2]中的那位錢太爺的大兒子，從東洋留學回來，腿也直了，辮子也不見了，一身的西裝革履，手上還拎了根「司的克」，自以為摩登得了不得，可是父老鄉親都不吃那一套，背地裡叫他「假洋鬼子」。鬼子已不是人，何況還是假的！自然不但人格卑下，只怕連「鬼格」也沒有。連帶他的老婆，雖然因此而跳了三回井，也為雖窮且乏又罕有頭髮卻畢竟留著一條小辮子的阿Q所不齒，認定她竟然「會和沒有辮子的男人睡覺，嚇，不是好東西」。所以，當阿Q躲在土穀祠裡大做其「革命夢」兼「女人夢」時，便把假洋鬼子的老婆從候選人的名單中堅決地剔除出去。

體與面

衣襟開反了尚且不行，不穿衣服就更不行。禽獸才不穿衣服，野蠻人才不穿衣服麼！有誰願意做禽獸做野蠻人呢？沒有。

所以，依照傳統禮法，不要說裸體，便是露出腿子也是犯規的。只有在極為特殊的情況下，才可以裸露上身或胳膊，謂之「肉袒」。比如西漢太尉周勃，為了翦除呂太后的餘黨，要奪軍權，就對將士們說：願意幫助姓呂的，把右邊胳膊露出來（右袒）；願意幫助姓劉的，把左邊胳膊露出來（左袒）。結果「三軍皆左」，周勃便順利地接管了兵權，滅了諸呂。又比如，趙國的大將軍廉頗，為了向藺相如表示敬意和歉意，就曾「肉袒負荊」，「至藺相如門謝罪」。「荊」是帶刺的荊條，可以為鞭；古人受刑，要右袒。所以，你要是有事沒事的也光著膀子，大家就以為你要負荊請罪，或者是要找人打架了。

除此以外，肉袒體裸，都是嚴重的失禮行為。不吃那一套的，只有兩類人物。一類是江湖好漢，還有一類是魏晉名士。李逵，大約是經常光著膀子的。嵇康，打鐵的時候想來也曾光著膀子。嵇康是名士中的名士，而名士則是魏晉時代的「嬉皮」，很前衛的，也很酷，既不把別人放在眼裡，也不把禮法放在眼裡。何況他們還要吃藥。吃藥以後要發散，吃酒以後要出汗，於是他們便常常帽子也不戴，衣服也不穿。其中有個叫劉伶的，更公然一絲不掛地在家見客。客人一看，臉都白了，他反倒理直氣壯地對客人說：天地就是我的房屋，房屋就是我的衣服，請問諸君為什麼要走進我的褲子裡面來？大家也只好把他當瘋子。但說得出這種瘋話的，也就是劉伶吧！

自己裸體是「無禮」，觀看別人裸體當然更是「失禮」。春秋時的曹共公就幹過這種事。他聽人說流亡公子重耳的肋骨是連成一片的，竟然趁著重耳洗澡的時候，躲在簾子後面偷看。這種嚴重的失禮行為，當然要受到嚴懲。所以重耳回國當了國君（即晉文公）後，第一個要報復的就是曹國，而且不費吹灰之力就把他滅了。

大概正是這種文化上的原因，裸體藝術和健美運動，在近代中國便一再受挫，風波迭起。因

2　編注：《阿Q正傳》為中國近代作家魯迅的中篇小說。這部小說以諷刺的手法，描寫了主人公阿Q的形象以及中國封建社會末期的社會風貌。本書將會多次提及其中內容。

為裸體藝術和健美運動，既是自裸，又是觀看他人之裸，是雙重的「不禮」，豈能容忍？至於日本的「男女同浴」，西方的「天體運動」，當然更加不合中國國情，即便有人宣導，也斷然不會有人回應並以身試法的。《詩經》上說：看看那些老鼠吧！老鼠尚且有張皮。人要是沒有禮儀，那就連老鼠都不如。可見光有血肉之軀是不行的，還得要有服飾。只有「體」，沒有「面」，也不「體面」，甚至「不是人」。

這就難怪中國人要相當重視服飾了。人活一張臉，樹活一張皮嘛！事實上，在中國人看來，衣不蔽體和食不果腹是同等的悲慘，而「解衣衣我」也和「推食食我」同樣恩重於山。中國的平民百姓，只要不是窮到實在活不下去的程度，也通常會有一兩件比較體面的衣服，以用於較為重要的場合。不過，所謂「體面」，也並非一定就是富麗華貴或嶄新漂亮。孔子就曾讚美他的學生子路（仲由），說穿著舊絲綿袍和穿著狐皮貉裘的人站在一起，卻毫無愧色的，大概也就是阿由吧！可見中國人的注重服飾，首先不是要漂亮，也不是要舒服，而是要「合禮」。

古人很看重服飾的禮儀，一旦失禮便可能釀成大禍。西元前五五九年，有一天衛獻公約請孫文子、寧惠子兩位吃飯。孫、寧二人依照禮制，準時準點穿上朝服，衣冠楚楚地等在朝廷，一直等到太陽落山也不見獻公的影子。一問，才知道他老先生還在園子裡射鴻。兩位大夫沒有辦法，只好又衣冠楚楚地趕到園子裡。獻公見了他們，連皮冠也不脫，就和他們說起話來。孫、寧兩位當場勃然大怒。因為皮冠是田獵和軍事的服飾。皮冠面對的，不是野獸，就是敵人。因此，即便是君見臣，也要先免去皮冠，才能說話，否則便是侮辱。衛獻公請客吃飯，不按時開飯已是失禮，又居然戴著皮冠和被請的人說話，當然要被視為有意侮辱。君視臣為禽獸，則臣視君為寇仇。孫文子便發動政變，把衛獻公驅逐出境，直到十二年後才得以回國。穿衣戴帽的事，豈是含糊得的？

二　道德與禮儀

金魚袋，石榴裙

禮儀，其實也是很麻煩的。

穿衣要怎樣才「合禮」？無非兩條。一是合身分，二是合場合。所謂「合場合」，就是在不同的場合下，相應地使用不同的服飾。比如參加正式會議，穿著太隨便就不合適；而閒居在家，西裝革履的也很可笑。所以，稍微有點身分的人，尤其是古代那些既有身分又注重禮儀的人，常常就會不停地換衣服。比如，行禮時著禮服，祭祀時著祭服，治喪時著喪服，上朝時著朝服，閒居時著燕服。穿什麼衣服，就得配什麼鞋。穿祭服著舄（重底鞋），穿朝服著履（一般的鞋），穿燕服著屨（葛麻製單底鞋），出門著屐（木底鞋）。光是鞋就有這麼多種，別的就更不用提了。

但這些規定，都必須嚴格遵守，否則便是「失禮」。

不過更重要的還是要合身分。中國古代的服飾是有制度的。什麼人用什麼服飾，包括款式、面料、色彩、紋飾，都做了嚴格的規定。比如周代的時候，只有天子、諸侯、大夫、士這些有一定地位的男子，才能使用上衣下裳的款式，婦人和庶人就只能穿衣裳相連的「深衣」。漢代的平民百姓則只能穿本色麻布，染個顏色都不行。唐以後，又規定明黃色為皇帝專用，所以趙匡胤「黃袍加身」，也就意味著登上了帝位。明代則規定官民人等不得服用蟒龍、飛魚、鬥牛等圖案，或一定品級的官員可用蟒，不得用龍。蟒袍和龍袍是不同的。穿蟒袍的是大臣，穿龍袍的是皇上，並不是隨便什麼人都可以「龍飛鳳舞」。

用了高於自己身分的服飾，便是「僭越」，犯了「大不敬」的罪；但如特許使用，則是極大的恩典，應予特別的炫耀和聲明。比如，宋朝的時候，凡有資格穿紫色、緋色公服的官員，都必須佩掛金、銀裝飾的「魚袋」。服紫佩掛金魚袋，服緋佩掛銀魚袋。服紫色要三品或四品以上，服緋色也要六品以上。如職位品級太低，又有特殊情況（如出使等），需要佩掛魚袋，必須先借用紫、緋之服，時稱「借紫」、「借緋」。如果穿紫佩魚是皇上所賜，則是一種較高的榮譽，在填寫自己的職銜時，必須加以申明。例如宋初向太祖上《三禮圖》，奏請重新制定服飾制度禮儀的博士聶崇義，就被賜紫服、佩金魚袋。因此這位老兄的正式職銜的全稱就是「通議大夫國子司業兼太常博士柱國賜紫金魚袋」。身上穿件紫衣服，腰裡掛個金魚袋，也算一種職稱，必須添進「幹部履歷表」裡去，或印在「名片」上，還要特別說明是政府頒發的而不是借來的，這在今人看來未免可笑，但在古人看來則極為正常。

顯然，在中國古代，服飾的等差，首先並不取決於貧富（有沒有錢），而是取決於貴賤（有沒有銜）。沒有地位，錢再多，也是白搭，此即所謂「民雖有富者，衣服不得獨異」也。漢制更規定，平民凡有一人經商者，其全家人均不得服用錦、繡、綺等絲織品，也不得服用毛織品、細葛布和白細苧麻布。所以到了可以「賣官鬻爵」的年代，商人們都願意花成千上萬的銀子，去「捐個前程」，買個官位，比如清末商人胡雪岩，靠幫左宗棠籌餉而賞穿黃馬褂即是。總之，不穿衣服固然是「失禮」，衣服穿得不對頭同樣是「失禮」。

既然一定的身分才能使用一定的服飾，那麼一定的服飾也就代表了一定的身分，成了人們的身分證明，或成了身分、地位、職業的代名詞。比如大家熟知的「冠蓋」（達官貴人）、「布衣」（平民百姓）、「袈裟」（佛教僧侶）等。

又如「縉紳」，原指「繫紳帶而插笏」。笏，是古代大臣們上朝時，隨身攜帶用來寫「發言提綱」或做「會議紀錄」的狹長板子，有點像現代的「商務ＰＤＡ」。這板子在不用時，就插在腰間那條紳帶上，就像今人把call機或手機別在皮帶上一樣。所以，縉紳也就是大臣。後來，凡是有系紳插笏之資格，再後來，凡有一定社會地位的人，便都稱為縉紳，又稱紳士，用今天的話說就是「皮帶族」。不過，今天的「皮帶族」可不都是紳士，甚至可能連白領都不是。至於現代紳士們，則八成是不會把手機、call機、ＰＤＡ「一個都不能少」地全都別在皮帶上的。

此外如「烏紗帽」、「石榴裙」，也都用於指代某些特定身分的人。「烏紗帽」是明代公服，「石榴裙」是唐代時裝。戴烏紗帽的好歹也是個七品縣令，穿石榴裙的則多半是都市麗人。再如「紈袴」，原本是指用細緻潔白的薄綢（紈）做成的一種不連襠的套褲（袴），類似於今之開襠褲。這種服裝，依例只有貴胄子弟才能服用。貴胄子弟穿著這樣又輕又薄的開襠褲到處吃喝玩樂，尋花問柳，自然「輕薄」得可以，所以「紈絝」又用來指古時的「高幹子弟」和「輕薄少年」。至於長衫，則為儒生之服飾。孔乙己的一件長衫，儘管又髒又破，卻絕不肯脫下，就是害怕丟了他讀書人的身分之故。

人生禮儀

一個人的服飾既然由身分來決定，那麼，身分的獲得也就當然由服飾來表明。比方說，授予學位要戴博士帽，授予軍銜要換肩章等等。人的一生中，身分顯然要屢屢變化：成年、婚娶、生子，最後要死。有的人，還要擔任和晉升職務，獲取功名。這樣，服飾的變換便貫穿一個人的終身，成了一個人的人生禮儀。

人生禮儀中最重要的是男子的「冠禮」和女子的「笄禮」。冠禮和笄禮，說白了，就是改變髮式。清代以前，古人是留全髮的。嬰兒生下三個月後，要選擇黃道吉日，剪一次頭髮，只保留兩小撮。這兩小撮頭髮，男孩留在左右兩側，有如牛頭，叫角；女孩則一前一後，有如馬首，叫羈。也有按男左女右的方位只留一小撮的。也就在這一天，母親把孩子抱去見父親，父親拉著孩子的右手或撫摩著他的頭，給他起一個「名」。這一儀式，無妨叫作命名禮。它標誌著承認孩子已正式來到人間，加入家族。

剪去的頭髮長出之後，便不再剪，而是向兩邊分梳，長齊眉毛，叫作兩髦。所以兒童又叫童髦。或者把兩髦總束起來，紮在頭上，一邊一束。這兩束頭髮，男孩的狀如獸角，叫作總角；女孩的狀如樹椏，叫作丫頭。所以孩童時代又叫總角之時，年幼或地位低的女孩又叫丫頭。

男孩長到二十歲（二十歲左右），女孩長到十五歲，就要舉行「冠禮」和「笄禮」。所謂「冠」，就是把頭髮盤到頭頂上，先從根部束住，盤成髻然後加冠以固定。「笄」則是不用冠，只用「笄」或「簪」固定。冠笄之前，要先用「筮法」來決定日期和加冠加笄的來賓，叫筮日和筮賓。這日期，便有似於西方之受禮日；這來賓，則有似於西方之教父。屆時，來賓就在一定的禮儀程序中把規定的服飾授予該青年，並為他們取一個「字」。賓取之字與父命之名，一般都有一定的聯繫，其意義或相同，或相反，或相關。如顏回字子淵，取「淵乃回水」之義；又如曾點字皙，取「點乃小黑」而「皙乃色白」之義；再如蘇軾字子瞻，蘇轍字子由，蓋因軾是車前橫木，瞻是憑軾觀看，而「轍由軌出」。這兩個人的名和字，倒與他們的性格相符：蘇軾做人行事較為前瞻，蘇轍則循規蹈矩得多。

有了字，也就有了尊稱。直到民國時期，中國人如要表示尊敬或客氣，都要稱對方的字，有如俄國人之稱「父名」（彼得洛維奇之類）。卑者對尊者說話，只能稱字。尊者對卑者說話，則直呼其名。但是，無論尊卑，自稱都不能稱字。子路固然只能說「由也為之」，便是孔子，也只能說「丘也聞之」。如果自己稱字，便是失禮，也是大笑話。

一個未成年的小孩子，當然是無須尊稱的，故兒童無字。加冠加笄之後，有了字，也就意味著成年，故冠禮和笄禮即成年禮。既已成年，便可婚嫁，所以古人也就常常在舉行冠禮和笄禮的同時，為子女訂婚許嫁，而冠禮也往往稱為婚冠禮。一個女孩子，到了十五歲，如果還沒有找到合適的婆家，便不舉行笄禮，也不取字。因為未嫁之女絕不能　頭露面與外人結交，只能藏在深閨，當然也就沒有尊稱的必要。所以女子未嫁之前，便叫待字閨中。意思是女兒還小，還沒有一個「字」，不是嫁不出去。其實她又哪裡是在等待什麼「字」，多半是當爹媽的還沒有物色到乘龍快婿，或嫁妝還成問題罷了。

男子結髮加冠後才能娶妻，女子許嫁後才能結髮加笄，於是，「結髮」就幾乎成了「結婚」的同義詞。當然，不是所有的夫妻都可以叫作結髮夫妻。二婚就不算。原則上講，只有那些剛剛成年就結婚的，才好這麼叫。剛剛成年就結婚，當然不可能結過好幾回。所以，但凡第一次結婚的夫妻，也都可以稱作結髮夫妻，而不拘結婚時芳齡幾何。但要說清楚，結髮，即行冠禮笄禮，不是把夫妻兩人的頭髮捆在一起。

有句話說：「男大當婚，女大當嫁。」冠禮和笄禮作為「成丁禮」，當然是人生禮儀中最重要的一項。不過到了周代，便只有貴族子弟成年以後才能「冠」，庶民子弟則只能「幘」，即只能用頭巾把頭包起來，而不能戴冠。可見，「高帽子」也不是人人都好隨便戴的。所以，我們今天還把恭維他人，稱作「戴高帽子」；把喜歡別人吹捧，叫作「愛戴高帽子」。只是到了「文化大革命」中，高帽子才落到了「牛鬼蛇神」的頭上。這也不奇怪。因為「文化大革命」原本就是要「大革文化命」，服飾的文化意義，自然也就被顛倒了。

其實，這一大「發明」也是有針對性的。因為被戴高帽子的，不是「走資本主義道路的當權派」，就是「反動學術權威」，想當然平時都愛戴「高帽子」，或戴過「高帽子」，那就讓你們戴個夠，看你們以後還想不想戴！

義務與修養

的確，「高帽子」是不好隨便亂戴的，因為它意味著特殊的權利和義務。

就說「冠」。依周禮，貴族子弟之加冠，凡三次。首加「緇冠」，這是參加各種政治活動的服飾。次則加「皮弁」，這是獵裝和軍帽，所以往往同時還要帶劍。三加「爵弁」，乃「宗廟之冠」，地位僅次於「冕」。有冠有冕，自然「冠冕堂皇」。只有冠沒有冕，也是不小的體面，何況還能佩劍？所以貴族子弟都很盼望著能早日加冠。

一加緇冠，有治權；二加皮弁，有兵權；三加爵弁，有祀權。「國之大事，唯祀與戎」，因此貴族們的「冠」，便有非同小可的意義，應視為生命的一部分，即便到死，也不能「免冠」。西元前四八〇年，衛國發生內亂。戰鬥中，孔子的忠實信徒子路被人用戈擊斷了冠纓。子路說：「君子死，冠不免。」便一面用雙手繫著冠纓，一面被人砍成了肉泥。孔子聽到這個消息後，痛不欲生，立即吩咐廚房倒掉所有已做好的肉醬。

三次加冠後，初冠之青年還要拜見國君和元老，傾聽他們的教誨。這很有必要。因為服飾不僅意味著權利和義務，同時還意味著道德修養。就拿成年人的髮式來說，無論貴族男子的「冠」，庶民男子的「幘」，還是女子的「笄」，都要束髮。束髮當然有實用的功能。古人留全髮，倘不束在頭頂，隨風飄散，既不成體統，亦諸多不便。不過，在中國文化這裡，它還有一層意思，就是「約束」。就是說，一個人，一旦成年，就要接受社會道德律令的規範和約束，其標誌就是束髮，一如猶太人與上帝簽約後的割禮。所以，束髮的時候，主持儀式的嘉賓就要對束髮者發表訓詞，也就是趁機進行道德教育吧。

顯然，「修飾」也就是「修養」。蓬頭垢面不但不雅觀，而且不道德，因為那意味著不能修飾和約束自己，也就同時意味著不能接受社會道德的規範。所以孔子說：「自行束修以上，吾未嘗無誨焉。」這裡的「束修」，應理解為「束髮修面」，而不是或不僅僅是通常說的「十條乾肉」。即使是十條乾肉，也不完全是或僅僅是學費，而主要表示自己能夠接受老師的「約束」和「修飾」，因而才叫「束修」。同理，孔乙己穿長衫並不可笑，可笑的在於那件長衫又髒又破，不洗不補，與理應修飾的讀書人身分不符，這才成為笑柄。

讀書人為什麼就特別要講究修飾呢？因為他是「文人」，是「君子」，是「士」，因此不能不「文」。有一次，衛國大夫棘子成問孔子的學生子貢：一個君子只要有優秀的素質和品質就行了，何必還要修飾呢（君子質而已矣，何以文為）？子貢的回答是：如果文就是質，質就是文，虎豹的皮也就是犬羊的皮啦！也就是說，君子與小人，就像虎豹與犬羊。虎皮豹皮之所以比狗皮羊皮高貴，就因為虎豹的毛是有花紋（文）的。如果去掉這些有文采的毛，虎豹之皮也就與犬羊無異。同理，君子如果「不文」，又與小人何異？所以，對於中國文化來說，文飾首先是道德的需要，而不是為了漂亮好看。

其實，古代中國人的服飾，幾乎無不具有道德的意義。比如冠就是貫，表示一以貫之、始終如一的意思；弁就是辯，表示辯明身分、明辨是非的意思；冕就是免（免是冕的本字），也就是勉（勉本寫作免），表示勤勉國事，以德相勉的意思。又比如，衣就是依，表示依附；衽就是任，表示擔任；襟就是禁，表示禁止；至於履，則表示履行職責、實踐禮法，也表示腳踏實地、行得正站得直，等等。

最有趣的是飾物。比如戴冠冕的人，都要在兩耳之處各垂一顆珠玉，叫作充耳。充耳並不真的要塞進耳朵，而是懸掛在耳旁，提醒戴冠者不要輕易聽信讒言，叫作充耳不聞。冠冕的前後兩方，則要懸掛玉串，提醒戴冠者不要去看那些不該看的，叫作視而不見。視而不見，充耳不聞，也就是「非禮勿視，非禮勿聽」的意思。可惜後來世風日下人心不古，這兩個詞的意思也就全變了，沒多少人知道它們和服飾還有什麼關係。

看來，服飾這玩意，意思還不小。

因此我們很想知道，它究竟都有些什麼意思。

三 非凡意義

共食與共衣

首先，衣服是最貼身的東西。貼身又怎麼樣呢？最貼身的，往往也就是最親密、最可靠、最放心和最有感情的。因為在中國人這裡，身和心是一體化的（這一點我們下面還要說到），所以「貼身」往往也就「貼心」。比如貼身侍衛，便不但最為親切可靠，而且簡直就是「心腹」。大宅門裡的小姐太太，也多半會有一兩個這樣的「貼身心腹」。她們不但會把小姐太太的日常生活打理得舒舒服服，必要時還要替小姐太太們管閒事，辦外交，甚至吵架，比如鳳姐身邊的平兒、探春身邊的侍書，都是。

貼身，是不可以等閒視之的。

那麼，什麼是最貼身的呢？人之中，最貼身的是母子，所以「世上只有媽媽好」。其次是夫妻，所以「一日夫妻百日恩」。物之中，最貼身的是衣服；衣之中，最貼身的是內衣。內衣，古人叫「衷」。它不但最為貼身，而且簡直就是著衣者本人及其內心世界的代表，因此才有無動於衷、言不由衷、衷心感謝、互訴衷腸、道出衷情等說法，都是以衷衣代中心，以貼身代貼心。

衣既為人之最貼身者，自然也就往往被賦予情感的意義，或用來表現和傳達情感，比如「慈母手中線，遊子身上衣。臨行密密縫，意恐遲遲歸」；比如「長安一片月，萬戶擣衣聲。秋風吹不盡，總是玉關情」；比如「一行書信千行淚，寒到君邊衣到無」；比如「想給邊防軍寫封信，不拿紙筆拿起針」。中國古代的遊子和戰士，都喜歡穿母親和妻子縫的衣、納的鞋。只有穿著這樣的衣，身上才暖和；只有穿著這樣的鞋，腳下才踏實。

這樣的衣服和鞋帽，當然不能輕易讓給別人，就像老婆不能轉讓一樣。即便那衣服是買來的，只要自己還穿在身上，也不能隨便脫下來送人。尤其是內衣，倘若隨隨便便就脫下來送人，豈非輕率地「以身相許」？所以，儘管中國人喜歡聚在一起吃飯（共食），卻不喜歡和別人換衣服穿（共衣），除非是戰友或情人。

《詩經．秦風．無衣》寫的是戰友之間的共衣。[3]這首詩譯成白話文就是：「誰說我們沒有衣穿？我和你共一件戰袍！君王就要出兵了，整理好我們的長矛，我和你同一戰壕！誰說我們沒有衣穿？我和你共一件衣裳！君王就要出兵了，整好我們的刀槍，我和你同上戰場！」這實在是一種極重的情分。這種同袍共衣的感情，和同火共食是一樣深刻的。軍營裡同火共食，出征時同袍共衣，上了陣就會同生共死，同心同德，同仇敵愾。因此我們不難體會，韓信說漢王「解衣衣我，推食食我」時，是一種什麼樣的心情。

《紅樓夢》第七十七回寫的則是情人之間的共衣。這一回寫寶玉偷偷去看病危的晴雯，晴雯先是咬下指甲，遞到寶玉手心裡，然後「又回手掙扎著，連揪帶脫，在被窩裡，將貼身穿著的一件舊紅綾小襖兒脫下，遞給寶玉」。這兩個動作，很明顯地有以身相許的意思。「寶玉見她這般，已經會意，連忙解開外衣，將自己的襖兒褪下來，蓋在她身上，卻把這件穿了。」這意思自然也很明白。所以晴雯才說：「今日這一來，我就死了，也不枉擔了虛名！」所謂「虛名」，即晴雯與寶玉有私情的指控。晴雯和寶玉雖然要好，卻不曾像襲人那樣，真的「貼身」過，所以是虛名。但如今，已用內衣為代表，相互貼身過了，所以不再「枉擔」，也就死可瞑目。

看來，如果說「共食」者義同兄弟，那麼「共衣」者則情近夫妻。的確，從身上脫下貼身內衣，帶著體溫，也帶著體味，無論如何也都象徵著穿衣人自己，若非極為親密，豈能親相授受？以中國人之內向，一般友人見面，不過鞠躬作揖，握手擁抱都不會，哪裡還會貼身？能貼身者，無非夫妻、情人而已。即便夫妻，也要「舉案齊眉，相敬如賓」，又豈能隨意互換褻衣？看來，可共衷

---

3 編注：原文如下。
豈曰無衣？與子同袍。王於興師，修我戈矛。與子同仇！
豈曰無衣？與子同澤。王於興師，修我矛戟。與子偕作！
豈曰無衣？與子同裳。王於興師，修我甲兵。與子偕行！

衣者，也就只有情人了。

其實即便是外衣，有時也能代表那穿衣的人。許多民族都有這樣的習俗：死者的衣物，如不殉葬，就要分給親友，以為紀念。這正如祭祀的食品最終要被吃掉一樣，並非為了節約，而因為這些衣物中，殘留著逝者的資訊，睹其物如見其人，衣其衣如近其身。元稹悼念亡妻的詩云：「衣裳已施行看盡，針線猶存未忍開。」表達的便正是這種情感。

於是，衣服就不簡單地只是衣服了。它不僅具有物質的意義，也具有精神的意義。不僅屬於肉體，也屬於心靈。

身與心

衣是身的代表，身則是一個人肉體和心靈的總代表。

身的含義很多。首先是指身體。不過這「身體」，有時包括腦袋，有時不包括（比如「身首異處」），甚至只算中間部分，也叫「軀」。但它的本義，卻是「身孕」——胎。它的字形，無論甲骨文、金文、篆文，都是像一個人懷胎之形。所以直到現在，我們還說一個女人懷了孕是「有了身子」。

懷胎，是生命的孕育，因此，「身」又引申為生命，比如獻出生命是獻身，放棄生命是捨身，喪失生命是亡身，將生命置之度外是奮不顧身。生命既然就是「身」，則生命的全過程也就是「終身」。不但肉體生命是「身」，社會生命、政治生命、道德生命等，也是「身」，如身分、身家、出身、進身（提高社會地位）、翻身（改變社會地位）、身敗名裂（喪失社會地位）、身價百倍（社會地位大幅度提高）、人身攻擊（侮辱人格，並非毆打身體）。實際上，肉體生命和社會生命、政治生命、道德生命有時也難捨難分。比如明哲保身，就很難說要保的是哪個「身」。

生命當然都只能是自己的。因此，「身」又指自己，所謂自身難保、身先士卒等；又引申為親自，如身臨其境、身體力行、親身經曆；又引申為擔任、承受，如以身作則、身受其害等。這可真是「怎一個『身』字了得」。

這裡特別值得注意的有兩點。

第一，只有自己才能稱「身」，叫「自身」；別人稱「人」，叫「他人」。「身無分文」是自己沒有錢，「人言可畏」是別人的話很可怕。與自身同義的還有「躬」和「朕」。躬指身體，如鞠躬；也指自身和親自，如事必躬親、躬逢盛世等。朕是自身，原是古人自稱的謙詞。秦始皇以後，規定只有皇帝才能稱「朕」，結果謙虛變成了驕傲。「自身」既為皇上所獨有，臣下當然也就「身不由己」，連衣服也不能隨便穿了。

第二，生命既與身體同一，則靈魂也與肉體混同，或以肉體代心靈。比如意志不得自由，本是「心不由己」，卻說「身不由己」；體驗他人情感，本是「感同心受」，卻說「感同身受」。看來，中國人的知覺、感受、體驗、領會，都是先「身」而後「心」的，就連體驗之「體」，領會之「領」，都與「身」有關。中國人從來就不相信不能用身體感官確定的東西，而只相信自己的切身體會。所以在教育上，言教不如身教；在認知上，耳聞不如目見；在學習上，心知不如力行；在事業上，立命必先安身。身不能安，則心不能定。於是就連一個人的道德修養，也不能叫修心，而叫修身。「修身」不是健美，不是體育鍛鍊，其實與身沒多少關係。

當然，要說一點關係都沒有，也不對。《禮記》就說「禮義之始，在於正容體、齊顏色、順辭令」。這就是「修身」了。這門功課，從小孩子一生下來就要開始。具體的做法，是墊上尿布以後，用一塊布先把嬰兒的兩條腿包起來，又用布帶從上到下捆緊，使嬰兒身體筆直，只露出腦袋，俗稱打包，有的地方叫蠟燭包。據說，只有這樣，才能保證孩子長大以後腿是直的，也才能保證他是一個「正直的人」。

可見身心一體，心由身定。

一個人的「心」既然是由他的「身」來定的，那麼要得到他的心，便必然在這個人身上打主意，甚至要在他的服飾上做文章，比如清人入關後之強迫漢人剃髮易服即是。這些南下的征服者們堅信，只有當中原漢族在服飾上與自己「俱為一體」時，被征服者才會和自己「心往一處想，勁往一處使」，才不會再把滿人看作「夷狄」，對於大清帝國的興衰榮辱，也才會「感同身受」。果然，清王朝覆滅時，許多漢人都如喪考妣，堅決不肯剪掉頭上的小辮子。反倒是「皇帝陛下」（溥儀）本人，帶頭革了那辮子的命，害得宮裡宮外遺老遺少們，一個個都跟丟了魂似的。

同樣，在日常生活中，對一個人的關心，也往往落實在對方的身上。比方說吃飯的時候給人家夾菜啦，天涼的時候提醒別人「加件衣服」啦。因此，關心又叫關懷、體貼，亦即貼身。身體相貼，體溫相存，所以又叫溫存。衣服穿在身上，其間當然有「溫」存焉。就連小動物都知道，天寒地凍的時候，要互相依偎在一起。故而共衣便是體貼，體貼便是委身，委身便是交心。實際上，當一個人脫下自己的衣服，把它披到另一個人身上時，他們的心確實是「緊緊貼在一起」了。

與子同袍，能不是一種很重的情分嗎？

衣人之衣，能不「懷人之憂」嗎？

衣與依

其實，衣服衣服，衣與服，都有文化內涵。先說「衣」。

衣是最貼身的東西，而貼身也就是「依」。依，它的甲骨文字形，是一個人在胞衣中成形。去掉這個人形，剩下的部分，便是甲骨文的「衣」字。所以，衣，最早是胎兒的胞衣，即「人之衣」。同時，衣也就是依，起先是胎兒之所依託，後來是人之所依。人們裹在衣服裡，就像胎兒裹在胞衣中，衣服，豈是小看得的？

這樣一來，共衣就是共依（共同依託同一對象，或互為依託），而同袍就是同胞（好像一母所生，有了血緣關係）。兩個人，如果既同火共食，又同袍共衣，那就既有同一生命源頭，又有同一生命依憑，肯定會親如兄弟情同手足，成為「穿一條褲子」的鐵哥們。

其實，「衣」這個字，本身就有相依之意。衣字的字形，無論甲骨文、金文，還是篆文，都是由上下兩部分組成。甲骨金文「象曲領，兩袖中空，左右襟衽掩合之形」，看來真是上衣的形狀。篆文卻是上面一個「人」字，下面也是一個「人」字，許慎說「象覆二人之形」。覆即顛倒、翻動。這兩個人在那裡顛來倒去地幹什麼呢？當然是在「體貼」。後來這兩個相互體貼著人的中間又多一個較小的人（大約是生了孩子），就成了甲骨金文的「依」；孩子長大了站在兩個人的旁邊，就成了篆文的「依」。孩子總是要依靠、依賴、依傍大人的。可見，衣也就是依，就是相互依存，甚至相依為命。

這當然很重要。所以「依」這個字的使用頻率便很高：依傍、依從、依附、依歸、依順、依隨、依託、依循、依仗、依允、依照、依憑、依據、依靠，甚至依賴。這也不奇怪。依，首先是二人關係，或人際關係，或人與人的關係。這種關係，在以群體意識為思想內核的中國文化這裡，當然是頭等重要的關係。

依則戀。依戀是中國人所謂「人情」的核心。父母在，不遠遊，承歡膝下、繞行膝下等等，講的都是依戀之情。戀家、戀國、戀父母、戀故鄉，甚至戀古人，也都是中國人特有的情感。就說鄉戀。中國古典詩詞中描寫鄉戀之情的，真是何其多也。「舉頭望明月，低頭思故鄉」（李白）；「露從今夜白，月是故鄉明」（杜甫）；「獨在異鄉為異客，每逢佳節倍思親」（王維）；「無端更渡桑乾水，卻望并州是故鄉」（劉皂）；「故鄉今夜思千里，霜鬢明朝又一年」（高適）；「不用憑欄苦回首，故鄉七十五長亭」（杜牧）；「共看明月應垂淚，一夜鄉心五處同」（白居易）等等，等等，無不膾炙人口。

鄉土尚且難離，何況最貼身的夫妻和情人？當然也是依且戀的。事實上，中國的男女關係，更看重的是「依戀」而不是「性愛」。西方人的兩性關係，往往帶有好奇和探究的內容，因此不憚於婚前性關係，也樂意於與不同的男女成為性夥伴，為的是多一些體驗和經驗。中國人的婚姻，卻主要不是為了一夜之歡，而是要「相依為命」、「地久天長」。因此，一個女人和一個男人發生性關係，便是以身相許，定了終身的。如果被那男人始亂終棄，便會痛不欲生。像西方女人那樣滿不在乎另尋新歡的事，她們連想都不會去想。要想，也是尋短見。

其實男人也差不多。一個多情的男子，如果和一個女人發生了關係，哪怕這女人是妓女，也會產生依戀之情。「從別後，憶相逢，幾回魂夢與君同」（晏幾道），其所念念不忘依依不捨者，不過只是「彩袖殷勤捧玉鐘，當年拚卻醉顏紅」的一位歌女，是否真有性關係都未可知。甚至只有「一面之交」，也能產生依戀之情：「去年今日此門中，人面桃花相映紅。人面不知何處去，桃花依舊笑春風。」（崔護）

依戀之情既然如此之重，所以離別就是極其痛苦的事：「相見時難別亦難，東風無力百花殘。春蠶到死絲方盡，蠟炬成灰淚始乾。」（李商隱）一旦重逢，便喜出望外：「今宵剩（只管）把銀（燈）照，猶恐相逢是夢中。」（晏幾道）總之，依戀、眷戀之情是人之常情。一個沒有依戀、眷戀之情的人，會被看作是無情無義，而一旦無情無義，也就形同禽獸，甚至禽獸不如。因為連阿貓阿狗、小雞小鴨，也有依戀之情呢！

衣與服

再說服。

衣服又叫衣著。著，就是「附著」，或「加上去」，比如著色、著墨，當然還有著裝。所以，衣服也就是「依附」。

依附者是不能脫離被依附者的。沒有被依附者，依附者就沒有「著落」。皮之不存，毛將焉附？身之不存，衣將焉附？所以依附與被依附者的關係，就是一種從屬關係，叫作服從（像衣服從屬於身體一樣）。服從得好，叫作服貼（像衣服貼在身上一樣）。服貼才會受到體貼（貼在身上），才能被關懷（摟在懷裡），也才有可能進身（地位上升）。事實上，中國傳統社會要求的，就是這樣一種「人身依附關係」。每個人都依附於另一個人，或依附於群體，就像衣服之依附於身體：子女依附於父母，妻妾依附於丈夫，下級依附於上級，所有的人都依附於皇帝。皇帝似乎沒有什麼人要依附，因此是「孤家寡人」。其實皇帝也要依附的。他依附於皇權，依附於國家和民族這個群體。一旦失權亡國，那就豬狗不如，甚至只有死路一條。

可見依附者固然不能脫離被依附者，被依附者也不能脫離依附者。於是依附者也好被依附者也好，便都有義務來維繫這種關係，只不過其義務各自不同。子女、妻妾、臣民的義務是服從。表現為道德要求，就是子孝、妻順、臣忠。父母、丈夫、君王的義務則是關懷。表現為道德要求，則是君仁、父慈、夫愛。但服從是首要的。子女、妻妾、臣民如果不服從，那就等於當眾剝掉了父母、丈夫、君王的衣服，是一種極讓後者丟面子的行為，必將受到嚴懲。反過來，如果後者無法使前者服從，則等於連衣服都不會穿，同樣是沒有面子的事。所以，「怕老婆」是可笑的，而「怕丈夫」則被視為理所當然，不會成為笑柄。在中國的任何笑話集中，都絕找不到一則「怕丈夫」的故事，因為中國人並不覺得那有什麼可笑。

依附的對象並不限於某個人（父母、丈夫、長官、皇帝等），也可以是某個群體（家庭、家族、團體、單位、組織、政府等）。直到現在，中國人如果有了什麼問題，也仍然習慣於找單位上去解決；有了什麼想法，也仍然習慣於找組織上去談心。中國人似乎很少想到要依靠自己的力量去成就某一事業，事實上認真做起來也有諸多困難，當然還是依靠上面來得便當。即便失誤，也會有人替你擔待，至少不必擔心被「抓辮子」、「扣帽子」和「穿小鞋」。辮子、帽子和小鞋，都是特殊的「服飾」，過來人無不知道它們的分量。當然，有了成績，也首先歸功於領導和群眾，自己則不過只是做了一點「微不足道」的小事情。結果，是沒有哪個國家的政府和各級部門像中國這樣責任重大，任務繁多。不但每個人的吃喝拉撒睡、生老病死退，都要責無旁貸地管起來（管得不好群眾還要罵娘），而且一旦為了改革而「斷奶」，還得教會大家如何去自謀生路。

依附的對象，甚至還可以是古人、洋人，是某種思想或某一學派。中國人說話寫文章，過去是開口閉口子曰詩云，後來是必先引用馬恩列斯[4]，時下則言必稱佛洛德或海德格等等，只可惜老

4 編注：馬克思、恩格斯、列寧、史達林的並稱。

外並無「關懷」咱們的義務，所以也不見這樣引用有什麼好處。好在咱們這麼說，這麼寫，主要還是一種心理需求。不這麼說這麼寫，別人看了不順眼（好像衣服沒穿對），自己心裡也不踏實（好像腳下沒穿鞋）。反正靠他人也好，靠組織也好，靠古人也好，靠洋人也好，總得「靠」著什麼：「在家靠父母，出門靠朋友」，「大海航行靠舵手」，自己和個人是靠不住的。甚至就連上級，有時候也得靠下級。在中國，會做領導的，總是要在群眾中發現和尋找「可靠分子」，以為「依靠對象」，否則便會變成孤家寡人，什麼事情都做不成。

於是，一旦依靠對象發生問題，便不知何去何從。何去，是「上哪去」；何從，則是「跟誰走」。跟著誰，就朝誰的方向走。所以何去取決於何從。「从」這個字，簡化得實在好：一個人跟著另一個人。哪怕只是「跟著感覺走」，好歹也是「跟」。誰要是宣布「走自己的路」，沒準就會被視為神經病。

總之，衣服就是依附。衣服依附於身體，自身依附於他人，由此構成一個龐大而複雜的社會關係網路，在這個網路裡，每個人都如被熨斗燙過一樣，「服服貼貼」。這大概也就是「聖王」們「垂衣裳而天下治」的祕密所在吧？

三 時尚問題

東邊日出西邊雨

看來，服飾這事，還真不能視同兒戲。往大裡說，它即便不是「治國之綱」，至少也是「治國之方」。往小裡說，它是一個人內心美醜和道德修養的表現，也是對他人的尊重和一種禮儀。也就是說，服飾、禮儀、道德是三位一體的。失儀必失禮，失禮必失德，失德必失國。這樣，一個人，尤其是一個有身分有地位有修養的人，就不能隨隨便便，想穿什麼就穿什麼，想怎麼打扮就怎麼打扮。

因此，中國文化在傳統上，是反對和厭惡奇裝異服的。在許多中國人眼裡，奇裝異服簡直就是壞人、流氓、色鬼和品性惡劣者的代名詞。改革開放以前，但凡正派人士和良家婦女，只要一見到身著奇裝異服者，就像見到了痲瘋病人，避之唯恐不及。這種厭惡和反感，在歷史上甚至曾經導致謀殺案的發生。比如鄭文公之殺子臧就是。事後有人評論說：「服之不衷，身之災也。」一件奇裝異服，竟招來殺身之禍，而輿論還認為是理所當然，可見穿衣戴帽，還真不能隨人所好。

穿著奇裝異服要遭人非議、厭惡，甚至嫉恨，穿著過時的服飾，用過時的方式裝飾自己，則會遭人笑話。白居易詩云：「小頭鞋履窄衣裳，青黛點眉眉細長。外人不見見應笑，天寶末年時世妝。」原來，唐玄宗開元、天寶年間，流行胡服，女裝多「襟袖窄小」。到了唐憲宗元和年間，早已流行「大髻寬衣」，袖寬往往超過四尺。至於畫眉，也由時興細而長的「蛾眉」，改為時興闊而短的「廣眉」了。其實，蛾眉原本是極美的。杜甫詩云：「虢國夫人承主恩，平明騎馬入金門。卻嫌脂粉涴顏色，淡掃蛾眉朝至尊。」就是說楊貴妃的姐姐虢國夫人自恃天生麗質光彩奪人，朝見皇上也不施粉黛，卻仍要「淡掃蛾眉」，可見蛾眉之美。然而，曾幾何時，「青黛點眉眉細長」竟成為「外人不見見應笑」的過時裝飾了。可見時髦也是極重要的。朱慶餘詩云：「洞房昨夜停紅燭，待曉堂前拜舅姑。妝罷低聲問夫婿，畫眉深淺入時無？」講的就是這個道理。

既痛恨奇裝異服，又害怕過時落伍，這可真是「東邊日出西邊雨」，有點讓人摸不著頭腦，也和飲食的表現大相徑庭。

說來也是有趣，飲食和服飾雖然都為中國文化所看重，實際情況卻似乎不大一樣。飲食比較保守，服飾則比較新潮。飲食的變化可以說是最小最慢的。古人用筷子，今人也用筷子；古人吃米飯饅頭，今人也吃米飯饅頭；五千年前吃火鍋，現在依然吃火鍋。無論食品原料、烹調方法、進餐方式、習慣口味，都基本保持中國特色，難得一變。當然，要說一點沒變，也不是事實。不過，即便最愛吃麥當勞、肯德基的孩子，也不是天天都吃。如果天天吃，還愛不愛，就很難說；長大了，還愛不愛，也很難說。再說，不吃西餐和洋速食的，畢竟還是大多數。所以，仍有人認為，在西方文化不斷傳入，世界文化趨向認同的未來，飲食，可能是中國特色的最後一塊陣地。

服飾的情況就不大一樣了。如果說飲食是一位因循守舊的老先生，那麼，服飾便像一個追新逐奇的小姑娘。中國的服飾，曾屢經變化。說得遠一點，有趙武靈王的「胡服騎射」；說得近一點，則有辛亥以來的「逐年西化」。今日之服裝，不要說與千百年前大相異趣，便是與十多年前也大不相同。但不管怎樣時尚化，總歸是和國際接軌而不是和傳統接軌。傳統的服飾，大概只剩下了博物館的意義。城市裡已很難見到中山裝，農村裡小夥子的白羊肚手巾和姑娘的大辮子，也不大容易看見了。

事實上，咱們這個最最痛恨奇裝異服的國度，恰恰也是最最愛趕「時髦」的地方。許多外國名牌在中國的暢銷，就連外商也感到奇怪。他們無法理解，一個中國人竟會用數月的工資去換一塊體面的包裝布，「十六歲的花季」們也能瀟灑地走進時裝專賣店，用父母的血汗錢換取時髦。看來，我們確有必要討論一下與服飾有關的時尚問題。

時髦之謎

一般地說，所謂「時髦」，總是新奇玩意。趕時髦就不會反對奇裝異服，痛恨奇裝異服就不會趕時髦。中國人又反對奇裝異服，又愛趕時髦，豈非莫名其妙？

說怪也不怪，原因就在於中國文化的思想內核是群體意識。

依照群體意識，每個人都是群體的一員，每個人的生存都要以群體的存在為依據，每個人的價值也要以群體的判斷為標準。換句話說，每個人的尊卑、貴賤、優劣、是非、善惡、美醜，都歸群體和他人說了算。更何況，服飾這東西，原本就是穿來給人看的。如果沒人看，穿得再漂亮也沒有意思。陸遊詩云：「驛外斷橋邊，寂寞開無主。」花兒尚且不能無人觀賞，況美貌盛裝之人乎？所以愛美的女子一旦無人觀賞，也就無心梳妝。這就叫「士為知己者用，女為悅己者容」。

既然穿衣打扮，原為讓人觀看，則每個人的服飾，便必須依照對象而確定，不能隨心所欲，別出心裁。完全不假修飾，固然粗野鄙俗，讓人看不起；過於講究修飾，又未免虛偽做作，讓人信不過。所以孔子說：「質勝文則野，文勝質則史，文質彬彬，然後君子。」什麼是「彬彬」？彬彬，就是「相半之貌」。文質彬彬，就是既文雅又樸質，既有修養又不失本色，這樣才是真正的君子。

正人君子既然必須文質彬彬，當然也就不能奇裝異服。奇就是「不正」，異就是「不常」。不正常，也就「不正經」。不正經，不是「歪」，就是「邪」。奇裝異服既然是「邪門歪道」，正人君子當然穿不得。

那麼，其他人呢？更穿不得。因為其他人似乎更沒有資格搞特殊。什麼是奇？什麼是異？奇就是「少見」，異就是「不同」。「少見」便難免「多怪」，「不同」則異於「凡響」。如果是老外，自然「稀罕少見」；如果是皇上，自然「與眾不同」。所以，老外和皇上的服飾雖然和咱們不一樣，卻不叫奇裝異服。中國的普通老百姓就不行了。要啥沒啥的，有什麼資格自行其是、與眾不同？沒有。既然沒有，那你就規矩點。

實際上，奇裝異服之所以遭人物議，表面上看是因為不合「禮」，實質上則是因為不合「群」。想想看吧：大家都穿這樣的衣服，你卻偏要穿那樣的衣服，這不是存心要和大家過不去嗎？不是存心要讓大家瞧不順眼嗎？不是公然不把大夥放在眼裡嗎？不是太狂妄、太自大、太目中無人、太自以為是了嗎？難道別人都不愛美就你懂行？厭惡、反對、痛恨奇裝異服者，大多是這種心理。

不能說這種心理毫無道理。道理也很簡單：既然服飾是對他人的尊重，那麼，穿著奇裝異服，當然也就要被視為對他人的蔑視。並且不僅僅是對某一個人的蔑視，而是對公眾、對群體的蔑視，這就理所當然地會引起公憤。至於穿著過時服裝，用過時的方式裝飾自己，情況則又不同。表面上看，這也是不合群。但這種不合群，並不是故意和大家作對，更不是看不起群眾，反倒會被群眾看不起，當然也不會引起反感、憎恨和敵意。

趕時髦的情況又要複雜一點。中國人愛趕時髦嗎？愛的。中國人承認自己愛趕時髦嗎？不承認。所謂「時髦」，即「流行於時者」。沒有一定的人數，就稱不上流行。所以，時髦也是一種群體行為，與奇裝異服不同。奇裝異服是標新立異，故意與眾不同；趕時髦則是隨波逐流，生怕落伍掉隊。二者之間，有著本質的差別。事實上，中國人反對奇裝異服，並非反對時髦，而是反對獨異。「獨異」是一個人和大傢伙兒鬧彆扭，所以會成為眾矢之的；「趕時髦」則是大家一窩蜂地去做同一件事，當然不會犯眾怒。

其實，趕時髦的人都有一種「合群性」。他們眼見得群體前進了，生怕跟不上，這才去趕。因此不是不合群，毋寧說是合群之心太切，過於猴急而顯得可笑，不夠穩重而被人鄙夷。可見，趕時髦即便有什麼不是，其錯誤也不在「時髦」，而在於「趕」。因為依照群體意識，要時髦，也得大家一起時髦，你一個人匆匆忙忙地趕什麼呢？

然而，時髦這玩意，不趕又是不行的。不趕，就會過時。一旦過時，再趕上去，不但討不到什麼便宜，反倒更加可笑。同樣，太趕，也是不行的。因為是時髦，就不會是老一套，總是新鮮玩意，也就多少有些風險。如果還沒弄清它是否會流行於時，就匆匆忙忙趕了上去，結果無人響應，豈非成了奇裝異服，或奇裝異服的跟屁蟲？這就不能不預留後路。辦法則是宣布自己不趕時髦，甚或視趕時髦為可鄙。結果，趕時髦就成了一個貶義詞，專一用於那些追新逐奇趕潮流跟浪頭，手忙腳亂變來變去的人。其實，中國人哪有不趕時髦的。想當年，搞「文化大革命」的時候，一夜之間，全國到處都是黃軍裝、紅袖章，那可是中國歷史上最大的時髦。

超前有風險，落伍遭恥笑，因此，中國人處理時尚問題，就有兩條原則，也是兩條古訓，一條叫「變通以趨時」，一條叫「不為天下先」。

「變通以趨時」與「不為天下先」

先說「變通以趨時」。

中國人喜歡變嗎？不好說。一方面，中國人最不喜歡變，最好是「天不變，道亦不變」，大家墨守成規，照葫蘆畫瓢，便天下太平。因此有「以不變應萬變」甚至「萬變不離其宗」的說法。另方面，中國人又最善變。而且，有時變化之快，彎子轉得之大，連自己都會嚇一跳。比如，剛剛還罵過革命黨的，一轉眼辮子就盤到頭頂上去了；前不久還自稱大老粗並以「大老粗」為榮的，一轉眼，就有了「大專以上學歷」和「高級職稱」。總之，當真要變，也可以變，而且說變就變，又哪有什麼「祖宗成法不可變」！

這就叫「變通以趨時」。也就是說，時代變了，服飾及其他方面，也要跟著變，否則就是不合時宜。不合時宜便會落伍。嚴重一點的，則會丟了身家性命。因為「時變」常常因於「政變」，「易服」往往意味著「易主」。大家都跟著去朝拜新皇帝、當新國民了，你自家一個人還穿著舊時冠服，便難免被視為「敵對分子」。要不然，大小也就是換件衣服變個髮式的事情，為什麼不跟著做？即便不是對抗，至少也是心裡面鬧彆扭，背地裡犯嘀咕。

這就不討人喜歡，也「吃不開」。

所以中國又有一句古訓，叫「識時務者為俊傑」。就是說，時勢變了，風頭變了，大家都跟著變了，你也要儘快變過去，否則就會「背時」。背時就是倒楣，趨時才有甜頭。關鍵要看什麼東西「行時」。「行於時」才行得通。行得通的事不做，偏去做行不通的事，豈非犯傻？所以不變不行。尤其是服飾，就更得跟著變。你想，行頭行頭，如果不「行」（行時），還能叫「行頭」麼？

何況要變也不難。反正首先要變的，都不過是表面的東西，如服飾之類。骨子裡的東西，亦不妨依然故我。所謂「洋裝雖然穿在身，我心依然是中國心」，就是這個意思。換句話說，改頭換面不等於「脫胎換骨」，煥然一新並不妨礙「我心依舊」的。

但是表面文章，卻也不可不做。因為跟不跟，是「態度」問題；跟不跟得上，是「水準」問題。水準不高，無可指責；態度不對，便要整肅。所以時勢變了，人們也會跟著變，至少在口頭上和表面上是如此。只要口頭上和表面上變了，就不會有人追究。便是有人想追究，也無從下手。因此一到時勢大變，想頂也頂不住的時候，中國人也會敷衍敷衍。叫掛龍旗就掛龍旗，叫掛五色旗就掛五色旗，叫掛青天白日旗就掛青天白日旗，甚至叫掛膏藥旗就掛膏藥旗。這也是中國人的生存之道：隨機應變，曲線救國，先存活下來再說。

當然也有真變的。近一百年中國的變化就很大，近二十年又為最。顯然，中國人並不一味地反對「變」，更不反對「趨時」，反對的只是某個個人的「超前」和「出頭」。「出頭的椽子先爛」，「槍打出頭鳥」，「始作俑者，其無後乎」。歷史上那些帶頭搞改革的，幾乎都沒有什麼好下場。商鞅是被車裂了的。王安石雖然沒有被車裂，名聲卻一直不好。再說帶頭也沒什麼好處。第一個吃螃蟹的雖然在理論上是英雄，可又有誰記得他是張三李四。

因此又有第二條原則，叫作「不為天下先」。

所謂「不為天下先」，不但是「不為戎首」、「不為禍始」，而且也「不為福先」。也就是什麼事都不要走在前面。壞事固然不能帶頭幹，好處也不能得在前面，因為那會遭人嫉妒。一兩個人嫉妒問題還不大，如遭眾人嫉妒，那就要倒楣了。最好是隨大流。既不用擔風險，又不用費腦筋。就算錯了也沒關係，反正「首惡必辦」，「脅從」則可以「不問」。衝在最前面的人犧牲倒下之後，勝利的果實豈非正由中下游者享用？

這正是群體意識的體現。在一種群體至上的文化中，個人總是渺小的，群體才是偉大的。群體強，個人弱；群體力量大，個人能耐小；群體代表著正確方面，個人則難免要犯錯誤。所以，一個人，只有融入群體才「吃得開」，被稱為「分子」的則往往「吃不開」，比如「地主分子」、「右派分子」、「反革命分子」。因此有人戲言，說中國知識分子之所以又「窮」又「臭」，就在於不幸而為「分子」之故。總之，變也好，不變也好，快變也好，慢變也好，都不是問題的關鍵。關鍵是既要隨機應變，又要隨波逐流。反正只要合群，就不會有什麼錯誤。如果居然敢為天下先，成了「分子」，那麻煩可就大了。

從上與從眾

的確，「合群」才是最重要的。

什麼是「群」？「獸三為群，人三為眾」。獸為群（如羊群），人為眾（如民眾），合起來就叫群眾，也就是像羊一樣跟著牧羊人（君）、跟著大家一起走的「人眾」。於是，中國人的變通趨時，又有兩條原則，一是「從上」，二是「從眾」——一個人跟著另一個人，最後變成三個人。

其實，時髦幾乎從來就是「從上」的。「上有所好，下必從焉」，歷來如此。「吳王好劍客，百姓多創瘢；楚王好細腰，宮中多餓死。」審美風尚的形成往往源於上流社會的好惡與宣導。「一叢高鬢綠雲光，宮樣輕輕淡淡黃。為看九天公主貴，外邊爭學內家裝。」（王涯《宮詞》）宮廷、豪門、都市，從來就是形成時尚、領導潮流的「頭羊」。

這是有例的。比如「長冠」（又叫齋冠），是一種竹皮冠，相傳是劉邦發跡之前發明的，所以又叫劉氏冠。劉邦發跡之前，不過是個混混。雖然謀了個「泗水亭長」的差事，也不過是個試用的吏員。他頭頂上的那個竹皮冠，又能怎麼樣？只因為它是高祖早年所造，後來竟被定為官員的祭服，而且爵非公乘以上，還沒資格戴。又比如「花鈿」（又稱額黃），是一種兩眉之間的裝飾。它的緣起，據說是南北朝時，南朝宋武帝之女壽陽公主一日仰臥簷下，一朵梅花正好落在額上眉間，染成顏色，拂之不去。宮女們見之奇異美觀，便競相效仿，蔚為風氣。李商隱《蝶》詩云：「壽陽公主嫁時妝，八字宮眉捧額黃。」說的就是它。最可笑的是「點痣」，原本是天子後宮嬪妃，月事來臨時，不便奉承龍恩，又不便言說，便以朱砂點面為標記，傳到宮外，竟也成為一種裝飾了。

顯然，「從上」就是「崇上」，而「崇上」也就是「崇尚」。一個社會崇尚什麼不崇尚什麼，誰說了算？難道是老百姓不成？當然是「上面」說一不二。何況跟著上面走，大家也心甘情願。下層社會對上流社會總是盲目崇拜的，再說也保險。因為一方面，懲罰總是自上而下的；另方面，也「刑不上大夫」。這樣，從上，就可以避免承擔始作俑者的風險，即便錯了，也不會被視為奇裝異服而受到追究。更何況，在中國古代社會，無論飲食起居、服飾裝扮，宮廷較之民間，都市較之鄉村，上層較之下層，總是更豪華、更排場、更精美、更先進。跟著上面走，就既保險，又可「得風氣之先」，何樂而不為呢？

「從眾」的心理也如此。中國人做事，對錯先不論，只要是大家都這樣做了，便先有了三分合理因素和保險係數。即便果真錯了，也毋庸憂慮會受懲罰。因為法不治眾，懲罰總是針對少數人的。要打擊和能打擊的，只是極少數極個別膽敢出頭的「分子」。至於群眾，則只是教育問題，頂多問個「盲從」之罪。但盲從其實是無罪的。因為既然是盲，當然也就看不清。看不清就不知道，不知者不為罪。何況看不清的，又不止一個兩個，可見不容易看清。是非本不易看清，咱們又有點盲目，哪能不犯錯誤呢？話說到這份上，你就是想追究，也追究不下去了。

中國人喜歡從眾，還因為依照群體意識，每個人的價值都要由群體來確證。這樣一來，群體和他人，便成了鑒定衡量自己言行是非對錯的標準。群體和他人可以做的，自己也可以這樣做；群體和他人都不做的，我們自己就做不得。比如阿Q欺負小尼姑，明明是非禮，阿Q也要強詞奪理地說：「和尚摸得，我摸不得？」其實和尚何曾摸過？又有誰說和尚摸得？沒有。可見是胡說。但阿Q卻非得假定和尚摸過摸得不可。因為只有如此假設，他的非禮才是「從眾」，也才合理合法，心安理得。

既然說話辦事，都是跟著別人跑，用別人的眼睛看事物，用別人的腦袋想問題，按照別人做過的做事情，則一旦犯了錯誤，亦往往不假思索地便把責任都推到別人的身上，諉過或遷怒於別人。比如阿Q，捉不到可以咬得很響的大蝨子，便遷怒於王胡；挨了王胡的打，又遷怒於假洋鬼子；挨了假洋鬼子的打，則又遷怒於小尼姑，並把所有的帳，都算到最後才見到的小尼姑身上：「我不知道我今天為什麼這樣晦氣，原來就因為見了你！」可惜阿Q早生了幾年，又沒有文化，否則他的「調戲」吳媽，完全可以諉過於讀了當代某作家的書。然而阿Q也不幸，只好怪小尼姑的臉上，不該「有一點滑膩的東西」了。

這當然很便當，也很省心，只可惜也不會有什麼長進。因為把責任都推到別人那裡去了，沒自己什麼事，自然也用不著反省，用不著改進。一個不知反省的人，對別人也不會有真正深刻的理解；而一個對自己都不負責的人，又怎麼談得上對國家民族負責？如果只是某一兩個人這樣，倒也罷了。倘若全民族每個人都如阿Q，則其前途也就十分堪憂。

「一窩蜂」與「一刀切」

問題還不止於此。

就說阿Q。阿Q的欺負小尼姑，究竟是一時衝動呢，還是預謀已久呢？我們知道，阿Q是個內心沒有成算的人。要說他早就在策劃這樣一個「非禮事件」顯然不是事實。但要說他從來沒有想過，也不是事實。阿Q有一個理論：凡寡婦，都想偷漢；凡尼姑，均與和尚「吊膀子」。如此，則所有的尼姑，便都曾經被和尚摸過。這就使他憤憤不平：和尚摸了，我阿Q沒有摸，豈不是吃虧？那就一定要摸她一次！

顯然，所謂「和尚摸得，我摸不得」，其實還有一層意思沒有說出來，那就是：「和尚摸了，我也要摸。」換一種更帶普遍性的說法，則是：「別人有的，我也要有。」

這種心理，就叫「攀比」。

中國人喜歡攀比。你穿名牌，我也要穿名牌；你戴首飾，我也要戴首飾；你分房子，我也要分房子；你評職稱，我也要評職稱。反正得「大家一樣，人人有份」。這似乎也很合理。因為依照群體意識，我們原本就是從眾從上，跟著別人走的。既然別人沒有的我們也不能有，別人沒幹的我們也不能幹，那麼，別人幹了，我們為什麼不能幹？別人有了，我們為什麼不能有？

於是，就有了「一窩蜂」和「一刀切」。

魯迅先生早就描述過中國人的「一窩蜂」：一個人在街上吐了口口水，並蹲下來看，立即就會圍上一大堆人。這時，如果看客中有一個人發一聲喊，拔腿就跑，那麼，大家也就會跟著一哄而散，真不知「何所聞而來，何所見而去」。

中國人的這種「一窩蜂」，真是隨處可見，隨時可見。就拿鍛煉身體來說，喝紅茶菌便都喝紅茶菌，打雞血針便都打雞血針，做甩手操便都做甩手操。之前聽說又有人推出「喝尿療法」，不知能蔚然成風否？當然，身體畢竟是自己的。拿自己的身體去做「一窩蜂」的實驗品，那也最多是咎由自取。倘若連國是也如此操作，比如一窩蜂地去大辦鋼鐵，或一窩蜂地去抓走資派，便難免弄得國無寧日。建國後的許多運動，儘管事後證明並不正確，當時卻能毫不困難地發動起來，原因之一，便不能不部分地歸結為這一民族心理。

中國人為什麼會「一窩蜂」？非他，群體意識而已。依照群體意識，凡屬群體的，也一定是正確的，誰願意犯錯誤呢？凡屬群體的，也一定是保險的，誰又願意擔風險呢？就算錯了，犯錯誤的又不是我一個人，吃虧的又不光是我自己，怕什麼！反倒是，如果大家都進步了，都沾了光，占了便宜，就我一個人落伍吃虧，那才叫慘哪！更何況，中國人早就把腦袋，把思考選擇的權利和相應的責任都交給了群體交給了他人，只怕是連想都不會想，就跟著跑了。

當然也就會「一窩蜂」。

與「一窩蜂」相配套的作業系統叫「一刀切」。所謂「一刀切」，就是對一應問題，各色人等，均不問高矮胖瘦、青紅皂白，一律按同一標準處理。比如，一到六十歲，不論身體好壞，能力高低，工作是否需要，都統統退休。不到年齡而自願退休者，則一律不准其退。這顯然是「一窩蜂」的翻版。但「一窩蜂」是群眾的事，「一刀切」則是領導的事。群眾沉在基層，難免是非不清；領導高屋建瓴，難道也不明事理？不是不明，而是太明——不「一刀切」，就會擺不平。你讓張三退休李四不退，張三不會有意見？你讓王五晉升趙六不升，趙六不會鬧情緒？沒法子，只好「一刀切」。所以儘管誰都明白「一刀切」並不合理，但不管誰當了領導，也都只能如此辦理。

其實，即便「一刀切」，有時也不靈的。因為攀比攀比，除了「攀」，還有「比」。既然是比，就要比個高低，比個優劣，比個勝負，比個水落石出。於是，你蓋三星飯店，我就蓋五星的；你分了三房一廳，我就要四房兩廳。可見，攀比並非就是「人人有份，大家一樣」，骨子裡還是「出人頭地，高人一等」。這樣，從眾，也就表現為兩個方面。一方面是「跟著」別人走，另方面則是一心要「比過」別人。因為跟不上固然沒面子，比不過也同樣沒面子。所以非攀比不可。

這就牽涉到「面子」了。事實上，服飾禮儀也好，攀比心理也好，都關乎面子，而面子，則是每個中國人都不能沒有的東西。

那麼，面子是什麼？

Chapter 3

面子

一　命之所繫

面子與中國人

面子是中國人的寶貝。

面子幾乎主宰著中國人的一切。人際關係，要靠面子來處理和維繫；社會生活，也要靠面子來決定和操作。就說請客吃飯。什麼人該請，什麼人不該請；什麼人該「再三敦請」，什麼人不過隨口說說，都一律取決於面子。請來以後，什麼人該先入席，什麼人該後入席；什麼人該坐在首席，什麼人只能「打横作陪」，甚至站在旁邊，也一律取決於面子。被有面子的人請去吃飯固然是有面子，能把有面子的人請來吃飯也同樣是有面子。請客的人，為了給客人面子，明明是杯盤交錯，水陸雜陳，也得說「沒什麼菜」。被請的人，明明是口味不適，胃口不佳，但為了給主人面子，也得連說好吃，做大快朵頤狀。當然，在這裡，掌握分寸是極為重要的。吃得太少，似乎怪罪主人招待不周，是不給主人面子；吃得太多，狼吞虎嚥，又顯得自己沒教養，或沒見過世面。總之，一應行動，均應以面子的得失為取捨，由面子來操縱和指揮。

甚至有時吃飯直接就是吃面子。比方說，吃公家的東西不掏錢，是有面子；吃別人吃不到的東西，也是有面子。有些地方招待外賓，總是要特地弄些明令禁食的山珍海味（如娃娃魚）來，還要特別聲明這是「國家某級保護動物」，弄得老外們莫名驚詫，不懂主人們為什麼要拉了他們一起來「違法亂紀」。但如果招待的是「內賓」，則多半會領情。有的人，還會以此作為回去吹噓的資本。相反，如果被請之人面子很大，卻又未享受到應有的待遇，比方說，沒有坐在上席，或沒有等他，沒有請他吃最好的東西，或沒有讓他先動筷子，那麻煩就大了。即便不當面翻臉，也會懷恨在心，找機會讓你吃不了兜著走。

穿衣也一樣。衣服穿在身體的表面，當然是「面子」，也是「體面」。一個人，如果穿著不得體，是很沒面子、很不體面的。在中國，只要稍微「體面」一點的場所，都會掛出告示：「衣冠不整，恕不接待。」然而，當真不敢公然入內者，卻未必都是衣冠不整，而往往是穿著寒酸之故。為此，一個人，只要不是實在窮得揭不開鍋，一般總有一兩件所謂「出客」的行頭，以便在必要時，可以堂而皇之地出入「體面」的場所，趕飯局，赴酒宴，在旅遊景點照相。甚至有的人為「體面」故，還會找闊綽一點的朋友，借一套名牌裹在身上，人模狗樣的，大步地在街上走。

所以，中國人的服飾之道，就可以總結為三句話：重人前而輕人後，重外衣而輕內衣，重禮服而輕便服。上海人有句俗話，叫「不怕天火燒，就怕摔一跤」。因為反正家裡什麼也沒有，一把火燒光，亦無足可惜。全部的家當和體面，卻在一條褲子上。倘若一跤摔下去，弄髒弄破，那就面子丟光，沒臉見人了。

沒臉見人又怎麼樣呢？輕一點的會「吃不開」，重一點則要「掉腦袋」。比如項羽，歷來百戰百勝的，但最後一仗慘敗，這就面子丟光，連家也回不得了。他自己的說法，是「籍與江東子弟八千人渡江而西，今無一人還，縱江東父兄憐而王我，我何面目見之」。所謂「何面目見之」，也就是「拿什麼臉面去見人」。古人要面子很實在，不像今人臉皮厚，只是輕描淡寫地說一句「不好意思」便罷了，所以項羽終於自殺。這雖然是「死路一條」，但「死路」好歹也是一條「路」。你看，項羽一自殺，就有很多人來說他是英雄，為他唱讚歌，打抱不平；他又留下了「無顏見江東父老」的成語典故，也算是對歷史文化有所貢獻，可以名垂千古的。反正，項羽的面子總算是爭回來了，雖然是在死後。

相比之下，祥林嫂就慘得多。[1]祥林嫂一女而事二夫，這在魯四老爺之流看來，是極丟臉面的事。雖然也曾以死相爭，但終究沒有死成。不但從了，還和第二個男人生了個兒子。這就非但不能挽回面子，反倒有「假正經」嫌疑。由是之故，魯四老爺便不許她參與祝福的籌備工作。這簡直類似於開除她的「人籍」。大約祥林嫂自己也覺得心虛，便用血汗錢去捐了門檻，讓千人踩萬人踏，卻仍不能「起死回生」。然而，別人丟了面子，還有「死路一條」，祥林嫂卻連這條路也不能走——到了陰間，要被閻王爺鋸成兩半，分給兩個男人。活也不能活，死也不能死，那才叫走投無路哪！

可見，喪失面子，有時會比喪失性命還要可怕。失身的少女，落榜的少年，被俘的戰士，還有其他那些丟了面子的人，往往會竟至於尋短見，道理也就在這裡。

死要面子

所以，中國人會「死要面子」。所謂「死要面子」，就是說，為了面子而去死，或讓別人去死，或死了以後還要爭面子。為了面子去死，已有項羽為例；死了以後還要爭面子，則可以舉楚成王為證。說起來，這位楚成王，其實並不怎麼樣。正因為不怎麼樣，所以他不是死在別人手上，而是死在自己兒子的手上。西元前六二六年（魯文西元年），他的兒子商臣（即後來的穆王）帶了兵來逼宮，而且一點情面也不講，竟不肯讓他老爸吃了熊掌以後再死。成王沒有辦法，只好自己去吊死。但是，吊死以後，卻不肯閉眼睛，因為拿不准那些不肖子孫會給自己一個什麼樣的謚號。謚號，是古代帝王、諸侯、卿、大夫等人死了以後，獲得的一個蓋棺論定的稱號。它是對死者的總

1　編注：祥林嫂為魯迅創作的短篇小說《祝福》中的女主角。祥林嫂年輕時成為寡婦。為免被婆婆強迫改嫁，她遠赴魯鎮魯四老爺家工作，但仍被婆婆找到，被迫改嫁後生下一孩。不幸的是，第二任丈夫突然病逝，孩子也意外亡故。祥林嫂回到魯家工作，常談及亡兒，引起反感。她努力贖罪，卻仍被魯家認為是「不乾不淨」，不願她幫忙祭祖。祥林嫂的精神受打擊，工作表現差，最終被開除，淪為乞丐。當魯鎮居民繁忙祭福神時，她在飢餓中逝去，結束了悲苦的生命。

體評價，也是死者最後的面子，非爭不可。起先議定的謚號是「靈」。這是惡謚：「亂而不損曰靈。」成王一聽，便不肯閉眼睛。子孫們見他「死不瞑目」，沒法子，只好改謚為「成」。這是美謚：「安民立政曰成。」成王這才滿意地把眼睛閉上。

還有為了面子讓別人去死的。西元前六〇五年（魯宣公四年），楚人獻給鄭靈公一隻特大的鱉（即王八）。靈公用它來宴請群臣，卻唯獨不讓子公吃。原來，上朝的時候，子公的食指忽然自己動了起來。子公便對別的大夫說，我的食指一動，就有好東西吃。這話靈公也聽見了。所以他不讓子公吃那王八，便顯然是故意不給子公面子。子公為了挽回面子，竟然逕自走到烹鱉的鼎前，「染指於鼎，嘗之而出」。子公的「染指」雖然給自己爭回了面子，卻大大地掃了靈公的面子。君臣雙方既然都不給對方面子，那就只有翻臉——也就是把面子給「翻轉」過來。翻臉的結果，是雙方都要置對方於死地，只不過子公搶先了一步，讓靈公再也吃不成王八。而且，這位老兄死了以後，還得了一個「靈」的惡謚，比起那位臨死之前求吃熊掌而不得的成王來，可就慘得多了。

中國人為什麼死要面子？就因為中國文化的思想內核是群體意識。依照群體意識，每個人都不是單獨的個人，而是生活在一定社會關係中的人。比方說，君臣關係中的君或臣，父子關係中的父或子等等。不是單獨的個人，也就沒有獨立的價值。君只有在臣的面前才是君，父只有在子的面前才是父。一個人，一旦真的成了孤家寡人，那他就什麼也不是（正因為此，「孤家寡人」才成了帝王的謙稱）。這樣，君也好，臣也好，父也好，子也好，甭管什麼人，都必須有和自己「相對」的「對象」，也必須能夠時時「面對」他人。不能面對，就失去了「關係」，也就「不是人」。

這就要有「面子」。

實際上，要面子，正是為了面對他人。如果自己沒面子，或傷了別人的面子，就無法「面對」，只會「錯過」。錯是「錯開」，過是「過去」，都是「不能面對」的意思，簡稱「不對」。然而，中國人的社會關係又是成雙成對的（比如君臣、父子、夫妻、兄弟）。應該「面對」而居然「不對」，當然不僅是「錯過」，而且是「過錯」了。所以，中國人便用「過錯」來表示過失與錯誤，用「不對」來表示不正確。過失是「因過而失」，錯誤則是「因錯而誤」。誤掉了什麼？失去了什麼？非他，「面對」而已。

其實，正確不正確，與「對不對」的，原本沒什麼關係。兩個人「對」上了，不一定正確；「不對」，也不一定就不正確。但是，依照群體意識的原則，人與人之間只能「對」，不能「不對」。結果，「不對」便成了「不正確」的同義語。

於是，當一個中國人同意另一個人的意見和觀點時，他就會說：「對！」也就是表示心心相印，可以面對的意思。這自然是大家都有面子的事。如果要表示不同意見，則輕易不能直統統地說「不對」，而要先說「對對對」，然後再在「不過」後面做文章。意見不同，就是「不對」。不是「錯」，就是「過」，怎麼是「不過」呢？這無非表示，你我是兄弟，是同志，一直就很「對」，沒有誰存心和你「過不去」。現在雖然要表示一點不同意見，但在感情上、心理上、立場上、關係上，還是「對」的。為了不致引起誤會，就得先打個招呼，聲明自己的本心是「不過」，而非「不對」。如果不打招呼，直統統地就說「不對」，便等於說不想和對方「面對」，或認為對方不夠資格「面對」自己，那就無異於翻臉了。因此，儘管那些和對方不同的觀點意見終歸還是要說出來，但，是先說「不過」，還是先說「不對」，引起的心理反應卻大不一樣。

對不起與看不起

不過，話是這麼說，事情卻未必有那麼好。群體意識雖然在理論上規定了人與人之間都應該「對」，不能「不對」，然而在事實上「不對」的事情卻時有發生。這時，如果其中一方確有過錯，或認為是自己不對，或雖然並無不對卻又不敢得罪對方，便應該說「對不起」。所謂「對不起」，就是說，不是我不想「對」，而是因為您老人家面子太大，我自己面子又太小，想「對」也「對不起」。

同樣，如果對方接受道歉，便會說「沒關係」。這意思是說，你我原本沒有關係，根本就沒有「面對」過，哪裡談得上「對得起」還是「對不起」，也不存在「對不對」的問題。這就等於委婉地否定了對方的過錯。對方既無過錯，雙方又已對話，則兩個人又重新「面對面」了。兩個人只要面對面，就有關係，也就要照顧到對方的面子。因為對方對方，即面對之方，豈能不講情面？所以中國人的窩裡鬥，多半是背後搞鬼；而一到搞政治運動和階級鬥爭時，領導者也往往要採取「背靠背」的方式來進行。「背靠背」才真是「沒關係」，可以放心地揭發批判他人，而不必顧忌會「對不起」。

顯然，「對不起」的前提是「對得起」，至少是很想「對」，只因為不小心傷了對方的面子，弄得「不對」了，便只好趕緊把自己的面子也損傷一點，以便能夠重新「面對」。如果兩個人面子的大小本來就差得遠，那就連說「對不起」的資格也沒有，只能低眉垂目，做不敢仰視狀，如臣下對皇上、小民對長官、奴才對主子，都如此。如果後者居然膽敢「面對」前者，便是大不敬，所有的人都會認為他不對。所以臣下稱皇上為「陛下」，意思是自己的眼睛只敢看著丹陛之下，不敢「面對」，[2]因為面子尺寸懸殊太大，根本就「對不起」。儘管臣下朝見皇上，也叫面君、面聖、面奏、面諫，但其實是根本不能面對面的。無論君臣誰是誰非，只要皇上不同意臣下的意見，就可以隨便治臣下的罪。因為臣下還沒有開口，就先已經「對不起」了，哪裡還有平等對話、正常討論可言？

2 補注：此處有誤。
李蓬勃先生指出：「陛下」表示尊稱，並不是實指臺階之下那塊地方，而是借代的用法，指代臺階之下給皇帝當差的那些臣僕。用這個詞是表示不敢直接指稱皇帝，而只好跟皇帝手下的人對話。漢代蔡邕的《獨斷》對陛下這個說法的來源做了解釋：「陛，階也，所由升堂也。天子必有近臣執兵陳於陛側，以戒不虞。謂之『陛下』者，群臣與天子言，不敢指斥天子，故呼在陛下者而告之，因卑達尊之意也。上書亦如之。及群臣庶士相與言殿下、閣下、足下、侍者、執事之屬，皆此類也。」也就是說，「陛下」不是「丹陛之下」。殿下、閣下、足下，也不是宮殿之下、臺閣之下、腳底下，而是侍從、手下。其實，「手下」這個詞，已能說明問題。手下，當然不是「手底下」。因此，陛下，也不是臺階之下那塊地方。李先生所說甚是。當然，只能「跟皇帝手下的人對話」，仍是「不敢面對」之意。另外，有讀者認為，「丹陛」一詞也是錯的，應為「丹墀」。其實，丹墀就是丹陛，丹陛也就是丹墀。墀，讀如遲，臺階的意思，也指階面。帝王宮殿的臺階，因為「以丹漆塗之」（《昭明文選‧張衡〈西京賦〉呂向注》），所以叫「丹墀」。陛，則特指帝王宮殿的臺階。因為有此特指，所以，臣下進見皇帝，就叫「陛見」；臨階申賀，就叫「陛賀」；天子的衛士，就叫「陛兵」；他們持戟立於階下，就叫「陛戟」。岑參《寄左省杜拾遺》詩云：「聯步趨丹陛，分曹限紫微。」此處之丹陛，就是丹墀。

因此有「俯首稱臣」的說法。俯首，也就是不敢面對。同樣，稱王子、公主為殿下，稱大臣為閣下，稱朋友為足下，也是如此，意即只能遙望對方的宮殿之下或臺閣之下，或只能看著對方的腳下，都是低眉垂目，不敢正視的意思。不過，「閣下」、「足下」云云，後來已成為謙辭、敬語，並非真的「對不起」。正如自稱「鄙人」、「犬子」，都當不得真。中國人說話，但凡涉及面子，就講不得實事求是。比如《儒林外史》裡寫到張鄉紳來拜望新中舉的范進，說是世先生這「華居」，「其實住不得」。這就看不懂了：既然是「華居」，為何便住不得？可見「華居」云云，是靠不住的；「其實住不得」，才是真話。同理，當別人稱自己的兒子是「犬子」時，也千萬別以為真是「狗娃子」。《三國演義》裡面講，孫權向關羽提出兩家聯姻，沒想到姓關的一點面子也不講，竟斷然拒絕說「虎女」豈能嫁給「犬子」。口氣倒是大得很，只可惜後來還是敗走了麥城。

面子的重要性也就在這裡：沒有面子，就無法「面對」。你不給別人面子，別人就會「對不起」；自己沒有面子，別人就會「看不起」。「看不起」和「對不起」，雖然只有一字之差，卻有天壤之別。「對不起」是謙辭，本質上還是「對得起」，至少是希望可以「面對」。「看不起」卻連一點希望都沒有了，根本就不放在眼裡，哪裡還有什麼「對不對」可言？

所以，一個人，尤其是先前曾經被人看不起的，一旦有了臉面，便會迫不及待地想要人「看」。當年，項羽滅了秦王朝時，儘管天下未定，強敵在前，還是心急火燎地要回老家去，道是富貴而不還鄉，豈非穿著漂亮衣服在夜裡行走（衣錦夜行）？這也是人之常情。就連阿Q，進城做賊小小地「發」了一下，也要在未莊的酒店裡擺闊，掏出錢來，「滿把都是銅的銀的」。難怪曹操要派雍州人張既出任雍州刺史，唐高祖李淵也要拜秦州人姜謨為秦州刺史了。用他們的話來說，就是：衣錦還鄉，古人所尚，現在讓你回老家當官，算是穿上漂亮衣服在大白天行走了吧？

不過，這種要面子的辦法，也未必高明。因為說不定老家的鄉親中會冒出一個愣頭青來，當街喝道：這不是俺村上的紅頭阿三嗎？他八歲時還尿炕呢！這就會大煞風景。更何況，大智若愚，大巧若拙，大音希聲，大器晚成，真正有面子的人，並用不著擺譜。相反，只有唯恐別人看不起的，才會架子端得十足，到處耀武揚威。所以，項羽軍中有人聽了楚霸王那番高論以後，便譏笑說他是「沐猴而冠」。是啊，你看現如今那些牛逼哄哄的傢伙們，是不是有一種大獮猴戴高帽子的感覺？

然而，「沐猴而冠」也好，「衣錦晝行」也好，都不過是方法問題，水準問題，原則卻只有一個：每個人都要有面子。無論你貴為天子，或賤若草民，都一樣。

二 面子丟失之後

賠償之法

死要面子，並不是說說玩的。

面子少說也比身體重要。事實上中國人為了面子，向來就不在乎「身受其害」。比方說，貿然地到別人家裡做客，正巧人家在吃飯，儘管主人再三邀請你「一起隨便吃點」，但為面子故，明明自己餓腸轆轆，也得婉辭，並堅持聲明自己「剛剛吃過」。此即臉面重於身體之明證。因為身體受點損失，不過皮肉之苦；面子受了損失，那可是「心靈的創傷」。

當然，喪失面子，倒不一定即等於喪失性命，但傷人面子，卻至少也不下於折人胳膊斷人腿。因此，一旦發生「侵面」事件，其嚴重性絕不亞於人身傷害。這時，被傷害的一方便一定會要求得到償還——或是由傷害者自動進行賠償，或是由被傷害者自己設法得到補償。反正是，殺人償命，借債還錢，傷了面子當然也得賠面子。

對方自動進行賠償，一般是出現在這種情況下：傷害乃是無意，而傷害的程度又不大。這時，如立即認賠，多半也都能化解矛盾，不致釀成大禍。通常的辦法，是用自動降格的辦法表示歉意，聲稱自己面子太小，沒有資格和對方「相對」——「對不起」。這樣「一損對一損」，也就兩下裡扯平了。如果對方面子原本就大，雙方原本就「對不起」，那就只好自己打自己的耳光，罵自己「不是人」，「狗眼看人低」，「有眼不識泰山」，等等。總之是以貶損自己，來變相地或直接地抬高對方，以此作為賠償。這些辦法之所以行之有效，是因為一個人的面子正如這個人本身，並不能獨立地存在，而只能存在於一定的人際關係之中。當兩個人「面對面」時，一方面子的虧損，即等於另一方面子的增益。此方的虧損越大，則另方的進帳也越多。自己虧了自己，也就等於賠了對方。

不過，這種賠償辦法，一般只用於平輩之間，或卑者對尊者。尊者對卑者說話，有時也會故意貶損自己，比如哥哥對弟弟自稱愚兄，長官對下屬自稱學生，國君對大臣自稱寡人（意謂寡德之人）等。但這往往是表示謙虛，籠絡人心，並非賠禮道歉。

尊者是不能當真貶損自己的。他的賠償辦法，只能是設法給對方一個更大的面子。比如《紅樓夢》第四十六回寫賈母因賈赦要強娶鴛鴦而「氣得渾身打顫」，一肚子火發在正巧在旁的王夫人身上。王夫人與此事並無關聯，賈母無端怪她，話說得又重，又是當著眾人的面，她在眾人之中又是地位最高的，自然很沒有面子。及至探春提醒：「這事與太太什麼相干？老太太想一想：也有大伯子的事，小嬸子如何知道？」賈母這才發現，錯怪了王夫人。不但傷了王夫人的面子，對於「一貫英明」的自己而言，也是沒有面子的。於是便先對薛姨媽（王夫人之妹）說：「可是我老糊塗了」，算是認錯；又說：「你這個姐姐，他極孝順」，實則進一步認錯；又批評寶玉（王夫人之子）說：「我錯怪了你娘，你怎麼也不提（醒）我，看著你娘受委屈了」，這就已帶賠禮性質；最後又要寶玉「快給你娘跪下，你說：太太別委屈了，老太太有年紀了，看著寶玉罷」，這就已是賠罪了。這一下，王夫人自然撈足了面子，忙笑著拉起寶玉來：「斷乎使不得，難道替老太太給我賠不是不成？」

顯然，這裡的癥結是：賈母不能向王夫人賠不是（賈母既放不下這個身分，王夫人也消受不起），而王夫人丟失的面子又只能由賈母幫她找回來。於是才有這麼多拐彎抹角。薛姨媽在血緣上是王夫人的妹妹，在身分上又是親戚，所以先拿她做轉彎的契機，面子就比較好看；寶玉是王夫人的兒子，賈母的孫子，輩份最低而血緣最親，拿他做替罪羊，既不傷面子，又不傷感情，賠償了王夫人，自己卻並不虧本。賈母的這個算盤，實在打得很精。但賈母卻興猶未盡，還要扳本，於是又批評鳳姐（王夫人之姪女兼兒媳）說：「鳳姐兒也不提我！」那鳳姐也是面子專家，居然一口咬定：「自然是老太太的不是。」理由是：「誰叫老太太會調理人？調理的水蔥兒似的，怎麼怨得人要？」其實，賈母的「不是」，是錯怪了人；鳳姐的「不是」，則是沒有提醒。但賈母的「不是」，是不能深究的；鳳姐的「不是」，則又是冤枉的。以鳳姐的身分地位，怎麼能提醒？而賈母的錯誤，又怎麼能揭發？鳳姐既不能喊冤（會掃了賈母的面子），又不能認帳（原本沒有錯誤），只好胡攪蠻纏。然而效果卻極好。不但賈母賺足了面子，連眾人也都笑起來了。大家都有不是，大家又都有面子。倘若不是碰上這群面子精，哪有這樣的好事？

當然，要玩這種「面子遊戲」，也得大家都有眼色，懂得遊戲規則才行。比如賈母要寶玉跪下替她賠罪時，王夫人就較不得真。一較真，就麻煩了：你犯的錯誤，憑什麼要我兒子來認帳？同樣，當一個人對我們說對不起時，我們也不能當真去丈量一下，看看他的面子到底有多大，和我們的面子是「對得起」還是「對不起」。實際上，當一個人對另一個人說對不起時，他並不認為自己的面子當真就比對方小。當真比對方小，說對不起就沒意義了。所以，說對不起，並不吃虧，至少也能確證自己的面子其實並不太小。相反，如果說了對不起，對方還不依不饒，則衝突就會升級。因為這意味著對方並不承認大家面子一樣大。你不仁，那就休怪我不義。你既然不肯承認我說對不起是謙虛，是客氣，是自貶，是給你面子，那就只好去證明你的面子原本就和我不一個量級，我對你的傷害原本就理所當然了。

補償之法

賠償是別人的事。別人傷害了咱們，當然歸別人來賠。不過這也得對方的傷害乃是無意且傷害程度不大才行。如果對方的傷害是故意的，他就不會賠；如果傷得太重，也賠不起；如果那面子竟然是自己丟的，當然就更沒有人來管。所有這些情況，都只能由丟面子者自己去設法尋求補償。

補償也包括兩種：「自補」與「他補」。

所謂「自補」，就是通過自己的努力，自己從自己這裡把面子撈回來，其原則可以具體表述如下：凡因不慎或失誤而因某事喪失面子者，可以通過另一事所獲之面子而予以補償。但一般說來，兩事之間應有聯繫，且後一事之所獲，應大於或至少等於前一事之所失。比如一個戰士當了俘虜，是丟臉的事。但如果被俘後竟能越獄，且越獄途中又俘虜了敵人一個軍官，便仍是英雄。

在這裡，有兩條原則是必須遵循的。一是相關原則，二是等值原則。比如一個男人的女朋友跟別人跑了，是沒有面子的。這時，哪怕他正好得了獎，升了官，或者賺了一大筆錢，也於事無補。他只有再找一個女朋友，才能把面子補回來。而且，這個新找的女朋友，還得比原來那個更漂亮更讓人羨慕才行。

不過，並非所有的事都可以自己去想辦法。如果這面子是別人給弄掉的，自己就補不了。這就要有「他補」。所謂「他補」，就是從他人那裡奪回面子。「他補」原則可以表述如下：凡因他人的傷害而喪失了面子的，可以通過傷害他人使其喪失面子而獲得補償。因為所有人的面子都是「相對」——相互面對的。如果我也能讓你丟面子，則你讓我丟掉的面子，也就算是找了回來。

當然，按照等值原則，加之於後者的傷害一般也應大於或至少等於前者之所受。比如，張三打了李四一耳光，則李四至少也要還張三一耳光，才能挽回面子。最好是，張三打了李四一耳光，李四則還張三兩耳光；趙六踩了王五一腳，王五則打斷趙六的腿。因為張三、趙六是發難者，占了「先」，因此必須加大還手分量，才有可能打個「平手」。張三挨了兩耳光，趙六斷了一條腿，當然也會認為是吃了虧，丟了面子，必得砍斷李四的手或打斷王五的腰，才會甘心。

這就叫「以眼還眼，以牙還牙」。這是中國人處理人際關係的一條準則，即無論是恩是仇，都必須回報。而且回報的量級，還要大於給予者。人敬我一尺，則我敬人一丈；你傷了我的臉，則我一定要剝你的皮。當然，回報也不一定非得即時即地，也可以留待將來。報恩，可以是來生做牛變馬；報仇，也可以十年不晚。但必須回報，則是一定的。而且時間拖得越久，「利息」也越高。比如這一回你只是打歪了我的鼻子，或降了我的官職，那麼，十年之後再來報復，便可能會要你的腦袋，甚至將你滿門抄斬。無論江湖、官場，都如此。中國歷史上和生活中的仇仇相報，往往也就因此而愈演愈烈。

此外，在「面子之爭」中，如果對方並未直接或有意損傷自己的面子，只是用較大的面子蓋過了自己，從而間接地讓自己丟了面子，那麼，通常的做法，便是設法弄到更大的面子再蓋過去，成為一種「面子競賽」。這是一種頗具中國特色的「競技活動」，其驚險和觀賞程度並不亞於西人的賽球和賽馬，而且還更有「文化味兒」，派頭也更足。明朝某年間，有劉、項兩家爭面子。兩家都是大族，誇富擺闊已無濟於事，大打出手又有失體面，只好抬出祖宗來幫忙。有一日，劉家貼出一副對聯，道是「兩朝天子，一代名臣」。「兩朝天子」，說的是劉邦創立的漢和劉裕創立的宋（南朝），皇帝都姓劉；「一代名臣」，說的是明朝開國元勳、「誠意伯」劉基（伯溫），當然也姓劉。項家既沒人當過皇帝，也沒有出過名臣，看了這副對聯，只有乾瞪眼。後來，來了個過路的秀才，替項家撰得一聯，道是「烹天子父，為聖人師」。「烹天子父」，說的是楚漢相爭時，項羽曾俘虜了劉邦的父親，軍前揚言，要把老頭子下油鍋。沒想到劉邦耍賴皮，說你我曾經結為兄弟，我爸就是你爸。哥們要是打算拿咱爸做菜吃，別忘了給兄弟我一碗湯喝。項羽無奈，只好不烹，但仍算得上是「烹天子父」。「為聖人師」，說的是春秋時代項橐，《史記》上講他「生七歲為孔子師」。劉伯溫雖然是一代名臣，比孔子還差得遠，更比不上孔子的老師。這一下，可把劉家給扎扎實實地壓下去了。項家掙足了面子，那秀才自然也掙足了銀子。

圓場之法

面子比賽，有比不過的時候，棍棒相見，也有打不贏的時候。所以它們都並非獲得補償和解決問題的唯一途徑。更何況，文鬥也好，武鬥也好，都畢竟是既破財又傷心，還挺費神的事。弄得不好，還會危害社會治安，影響各社會階層的勢力均衡。均衡一打破，秩序便無法維持，很可能所有的人都會沒了面子。

所以，中國人又發明了一種解決面子爭端的辦法，那就是「講和」。

講和又叫圓場，其要義是「圓」。所謂「圓」，也就是讓雙方都有面子。這也不是完全辦不到的事。因為衝突雙方原本都是「面對面」的。現在沒有面子，無非是「翻了臉」。如能再翻過來，豈非重新「面對」？問題是，他們自己是翻不過來的。即便想翻，也拉不下這個臉。這就要有人出來打圓場。

所以，講和的關鍵，是必須有一個（或幾個）和事佬。和事佬必須同時具備兩個條件：第一，他自己必須極有面子；第二，他必須有辦法讓雙方都有面子。不能讓雙方都有面子是不行的。只能讓一方有面子，那就不是打圓場，而是拉偏架了。自己沒有面子就更不行。如果連自己的面子都成問題，又如何能保證大家都有面子？這就和體育競賽中的裁判不大相同。和事佬和裁判一樣，都必須「公正」，至少是必須看起來公正，但裁判可以判平局，也可以判輸贏，而且裁判自己的競技水準不一定要高於運動員。和事佬卻只能判平局，不能判輸贏，而且自己的面子一定要大過衝突的雙方。俗話說，紙包不住火。和事佬要把衝突雙方的「火」都包起來，他的面子就不能是紙做的。

有時，如果和事佬的面子特大，不用說什麼，也能講和。比如《水滸傳》中的那些好漢，都是不打不相識的。常常是為了一點小事，傷了面子，一言不合，便大打出手。不可開交之時，一位在江湖上極有臉面的人，比如晁蓋、宋江，或次一等，吳用、戴宗也行，出面了，說大家都是兄弟，不要傷了和氣。於是，雙方收兵，握手言歡，盡釋前嫌，結為兄弟，一起去吃酒，或去幹「替天行道」的勾當。

所以，說到底，和事佬之所以能夠和事，起著關鍵作用的還是面子。因為一個有臉面的和事佬來講和，這本身就是賞臉的事，不能「給臉不要臉」。這時，哪怕心中不服，有氣，憋屈，但，不看僧面看佛面，也只好不再計較。就說孫悟空，取經路上受了多少委屈多少氣？可是觀音菩薩出面了，打著如來佛祖的旗號說好話，也就只好「大事化小，小事化了」，仍忍辱負重地保護那「對敵慈悲對友刁」的蠢和尚去西天。一身是膽打遍天下無敵手的齊天大聖尚且如此，何況我輩芸芸眾生？

更何況，在這種情況下，如果當事的某一方仍不肯善罷甘休，那就不但是自己「不要臉」，而且是不肯給那位「頭面人物」以面子了。這時，他就必須承擔和那位極有面子的和事佬「翻臉」的風險，也必須承擔敵方由一股力量變成兩股力量的風險。因為一旦出現這種情況，和事佬為了挽回自己的面子，其施加給不肯買帳者的報復，往往會數倍於原先的敵方，所以一般都不肯冒這種風險。相反，如果和事佬面子極大，則他的出面，本身就是極大的面子。「某某也出面為我主持公道呢！」、「連某某也被驚動了呢！」這本身就是引以為榮的事，不但能夠扳本，而且可能還有「紅利」。

當然，鬥也好，比也好，和也好，都是強者的事。倘若是弱者，便只有任人欺凌，如祥林嫂；或者向更弱的弱者去實施「他補」，如阿Q。阿Q是一個很要面子，又沒有絲毫條件和能力獲得面子的人。但凡這一類人，對於自己和他人面子的比例，從來就是估計錯誤的。阿Q因為自己沒有鬍子，便覺得有資格看不起王胡，結果是挨了王胡的打，面子和裡子一起丟光；因為自己尚有辮子，又覺得有資格看不起假洋鬼子，結果又挨了假洋鬼子的打，面子和裡子同樣一起丟光。最後只好去欺負小尼姑。欺負小尼姑，原來是極丟臉的事，而阿Q竟以為大有面子，就因為能夠博得酒店裡閒人們的喝彩。酒店裡的閒人們原本也大都是些沒有多少面子可言的人，但能夠觀賞到一個比自己更沒有面子的人欺負他人，便覺得自己也有面子，所以「九分得意地笑」。他們的觀賞和喝彩，對於阿Q來說，就是「賞臉」，也就是「給面子」，所以阿Q要「十分得意地笑」。

不過，阿Q雖然一時也爭得了面子，卻也遭到了報復──被小尼姑罵作斷子絕孫。這就嚴重了。「不孝有三，無後為大」嘛！何況此話從小尼姑的口中罵出，其刻毒和力量更非同一般。你想，出家人「四大皆空，六根清淨」，自己都不生育，哪裡還管得了別人？所以「斷子絕孫」云云，就不但是辱罵，而且是詛咒了。如果那小尼姑多少有點法力，或者佛門弟子都來同仇敵愾，則阿Q的麻煩就會更大。這樣算下來，阿Q的欺負小尼姑，實在是一件賠本的買賣。

三　吃得開與玩得轉

面子與本錢

顯然，爭面子就像做生意，也是要有點本錢的。

可以用來做本錢的東西、事情和條件很多。一般說來，但凡別人沒有而只有自己才有，或雖然別人也有，卻不如自己多、好，或不如自己先有，都可以視為「本錢」。比方說，阿Q看過殺革命黨，未莊的其他人沒有看過，這就是本錢。阿Q也因此而有面子，可以有資格向他人炫耀，有資格在講述中將唾沫飛到趙司晨（一個在未莊也多少有點面子的人）臉上，有資格在講述中揚起右手，照著王胡的後頸窩上直劈下去。該王胡雖然先前曾輕而易舉地痛打過阿Q，這回卻不但不敢還手，而且還「瘟頭瘟腦的許多日」，就因為這一回，阿Q的面子實在頗大之故。

不過話又說回來，這個唯我獨有的東西，也要別人認為有價值才行。比如孔乙己懂得「回」

字的四種寫法，別人不懂，照理說也應該算是本錢的，可惜別人不買帳，也就不算。又比如，阿Q的頭上有癩疤，別人沒有，但並不是什麼好東西，連阿Q自己也不覺得是面子，當然也就無足誇耀。

歷史上公認可以作為面子之本錢的，主要是爵位、年齡和德行。這三種東西，或曰三種條件，在上古確非一般人所能有，因此孟子說：「天下有達尊三：爵一，齒一，德一。」也就是說爵位高的，年紀大的，德行好的，這三種人，是天底下面子最大的。不過，這只是上古的事。後來，「世風日下，人心不古」了。年紀大，德行好，也未必有面子。六七十歲的農民，見了二三十歲的縣官，也得下跪叫太爺；品德高尚的書生，也遠不如貪官汙吏吃得開。於是，可以用作「面子本錢」的，就只剩下一種，即社會地位（爵）。

社會地位，一般以富貴與否為標誌。「富貴」二字雖常聯語，但其實是兩件事。富指有錢財，貴指有地位。貴者或許多富（也不儘然），富者卻並不都貴。子民之中，富莫若商，但從「士農工商」的次序看，則商之地位還在農工之下。古時候，商人再有錢，也不得穿漂亮衣服，只有花錢捐官以後才能擺譜，即富不如貴之證。

所謂「貴」，又包括兩方面。一是官位顯赫，或擁有可以折算成官位的各類頭銜，如相當於某某級的職稱等。其所以是面子，在於它的擁有者是「人上人」。「人上人」既然高人一等，他人便只能低眉而不敢「面對」，自然是極有面子。所以，一家公司哪怕只有三五個人，那負責人也一定要自封為「總經理」；而副職如果享受正職待遇，則名片上一定要注明是「正處級」或「正司級」，以免別人小看了自己。

再就是血統高貴了。或出身名門望族，或世代為官為宦，或皇親，或國戚，或者姓了某一高貴的姓（如愛新覺羅）也行。上古可以做諸侯、大夫的都是貴族，故官位與血統都統一於「爵」。後代的帝王，在酬勞功臣時，也有既封官又賜姓的。可見姓氏、血統，也是一種面子。屈原說自己是「帝高陽之苗裔」，劉備說自己是「中山靖王之後」，杜甫說自己是大將軍杜預之後，一以神為祖，一以王為祖，一以將相為祖，雖然有點「一代不如一代」，但以血統為面子的精神，卻也一以貫之。反正姓孔的都是孔聖人之後，姓岳的都是岳武穆之孫。只有姓秦的不敢誇口，因為秦始皇並不姓秦，秦檜倒實實在在地姓秦。然而姓鄭的卻敢大言不慚地說自己是鄭和之後。其實鄭和是太監，哪來的後代？但既然姓是面子，也就顧不得許多。曹操的「祖父」曹騰不也是太監？曹操不也照樣姓曹？陳壽寫《三國志》的時候，不也照樣考證出曹操是西漢相國曹參之後？

這個道理，連阿Q也懂。比如姓趙，在未莊原本就是一件有面子的事，何況後來又出了一個秀才。於是，阿Q為臉上有光故，在灌了幾碗黃湯後，竟然不識好歹地公然宣布自己也姓趙，而且「細細地排起來」，比秀才還要長上三輩。這種僭越的言論，自然不能為趙太爺所容忍。於是阿Q便被叫去訓斥了一通：「你怎麼會姓趙！——你哪裡配姓趙！」姓也者，人之所生也。生在某姓，即姓某，不存在「會不會」、「配不配」的問題。但趙太爺既然認為阿Q不配，未莊其他人也自然認為不配，最後大概阿Q自己也默認了不配，便從此不敢姓趙。

不過，上述本錢，也不是一成不變的。「君子之澤，五世而斬」，一個家族的面子，也就五代而已。到頭來，「舊時王謝堂前燕，飛入尋常百姓家」，可能一點面子也沒有。同樣，原來一點面子都沒有的，也可能飛黃騰達，封王封侯，身價百倍，這就叫「王侯將相寧有種乎」。總之，面子的大小有無，是會變化的。而且，這種變化有時是很快，甚至是很有戲劇性的。就說阿Q，因為曾經見過革命黨一面，成了「準革命黨」，便在未莊人還弄不清什麼是革命，稀裡糊塗既敬且畏時，短時間地由「阿Q」升格為「老Q」，在「天下有達尊三」中占了「齒」這一條。後來，「咸與維新」了，趙家也有了「柿油黨」的「銀桃子」，阿Q卻沒有，於是又再次淪為無「齒」之徒，最後還掉了腦袋。

面子與實力

阿Q得了面子又丟個精光，說到底，還是因為實力不夠，因此面子的得失，便完全身不由己。體面體面，總得先有「體」，才有「面」。否則，皮之不存，毛將焉附？體之不存，面將焉附？無其體而求其面，勢必身受其害，臉也丟光。阿Q既無姓趙的資格，又公然宣布姓趙，結果什麼也姓不成，反賠了地保二百文酒錢；在別人面前連孫子都不如，偏偏還要說什麼「兒子打老子」，結果是下回打得更凶。

可見面子的背後是實力。趙太爺能不准阿Q姓趙，是因為他地位高；王胡敢打得阿Q滿地找牙，是因為他力氣大。阿Q又有什麼呢？什麼也沒有。像他這樣要啥沒啥的，還死要面子，最後必然是裡裡外外都賠得乾乾淨淨。古人云：「長袖善舞，多財善賈。」面子其實是要靠實力來支撐的。有實力的面子是真面子，沒實力的面子是假面子。如果自己的面子都來路不明，又哪裡管得了別人？趙太爺說阿Q不配姓趙，阿Q便不敢再姓趙；阿Q說王胡不配抓可以咬得很響的蝨子，王胡就不抓了麼？

可惜還是有人喜歡做阿Q。西元一八七三年，年輕的同治皇帝將舉行親政大典。依照國際慣例，西方各國使節屆時都要來朝覲皇帝陛下。這下子朝廷頭疼了。朝覲的時候，要不要洋人行三跪九叩之禮呢？要，實力雄厚的西方列強早已開罪不起；不要，則大清皇帝和帝國的「臉面」又將置於何地？當然，不要西方各國使節來朝覲，也是不行的。惹又惹不起，賠又賠不起，躲又躲不掉，簡直是走投無路。

幸而這時出了個名叫吳可讀的寶貝。此人很有些阿Q精神。他上了一份奏摺說：洋人無異於禽獸。讓他們行三跪九叩之禮，等於是強迫禽獸遵行五倫。能讓其行不榮，不能讓其行不恥。而且臣認為，如洋人也像國人一樣行禮，那才是咱們中國的奇恥大辱哪！也就是說，你洋鬼子不肯行三跪九叩之禮麼？你還不配！這樣聽起來，頗有些像趙太爺訓斥阿Q「不配姓趙」。所以吳御史的這份奏摺，便博得了滿堂喝彩。於是朝賀之時，國人行三跪九叩的「文明」之禮，洋人行免冠鞠躬的「野蠻」之禮。一場差點又要釀成大禍的外交爭端，就這樣順利地解決，而泱泱天朝大國，也總算保全了「體面」。

遺憾的是，吳御史和滿朝文武都沒有想到：第一，列祖列宗可都是讓「禽獸」們行過三跪九叩之禮的。據統計，從聖祖康熙到高宗乾隆，一百四十多年間，歐洲各國使節覲見皇帝達十七次，十六次都行了三跪九叩之禮，豈非列祖列宗的奇恥大辱？第二，譬如在阿Q，原本是想姓趙的。趙太爺說他不配，自然是趙太爺有面子。然而那些「如同禽獸」的洋人們，又何曾想過要「姓趙」？既然沒有，你又哪來的面子？

好在不會有人說穿這些——就是有人想到了，也不敢說。當然，吳某人的高論也不宜公開發表，或通報給洋人。洋人智商再低，也不會承認自己是禽獸。此論一出，勢必戰亂重開。何況也沒有必要。吳某人之所以要發表這一番高論，無非是要為大清朝廷屈就洋人找到一個說法，自己給自己一個精神安慰，當然只要自己知道就好。

但並非所有的面子都只是一個說法，一種安慰。有些東西，便既「好看」，又「好吃」；既是面子，又是實惠。比方說，一個讀書人，不論十七八，還是七八十，未有功名之前，都只能叫「童生」，身分待遇與一般小民無異。科舉考試及格，成為「生員」（俗稱秀才）以後，地位便大不同於以前。單是一領「藍衫」，便可以在鄉下人婚喪嫁娶的酒宴上混吃混喝。因為能請到身著藍衫的秀才到酒席上，在鄉下人看來也是一件有面子的事。如果中了舉人，立馬就是「老爺」。可以做「學官」，或當「候補縣」，或在家以「鄉紳」身分結交官府，包攬訟辭，橫行鄉里，魚肉百姓。如果中了進士，便是「天子門生」。皇上傳見，禮部賜宴，金榜題名（名單用黃綾榜公布），樹碑立傳（名單由禮部出資勒石於太學），光宗耀祖（由禮部發銀樹牌坊於宗祠）。選作京官的在「天子腳下」，分發各省的則儘快候補，叫「榜下即用」，又稱「老虎班」，立馬就是「縣團級」。可見面子有時也是實惠，而且地位越高，面子越大，實惠也越多。小老婆要扶正，臨時工要轉正，知識分子要升職稱，道理都在於此。

當然也不儘然。也有沒什麼實惠的（比如「顧問」之類的虛名虛銜），還有要往裡賠錢的（比如婚禮喪禮的大操大辦）。大操大辦婚禮喪禮有什麼意義呢？莫非不辦婚禮就不是合法夫妻，不辦喪事閻王爺就會退貨？這道理誰都明白，可誰都得大操大辦，因為誰不辦誰沒面子（趁機斂財者除外）。

這就怪了。一點實惠都沒有的東西，爭它作甚？

原來，面子本身就是實惠。

面子與實惠

面子的最大實惠，是有面子就吃得開。

面子是中國人社會交往中的「通行證」。有了它，就能逢山開路，遇水搭橋，化難為易，左右逢源，甚至化敵為友，化險為夷。比如林沖得罪了高太尉，無端地被判發配滄州。初進牢房時，被差撥罵了個狗血噴頭。及至亮出柴進的書函，差撥立馬變成了「哥們」，說道：「既有柴大官人的書，煩惱做甚？這一封書直（值）一錠金子。」看來，面子也是明碼實價的。柴大官人一封書信就值一錠金子，要是親自出面，那還得了？

其實，不但江湖，便是官場、商界，但凡是人的圈子，面子都是打通關節的法寶。只要面子足夠大，那麼，別人見不到的，你見得到，別人辦不成的，你辦得成，甚至刑律王法，也可以通融。往往是，一件天大的案子，有關部門正要雷厲風行徹底查辦時，一個有頭有臉的人出面了，於是大事化小，小事化了，千斤化作四兩，一陣風吹個乾淨。實在通融不了，也不會當面硬邦邦地頂回去，或者會多少給點小小的通融，比如打板子時打得輕一點，分配牢房時分得好一點。相反，如果沒有面子，那麼，你到衙門裡去辦事，見到的便多半是一張公事公辦的冷面孔，要辦的事也是能拖就拖，先放半個月再說。所以人們常說：「十個公章，不如便條一張。」而中國人一旦要出門辦事，謀生啦，求職啦，打官司啦，便總要請有面子的人寫幾封介紹信（古時叫「八行書」）揣在身上，以免到時候吃癟。面子如此神通廣大，豈能說它不是實惠？

何況面子還能生面子。

面子生面子的事，歷史上很多。比如一個人做了大官，那麼他的母親、正妻，便可以討一個封號，成為「誥命」；他的子弟，則或可以「任子」，或可以「襲爵」。任子，就是可以保舉子弟為官；襲爵，自然就是讓子侄承襲官位了。即便不能任子襲爵吧，至少也有光可以沾。這就叫封妻蔭子。連帶已經去世的祖宗，哪怕先前再寒酸的，也大大地體面起來。祭祀的規格，自然跟著升級；家族的祠堂，往往也要重修。這就叫耀祖光宗。甚至只要中了秀才，也能光耀門庭，不但父兄妻子，便是本家、鄰居、鄉親，也理所當然地跟著有面子，如未莊的趙姓即是。

這也不奇怪。面子既然是面子，當然就會有「覆蓋面」。一個人的面子越大，其覆蓋面也就越大。近一點的，七大姑八大姨，姐夫妹夫小舅子，都跟著沾光；遠一點的，族人鄉黨，後代子孫，也受其蔭庇。總之，一個人有了面子，則與之有關係的人，也能跟著有面子。當然，反過來也一樣。一個人丟了面子，則與之相關的其他人，也難免要跟著丟臉。所以，一旦發生「侵面事件」，奮起力爭的，也就往往不止於丟面者本人。

面子的這一性質或功能，真可謂「造福全人類」。因為自己沒有面子的人，只要有關係，或扯得上關係，也可以借面子來打通關節，或用來做吹噓的資本。你想，誰還沒有個三朋四友、鄉里鄉親？誰也不是石頭縫裡蹦出來的，還能沒有個體面的祖宗？「文價早歸唐吏部，將壇今拜漢淮陰」，有韓愈、韓信這一文一武兩個大人物，普天之下姓韓的，豈非都很榮耀？趙高的名聲不好，就說趙匡胤；李蓮英的名聲不好，就說李世民。甚至外國人也可以拉扯進來，比如姓高的便可以說高爾基是「吾家爾基」。實在找不到體面的同宗，還可以拿老師和朋友來說事，比如自稱「胡適之的朋友」、「齊白石的學生」。沒上過他們的課？那總讀過他們的書吧？這就可以稱為「私淑弟子」。私淑，是只要內心景仰就可以的。比如孟子並不得從學於孔子，仍算是孔子門徒，就因其私淑之故。這就沒有譜，人人都可以沾光了。結果弄得那些正兒八經的學生，便只好特別聲明自己是「親炙弟子」。

這很可笑，也靠不住。就說鳳陽，那可是出了「萬歲爺」的。然而怎麼樣呢？鳳陽花鼓有云：「說鳳陽，道鳳陽，鳳陽是個好地方。自從出了朱皇帝，十年倒有九年荒。」也不怎麼樣嘛！鳳陽真正繁榮昌盛起來，還是在十一屆三中全會以後，靠的是改革開放的好政策和鳳陽人民自己的艱苦奮鬥，沒朱元璋什麼事。

但面子是只講「面」不講「裡」的。只要扯得上關係，就有面子。魯迅先生舉過一個例。一個小人物，忽然有一天很興奮地對眾人講，某某大人物和我說話了。眾人羡慕，問他和你說什麼？該小人物答曰：他說「滾」！

這當然也很可笑。但可笑歸可笑，揭示的道理卻很深刻。那就是：任何面子，都只存在於一定的關係之中。和有面子的人有關係，就有面子；和沒面子的人有關係，就沒面子。總之，一個人面子的大小有無，要由別人、由他和他人的關係來決定。其中，量級大的一方，總是決定著量級小的一方。所以，一個人，如果面子夠大，那麼，他就有資格決定別人面子的大小，甚至是否有面子，比如趙太爺之決定阿Q是否姓趙，假洋鬼子之決定阿Q能否革命等等即是。也就是說，面子有時也是一種權力，至少是決定面子，或授予、剝奪面子的權力，當然也是實惠。

面子法則

這就不但是「吃得開」，而且是「玩得轉」了。

事實上，面子大的人，最讓人羨慕之處就是玩得轉。因為他既然能夠決定別人是否有面子及面子大小，也就等於掌握了別人社會生命和政治生命的生殺予奪之權，一般人豈敢怠慢，又豈能不買帳？自然上下亨通，左右逢源，要什麼便有什麼，喜歡誰便是誰。這樣的好事，哪個不想？

所以，中國人都要有面子。

不過，面子這東西，也不是想要就能要得到的。除要有實力外，還得懂規矩。面子法則條款甚多，頭一條就是「人抬人高」。任何人的面子都是相對的，都只存在於一定的關係之中。當兩個人真正面對面，或有了一定關係時，面子的大小一般都不會相差太遠。就算有差別，面子大的一方也能把另一方帶起來。比如皇上駕臨某一農舍，則該農舍的面子，便不比縣衙小；窮丫頭嫁給了闊老爺，也至少是個「如夫人」（如，即相當於）。太太如果是「一品誥命」，則「相當於正部級」的姨太太，便好歹也是個「從一品」。這就是面子的增值原則。

因此，獲得面子的辦法，除攀附有面子者外，抬高對方的面子，也是一個行之有效的方案。因為依照相關原則和等值原則，只有面子大小相等的人才能「面對面」，因此抬高對方，也就等於抬高了自己（同理，如果對方貶低了自己，則一定要貶低對方）。比如贈書贈字畫時稱對方為「方家」、「法眼」就是。對方是方家，自己當然也不會是外行；既然能入對方的法眼，則自己的書畫也就必是精品無疑。

何況，對方受到你的尊重、抬舉、吹捧，一般地說，心裡總是高興的。如果他也是一個懂規矩的人，就會有所回報。而且，依照「人敬我一尺，我敬人一丈」的原則，那回報往往還很豐厚，比如你稱我為「方家」、「法眼」，則我也稱你為「天才」、「大師」。這就是面子的回報原則。反正這種「禮尚往來」的勾當，多半會是一個合算的買賣。花花轎子人抬人。如欲取之，必先予之。那些會做人的，都懂這個道理。

即便做不到這一點，那麼，至少也要懂得如何照顧對方的面子。要知道，任何人都是要面子的，也都是有面子的，只不過大小有所不同罷了。但面子再小，也不等於沒有。如果自恃地位高，來頭大，面子無與倫比，頤指氣使，趾高氣揚，不把別人放在眼裡，碰巧對方又是一個死要面子的人，也可能不吃那一套，甚或撕破了臉來對著幹，這就會把事情弄糟，自己也很可能下不了臺。

所以中國人在談判、發言、討論問題時，即便自己有理，提出意見前也總要先說「剛才某某的發言很有道理」，或「閣下果然英明之至」云云，然後再在「但是」、「不過」後面做文章。外國人初到中國，往往摸不著頭腦，甚至以為中國人愛說假話，言不由衷，或故弄玄虛。殊不知，前面那些拐彎抹角的話，既不是假話，也不是廢話，而是為了營造一種和諧的氣氛。如果開場便說「我不同意」，則對方必然會覺得掃了面子，臉上掛不住（也就是面子會「掉下來」），心中大起反感，對話也就無法進行。可見這種談話方式，完全是用心良苦，一片好意，而不是耍花招和耍滑頭。

懂得這些原則，大體上就不怕沒有面子了。

有了面子，還得會用。有面子不用，固然是傻瓜，亂用也是糊塗。面子有如人情，都不可不用，也不可濫用。人情用多了要虧損，面子用多了要磨損，何時用，何時不用，用多用少，都要掌握分寸。如果面子原本不多不大，又在不該用的時候胡亂用掉了，那就是浪費資源。如果那面子原本就是借來的，又用在不該用的時候和地方，比方說，隨隨便便給別人用了，到該派大用場或者自己要用的時候再也借不來，豈不糟糕？總之，面子必須用得其時，用得其事，用得其所，這就是面子的「適時原則」。

可以借用，這也是面子的一大特點。因為面子是有覆蓋面的。這就像發光體，光芒總有外延。於是光照之下，資源分享，利益均霑。有關係的人既然可以「沾光」，自然也可以「借光」。

所以，自己面子不夠時，可以借面子，比如和領導合影，請名人作序，吹噓自己曾和某某一起吃飯等等，都是。當然也可以直截了當地請有面子的人出面說情，寫條子打電話，插手干預。但這樣做代價比較大。最好是借用之後而「物主」並不知情，或不怪罪。不過借得多了，也難免露餡，最好是少借為妙，適可而止。這就是面子的「適量原則」。

面子不管是借來的，還是自己的，使用的時候都要掌握好尺寸。用小面子辦大事，事情辦不成，還會被人看不起，是丟面子的事；用大面子辦小事，或者會被人認為是小題大作，或者會被人認為是仗勢欺人，同樣是丟面子的事。俗話說，看菜吃飯，量體裁衣。面子的使用也一樣。不能「拿著雞毛當令箭」，也不能「提著牛刀去殺雞」。這就是面子的「適度原則」。所以，每個人平時都要有足夠的儲備，這才能擇其適用者而用之。儲備不足，也是枉然。

四 面具、角色、戲劇性

面子與面具

看來，面子這東西，既重要又有用。重要，就不可或缺；有用，就多多益善。於是我們就很想知道，這個寶貝究竟是什麼。

這就先要弄清面子都有些什麼特徵。

頭一條就是「可看性」。面子，無論大小，都是要給人看的。所謂「不看僧面看佛面」，甭管那面子是誰的，哪怕屬於如來佛祖，總歸是要看。不看，或沒人看，則等於沒有。實際上「面」這個字，原本就有相見的意思，如一面之交、一面如故、面面相覷。它又常常與「目」聯用，如面目如故、面目全非、面目一新。所以面字從目，甲骨文則乾脆寫成一隻眼睛加一個眼眶的形狀。李孝定《甲骨文字集釋》也說：「蓋面部五官中最足引人注意者莫過於目，故面字從之也。」

不過，面與目雖然都和眼睛有關，意義卻不同。目是用來看別人的，面則是給別人看的。如果沒有人看，則有沒有面，或面目是可愛還是可憎，都不要緊。如果有人看，那就一點也馬虎不得。比如做一件棉衣，裡子不妨用舊布，「面子」則必須用新綢。又比如，平時不妨吃鹹菜，結婚時則必須大擺宴席。再比如，小學校的危房可以不修，縣太爺的進口轎車則不能不買。火車站裡，外賓休息室總比一般候車室乾淨體面，而單位一到有人來參觀時，清潔衛生也總比平時做得好，因為要給人看嘛！

那麼什麼東西要看？臉。人身上，讓人看的，主要是臉。其他部位，或不可看，或無足觀，或尋常看不見。唯獨臉，不但可看，能看，而且非看不可。俗云：「出門看天色，進門看臉色。」如果不善於察言觀色，便很可能會無端地碰一鼻子灰，弄得灰頭灰臉的好沒有意思。臉，豈能不看？

這就和面子很是相同。實際上面子有時候也叫臉，或者叫臉面。其實臉和面原本不是一回事。臉是雙頰，不包括眼睛，面才是頭的前部。但後來臉面混為一談，面子也就變成了臉——有面子是「有臉」，沒面子是「沒臉」，給面子是「賞臉」，得面子是「露臉」，失去面子是「丟臉」，毫不顧及面子則是「不要臉」。不要臉是極刻毒的話。一個人，尤其是一個女人，倘若被罵作不要臉，便非和你拼命不可。

甚至面子和臉還有一種生理上的聯繫。丟失面子時會臉紅（面紅耳赤），得到面子，也就是別人賞臉或自己露臉時，則會覺得臉上有光。總之，面子的得失，全寫在臉上，一望可知。

不過，面子又不太像是臉，至少不能簡單地說就是臉。第一，臉是天生的，基本上不會變化，要變也是變老，面子卻可以後天得到，而且會變化，或變大，或變小，甚至「面目全非」；第二，臉有美醜，面子卻只有美沒有醜，所謂「面子上不好看」不叫「面醜」，只能叫「沒面子」或「丟面子」；第三，臉可以修飾，比如揩洗、剃鬚、抹粉等，面子卻不能修飾，只能替換；第四，臉無所謂有用沒用，面子卻有用，甚至是非常之時用於非常之事的非常之物；第五，臉生而有之，永隨各人，面子則不但可以爭取，甚至還可以當作禮物或薪水來贈送、發放、賞賜，或者借用；第六，臉只屬於每個人自己，面子卻不但屬於自己，也屬於群體，屬於每個相關的人。

這樣看來，面子又類似於榮譽。但有榮譽者固然有面子，丟面子卻不一定是喪失榮譽。比如一位小姐的玉體不慎或不幸被一位男士看見了全體或不可看的部分，便大丟面子，但與榮譽無關。榮譽並非人人都有，且不會喪失；面子卻是人人該有的，且稍有不慎，便會丟掉。再說也沒有借榮譽的。所以面子也不是榮譽。

面子就是面子。它的特徵是：一、人人必備，一旦喪失，便沒臉見人；二、可以替換，有時會變大，有時會變小，有時還會丟光；三、專供觀賞，有人看時掛在臉上，沒人看時束之高閣。那麼，這樣一種可以隨時取下又隨時掛上的可看之物，又該是什麼呢？

說穿了，它就是「面具」。

面具產生於原始社會，在那個巫術禮儀主宰著部落生活的時代，它是酋長、祭司和薩滿們與神靈打交道的工具。戴上它，就可以與神靈對話，甚至請神到場，為部落的重大決策指點迷津。既然連神都可以請到，當然是極有面子了。所以，有面子就是有面具。或者說，正因為有面具，才有面子。有面具既然能「通神」，當然也能「通人」，也就在人群中「吃得開」。直到今天，我們還把那些有面子而吃得開的人，稱為「神通廣大」、「手眼通天」甚至「呼風喚雨」，就因為面子原本是面具，是通神、通靈的工具。

能戴上面具與神靈對話的神通廣大的人，當然不是一般的人，而是極有地位的人。所以，面子也就意味著身分、地位。一個人的身分、地位越高，面子也就越大。他們往往又叫頭面人物，意謂群體的「頭腦」和「臉面」。古史上曾說黃帝「四面」，學者們為此爭論不休。依我看無非是說他面子又多又大又極廣，一人而「面」四方，上上下下左鄰右舍都「面面俱到」，所以才做了部落聯盟的總酋長。

面具與角色

其實，不但酋長、祭司和薩滿們要有面具（面子），其他人也要有的。因為面具不但表明一個人的地位，同時也表明一個人的歸屬，即他屬於哪個群體、哪個階層，類似於今之身分證，當然人人不可或缺。在原始時代，不同的氏族和部落崇拜不同的圖騰，也就有不同的面具。只要看他使用什麼樣的面具，就知道他屬於哪個圖騰系統，從而判斷出是敵、是我、是友。所以，面具（面子）之於人，至少在原始時代，就已是性命攸關的事。如果你沒有面具（面子），那就成了一個來歷不明的人。用現代術語來說，就叫作「政治面目不清」。不清也就不親，必須加以防範。甚至，政治面目不清，比公開的敵人還可怕，因為他可能是奸細和間諜。在「寧肯錯殺一千」的思想指導下，也可能立馬被殺掉。因此，在原始時代，一個人如果不能出示自己的面具，就很難安全地通過一個充滿警惕的部落。總之，從原始時代起，人們就是「死要面子」的。因為沒有面子，就可能不但生命沒有保障，而且會死無葬身之地。要知道，就連死者的埋葬和靈魂的安頓，也都是必須按照「圖騰系統」來操作的。沒有標誌身分歸屬的「面子」，死了以後，便只能去做孤魂野鬼。

由此可見，丟失面子，將是一件多麼可怕的事。事實上，在原始時代，對於那些犯下為本部落眾人所不齒罪行（通姦、通敵等）的人，懲處的辦法之一，就是剝奪其面具。失去了這一「面子」，也就失去了與自己人交往的工具，當然也就「沒臉見人」，只能自個兒跑開，到不見人煙的地方去自生自滅。這種懲罰，有時比判處極刑還可怕。久而久之，這種恐懼感就轉化為羞恥感，視丟失面子為可恥，進而又把一切可恥之事視為「丟臉」。

面子既然原本是「面具」，則它也就同時是「角色」，或者說是角色的標誌。角色有主有次，面子也就有大有小。但即便跑龍套，也是角色，也要有面子。面子就像京劇中的臉譜，標識著每個人在社會生活的舞臺上擔任和扮演的角色。事實上，臉譜面子都來源於面具，只不過用在戲臺上的叫臉譜，用在生活中的叫面子，作用卻都是一樣的，合起來便叫臉面（臉譜和面子）。所以，一個人，如果自認為頗有臉面，覺得自己的面子又大又光鮮，生怕別人「看不見」或「看不起」，多半就會故意「擺譜」。擺譜也就是把臉譜特地擺出來給人看，和京劇中「亮相」的作用差不多。

其實，重要的不是擺譜，而是「識譜」，也就是要知道自己有什麼樣的面子，扮演的是什麼角色，應該如何面對觀眾和其他人物。如果弄不清，或者演不好，那就會角色錯位，當然也就「對不起」了。比如君是一種角色，臣也是一種角色，父是一種角色，子也是一種角色。好的社會政治秩序，依照孔子的說法，是應該「君君，臣臣，父父，子子」，各按所司之角色行事。如果「君不君，臣不臣，父不父，子不子」，那就非丟面子不可。嚴重一點，如宋靈公、楚成王，還會丟了性命。至少，也要被視為「表現不好」。因此，一個中國人，要想活得滋潤、體面，就要「表現好」；而要表現好，就要「守規矩」。中國做人的規矩很多，但原則也很簡單：第一要識相，第二要懂事。所謂「識相」，就是要會看臉色，知道對方有什麼樣的面子；所謂「懂事」，就是要懂得禮貌，知道自己應該如何表演。比方說，開會時，面子比你大的人還沒說話，你就搶先發言。人家臉上已經不耐煩了，你還在那裡說個沒完。這就是「沒眼色」，也就是「不識相」。又比方說，一個資格老、輩分高的人來了，打電話說要來拜訪你，你就應該立即表示「不敢當，還是我去看您老人家」，否則也是「沒規矩」和「不懂事」。

規矩首先是「規格」。規格由角色的大小來決定。角色不一樣，面具、臉譜、面子的「格式」（尺寸、顏色、花紋、樣式）也不同，這就是規格（規定的格式）。這些格式既然都有一定之規，當然輕易改變不得，也濫用不得。所以，一個人，如果角色小而享用的規格高，就是出格（如特許使用則叫破格）；如果角色大而享用的規格低，就是降格（也叫「掉格」、「掉價」、「有失身分」）；如果故意要顯示自己的身分，就叫擺格；而如果身分與格式相符，則叫合格。合格不合格是很重要的。不合格，就會有人來問你：「你以為你是誰？」、「你他媽的算老幾？」

怎樣做才合格？首先是要擺正自己的位置，知道自己的斤兩，扮演好自己的角色，這樣別人才會「賞臉」。賞臉的結果，是不但自己有面子，連帶自己的父母、親人、朋友和上司也有面子。比如，一個孩子在客人面前彬彬有禮，規規矩矩，或嘴巴甜，樣子乖，因而受到客人的誇獎，這在父母，是極有面子的事情。如果他公然在客人面前不聽話，則是極丟臉的事，因為他不給父母面子，使父母不能扮演家長和教育者的角色。這時，惱羞成怒的父母可能會聲色俱厲地加以呵斥，甚至大打出手，結果當然是只能連帶客人一起都灰頭灰臉。所以，那些乖巧的孩子，儘管平日裡十分驕橫，一旦來了客人，也會做聽話懂禮貌狀。同樣，聰明的女人在外人面前，也會裝出一切大事都是丈夫做主的樣子，以便那怕老婆的老公，還勉強能夠暫時扮演一下大老爺們男子漢的角色，不至於丟盡臉面。

演戲與讓戲

這就很有些戲劇性。

中國具有戲劇性的事情很多。就說送禮。在甲，不送是不行的，不送是不識相；在乙，不收也是不行的，不收是不賞臉。拒收禮物，丟了實惠還得罪人，是很不合算的事。但是貿然或坦然收下，也是不行的。有沒有受賄的嫌疑先且不說，至少是一方面顯得自己貪財，或沒見過世面，會丟自己的「臉」；另方面又似乎認為對方送禮是理該如此，自己受之無愧，這顯然是小看對方，會傷對方的「面」。所以，儘管最後還是要收，但收之前必有一段推讓辭謝的「戲」要演。其過程無非是送禮者先說「務請賞光」。這是拿面子做武器，意謂不收就是不給我面子。收禮者則云「你太客氣」。這是用人情做盾牌，因為真正的兄弟是無須送禮的。送禮者也只好攻之以人情「請別見外」，意謂只有生人的禮才收不得。最後受禮者只好請回面子來幫忙：「那麼恭敬不如從命。」意謂先前拒收，不是不給面子，而是出於對你的「恭敬」；現在收下，也不是自己不要臉，而是為了「從命」。恭敬和從命都是面子，但從命的面子更大。為了給你更大的面子，只好不顧自己的臉面，收下你的禮物。這可真是得了人情又賣乖，既給自己找了臺階，又給對方戴了高帽。所以，儘管雙方心裡都知道這是在演戲，但為面子故，又都非演不可。

事實上，在中國無論做人做事，都帶有表演性質，甚至根本就是「做戲」。因為在中國人這裡，任何人都不是天生的，而是「做」出來的，並且是「做」出來給別人看的。什麼是「做」？就是表演，即戲曲劇本上所謂「做某某狀」。中國人在做人時，常常要做某某狀——父母面前做聽話狀，老師面前做勤勉狀，長輩面前做恭敬狀，皇帝面前做忠誠狀，領導面前做服從狀，群眾面前做謙虛狀，女友面前做瀟灑狀，男友面前做嬌嗲狀。總之是只要面對「觀眾」，就要進入「角色」。擔任什麼角色，就做什麼狀。

不過，一個人的角色，也不是一成不變的。比如在兒子面前是老子，到了老子面前便是兒子。此外，年齡的增長，名聲的得失，地位的升降，財富的盈虧，都會引起和造成角色的變遷。所謂「一闊臉就變」，就是說地位高了，財富多了，角色大了，面子也大了，對於先前和自己面子相等的人，便會不大看得起。

所以，中國人必須有角色更換以後，面子也隨之更換的應變能力和心理準備，同時也要有能保持不變的能力。具體來說是：當角色變小時，面子也要相應地立即縮小，免得人們說你不懂規矩；相反，當角色變大時，面子則不一定相應地立即放大，這樣可以獲得「謙和」、「念舊」、「不忘本」的好評（也是一種面子），也可以免遭「一闊臉就變」的物議（遭人物議也難免丟臉）。《儒林外史》第三回寫范進中了生員，身分和角色都發生了變化，他的丈人胡屠戶便來和他講「面子經」，說是「你如今既中了相公，凡事要立起個體統來。比如我這行事裡都是些正經有臉面的人，又是你的長親，你怎敢在我們跟前妝大？若是家門口這些做田的、扒糞的，不過是平頭百姓，你若同他拱手作揖，平起平坐，這就是壞了學校規矩，連我臉上都無光了。你是個爛忠厚沒用的人，所以這些話我不得不教導你，免得惹人笑話」。胡屠戶這些話中雖不乏混帳之處，但抽象地看，也還是符合「面子邏輯」的。及至范進中了舉，成了「老爺」，張鄉紳親自來賀時，胡屠戶便不但自己也不敢再「妝大」，甚至連「面」也不敢出來了。這正是角色變換之後所必然引起的面子變換。

因此，在社會交往中，要想不傷對方的面子，最好先弄清對方此刻在扮演什麼樣的角色。比如你的一個老朋友、老同學或兒時夥伴此刻發達了，當了官，做了教授，出任了董事長或總經理，那麼，在他的辦公室裡，當著他的同僚或下屬或學生或雇員的面，便斷然不可呼叫他的小名或綽號，甚至不可直呼其名，免得他當場下不了「臺」。比如陳勝當長工時，曾與夥伴們相約云：「苟富貴，勿相忘。」後來陳勝當了王，夥伴們來找他，卻不懂規矩，叫他的名字，說他的隱私，大傷了陳勝的面子。結果怎麼樣呢？不但沒能共富貴，連吃飯的傢伙都丟了。

同理，要想給一個人以面子，最便當的辦法就是改變他的角色，讓他由配角升格為主角，或候補主角。這種升格可以有真實和虛擬的兩種。真實的如升官、升職稱等，虛擬的如賜紫金魚袋，賞穿黃馬褂等。虛擬的升格還可以僅僅只是口頭上的，比如稱年齡、輩分比自己小的人為兄，或自稱「鄙人」、「在下」、「區區」等。總之，只要對方在心理上感到變換了角色，就同樣行之有效。這就好比演戲。配角搶主角的戲，是「犯規」（情節嚴重者要被開除出戲班）；主角給配角讓戲，則是「賞臉」——把原本屬於自己的臉譜賞給對方。既然是賞臉，那麼，它也就是殊榮、恩典，至少也是客氣、情分，不能「給臉不要臉」，但也不能白要，而必須回報。回報的方式因人而異。如果對方與自己原本平起平坐，那麼對方的讓戲便是謙讓，必須以略高一級的規格把「臉」還回去；如果對方地位高了許多，就是賞賜，自己可能已無「臉」可還，只有報之以身家性命；如果對方地位低得多，則原本無戲可讓，但既有孝敬之心，自然也該賞臉。總之，在社會交往中，只要大家都能讓著點，那就大家都有面子，都有「戲」。

有意與無意

戲是給人看的，所以面子必須好看。

事實上但凡可以稱之為「面子」的，都無不好看。這就像中國戲劇舞臺上的臉譜，無論忠奸賢愚，都一律畫得漂亮，富於裝飾美。

比如歷史上的暴君、昏君，死了以後，也要有一個謚號作為最後的面子。這面子當然不能叫「昏」、「暴」、「戾」，只能叫「幽」、「厲」、「靈」。如果你不懂「謚法」，便看不出這裡面有什麼貶義。還有一種更妙的，叫「恭」，是「知過能改」的意思。既然知過能改，則先前的錯誤，也就一筆勾銷，仍可坦然地進宗廟去享用犧牲和香煙。又比如，一個同志毛病不少，但做鑒定時，也要給他留點面子，絕不可將他的缺點錯誤直通通地如實寫出，而要說「希望今後注意某某方面」云云。似乎這位同志的缺點錯誤，只不過粗心大意，不太注意罷了，其實無傷大雅，無礙於晉升和調動。否則這位同志丟了面子，鬧將起來，大家的臉上都不好看。

這就和戲劇一樣，有一個「臺前」和「幕後」的問題：「言」不過是臺前的表演，「言外之意」才是幕後的真實內容。讀中國書，看中國報，聽中國人說話，欣賞中國藝術，都要學會聽弦外之音，悟言外之意，否則就會不得要領，甚或上當受騙。比如「研究研究」，其實並不研究；「以後再說」，其實並無以後，也不會再說。你如果傻乎乎地等下去，肯定等不出什麼結果來。總之，一切讓人不愉快的事，都一定會有比較委婉動聽的說法。比如肥胖叫發福，死亡叫仙逝，撤退叫轉移，連吃敗仗叫屢敗屢戰。當年八國聯軍打進北京，慈禧太后和光緒皇帝倉皇出逃，官方的說法卻叫「兩宮西狩」。狩，是打獵的意思。鬼子進京了，太后和皇上哪裡還會有心思去打獵？也就是自己哄自己罷了。

但這是不能說穿的。一說穿，就沒戲看了。戲劇藝術是一種「有意識的自我欺騙」。大家都知道那是在作假，大家都不說穿，戲才演得下去。比如一個演員演林黛玉，大家都看得十分有趣，你偏要來拆臺，說她原不過某某，既沒有病也不曾失戀和葬花云云，便不免大煞風景。

所以，對中國的許多事情，都不宜到幕後去尋根問底，因為那會「拆穿西洋鏡」，種種「把戲」也就演不下去。比如某領導為了做謙虛狀，跑到基層來徵求意見，原本只是走過場，甚或是要聽評功擺好、歌功頌德的，你卻當真一五一十地歷數其不是，這就會使該領導難堪，連帶在座的基層領導和同事也會尷尬，以後你就別想有好日子過。又比如開學術討論會，主持人請來領導和名流撐門面。儘管那領導或名流的講話驢唇不對馬嘴，或實在膚淺得可以，你也只能頻頻點頭稱是，或做認真記錄狀。同樣，如果哪天我們發現一個公認的壞種或蠢貨也忽然「當選」了什麼，也千萬不要大驚小怪。因為真正的功夫都在幕後，前臺的選舉不過「行禮如儀」而已。

然而生活不是藝術。藝術原本就有「虛擬性」——畫的鞋子不能穿，畫的蘋果不能吃，詩人繪聲繪色地描寫騎術，自己卻不會騎馬。所以藝術可以是「有意的自欺」，不妨「明知是假，認真去做」。反正一則是有意識，二來也不過騙自己。由於是有意識，在短時間的藝術想像後，仍能回到嚴峻的現實；既然是騙自己，便至多不過只是自我陶醉，尚不至於誤國誤民。遺憾的是，中國的面子主義者，卻總是忘記了這兩條界限，一方面由「自欺」而「欺人」，另方面又由「有意」而「無意」，其結果，便勢必是害人害己。

比如清朝末年，清廷派往歐洲的一位使臣劉錫鴻大人，便是這類因自欺欺人而自我陶醉的角色。當一位波斯藩王對劉大人談起西方列強的侵略擴張並為此深感憂慮時，劉大人卻坦然地告訴他毋庸憂慮，並對他大談其東方哲學：跑得快的，人喜其捷，卻不知那是會摔跤的；走得慢的，人苦其遲，卻不懂那是最穩當的。太陽到了中午，就要下山了；月亮到了十五，就要虧缺了。西洋發展得這樣快，難道不是自速其亡嗎？列強貪欲這樣多，難道不會觸怒天道嗎？至於中國沒有鐵路火車，那我可以告訴你，我們大清正要建造一種世界上最優秀最神奇的火車頭，那就是遵照先王和聖人的遺教，「正朝廷以正百官，正百官以正萬民」。這種「精神火車頭」，舉世無雙。它「行之最速，一日而數萬里，無待於煤火輪鐵者也」，哪裡還用得著與西洋爭一日之短長呢？

這真是阿Q得可以！你西洋不就是「無閒官，無遊民，無上下隔閡之情，無殘暴不仁之政，無虛文相應之事」嗎？那都是因為孔孟之道「聲教訖於四海」，使洋人也「得聞聖教」而已。正本清源，當然是「我們先前比你闊得多了」！你歐美不就是富一點、強一點嗎？可那種「貪得」之富、「好勝」之強，咱們根本就不屑——「孫子才畫得圓呢」！作為出使歐陸的中國使臣，劉大人的「門面」裝得算是夠可以的了。可惜，「孫子」們並不吃這一套，而歷史的辯證法，亦正如馬克思所說，是批判的武器不能代替武器的批判，物質的東西只能用物質來摧毀。以貪得為富、好勝好強的「學生」們還是拿著「先生」發明的羅盤和火藥來打「先生」了。這可不是一句「兒子打老子」便可以對付的。結果，「門」被打開，「面」也難保。劉大人的如簧巧舌，哪裡抵擋得住列強的堅船利炮？

真話與假話

這就是「面子」了。它既然是「面」，那就肯定不是「裡」；既然只能「好看」，那就難免成為一種「文飾」，甚至文過飾非。

文飾也未必就不好。愛美之心人皆有之嘛！誰願意把自己弄得髒髒的醜醜的？誰都要修飾修飾打扮打扮麼！尤其是有人看的時候。再說，修飾打扮自己，也是對別人的尊重。一個平時穿著隨便的人，如果忽然衣冠楚楚起來，便八成是要去見什麼重要的人，比如貴賓、上司或戀人。當然，反其道而行之的也有。比如京城裡的那些「腕兒」，就會光頭鐙亮鬍子拉碴，大褲衩子小背心，趿拉著拖鞋出入那些所謂「體面」的場所。這其實不過是一種「擺譜」、「拔份兒」罷了，意思是「老子偏不把你們放在眼裡」。實際上，在任何民族那裡，蓬頭垢面、不加修飾地面對他人，都是極不禮貌的，因為這似乎隱含著「你也配讓我修飾嗎」的意思。所以，把自己收拾得乾乾淨淨、打扮得漂漂亮亮地去見別人，或讓別人來看，就不僅是自己要面子，也是給別人面子。

但再合理的事情，也得有個分寸才行。可惜在中國人看來，讓所有的人都有面子，比什麼都重要。於是，要面子，甚至為了要面子而不惜文過飾非，也幾乎成為中國人的一種「文化無意識」。比如出門開會特地穿上平時不穿的新衣，客人光臨之前把家裡突擊打掃一遍，外賓參觀時專挑「好看」的部門、單位或地段讓他們看，上級來檢查時報喜不報憂。結果怎麼樣呢？結果是久而久之，有意或無意的「自欺」就會變為有意或無意的「說謊」。至少是，說的是一種情況，實際則是另一種情況。

就說諡號，表面上看來大都是很好聽的。比如「靈」，無論怎麼看都是好詞兒：靈驗、靈通、靈巧、靈活、靈敏、靈性、靈氣、靈感、靈光、靈丹妙藥，都是好得不能再好。即便用於死人，也是尊稱，如靈牌、靈位、靈柩、靈堂。然而我們看看諡號叫「靈」的國君，又有幾個是好東西，幾個有好下場？鄭靈公為吃王八，被臣下殺死。陳靈公南冠而會情婦，被情婦之子射死在馬廄。晉靈公暴戾不君，站在高牆上用彈弓射人，看人躲避為樂；廚師煮熊掌不爛，他就把廚師殺了，裝在畚箕裡招搖過市；大臣勸諫他，他反倒派人去暗殺諫臣，最後終於死於非命。這三個，算是最差勁的。此外如楚靈王眾叛親離，走投無路，自縊於臣下之宅；許靈公如楚請兵伐鄭，不遂而客死他鄉；蔡靈公國破身亡，成為亡國之君，也都很悲慘。看來，越是叫作「靈」的，反倒越是不靈。

諡號其實也有兩種。一種是炫耀功德的，如文、武、成、襄；另一種則是掩蓋過失和不幸的，如靈、恭、閔、哀。這也不奇怪，因為面子就像服飾，也有兩大功能：顯示與遮蔽，或者炫耀與文飾。正因為面子兼此兩種功能而有之，因此面子表現的內容就可能真真假假。當它用於顯示時就可能是真的，當它用於遮蔽，尤其是用於文過飾非時，就難免弄虛作假。比如康熙廟號「聖祖」，乾隆廟號「高宗」，大體上還說得過去，而內戰外戰都很外行的咸豐，廟號竟曰「文宗」（慈惠愛民曰文，忠信接禮曰文），便讓人覺得簡直就是諷刺。莫非連吃敗仗就是他的「慈惠愛民」，割地賠款就是他的「忠信接禮」麼？

皇上和朝廷既然帶頭說謊，則臣下和小民們也難免口是心非。事實上，由於做人要按「面子格式」去表演，做事要按「面子法則」去操作，也就容易造成一大批道貌岸然的偽君子、口蜜腹劍的陰謀家、陽奉陰違的兩面派。他們「當面是人，背後是鬼」，「滿口仁義道德，一肚子男盜女娼」。而且，越是心狠手辣，就越是慈眉善眼；越是汙穢歹毒，就越是道貌岸然。這就不能不讓人處處小心時時提防。因為「畫虎畫皮難畫骨，知人知面不知心」。所有人的內心世界都被面子裹著，哪裡弄得清真假？所以，中國這方面的古訓也特多，什麼「聽其言，觀其行」啦，「路遙知馬力，日久見人心」啦，都是。

其實，不要說那些大奸似忠的陰謀家野心家，即使一般的良善之民，也難免要多少說點空話、套話或假話，或者「見人說人話，見鬼說鬼話」。所謂「一根腸子通到底」，平生半句假話不說的，其實並不太多。因為句句都說真話，事事都講真實，便難免會有「違礙之處」，或讓某些人聽了不高興。這就會得罪人。得罪了人，自己的日子就不會好過。

平心而論，說假話，甚或搞陰謀，確實也有不少是被逼出來的。比如一個人想說真話，但說出來會傷了別人的面子，便只好說假話，或者「打哈哈」。又比如，一個人，能力很強，資歷也不淺，明明有資格擔任某一職務的，但如果明說，便會視為有野心或厚顏無恥，也就只好做謙讓狀，或者搞陰謀。例如曹操這個人是有能力的，也敢講真話。他曾公開宣稱：倘若沒有曹某，真不知幾人稱王，幾人稱帝。這是真話，但也不討人喜歡，因為把別人的假面都揭開了，於是引起公憤。結果呢，別人（如劉備與孫權）都堂而皇之地稱了帝，沒當皇帝的他反倒成了「奸臣」，你說這算什麼事？

所以做人必須「世故」。不世故，便會或因不會做人而傷了別人的面子，或因不會認人而為別人的假面所惑。傷人不落好，被惑要吃虧，因此「人情世故」四個字，實在是一門大學問，也是每個中國人必須認真學習琢磨，甚至必須耗盡一生精力才能弄懂學會的「必修課」。不過，世故既與人情有關，那麼我們就還是先來看看「人情」是什麼吧！

Chapter 4
人情

一 面子與人情

情與面

說完「面子」，不能不來說「人情」。

人情與面子的關係很密切。一般地說，有人情必有面子，給面子也就是送人情。比如有個人，先前幫助過你的，你就欠了他的人情。下回他來找你幫忙，你就不好駁他的面子。同樣，如果你給了某個人面子，則他也就欠了你的人情。甚至這面子與人情還能轉讓和借用，比如求情或說情時講「不看僧面看佛面」，或者請於你有恩有情的人來出面。但即便是佛祖出面，也還是人情，得了好處的人也要領情。由於人情和面子是如此地相互依存，所以，中國人也常常把它們合起來稱作「情面」。

情面是一種任何人都不能不顧的東西。顧就是回頭看。一個人，正往前走，要去辦正事的，情面卻從「後門」進來了，就不能不回頭去看一下。顧字從頁，頁本是頭，也就是長臉的地方。顧又是「雇」。情面來「雇」你，你連頭也不回一下，面子上就會過不去，也是「給臉不要臉」。因此至少也得打個「照面」。然而這一「顧」一「照」不要緊，非得「照顧」一下不可。原本要公辦的事，也就多半公辦不成。除非你有本事一開始就不照面，比如躲起來，裝病，甚至不接電話。但是，情面這東西，是輕易躲不掉的。躲得了初一，躲不了十五。陌生人還好說，同事、鄰居、熟人、朋友，又豈能永遠不見？既然終究要見「面」，就不能不講「情」。結果，天理王法之類這些無須面對的東西，也就只好暫時放在一邊。比如宋江殺了閻婆惜，依照王法，是該追究刑事責任的，更何況那婆惜的情夫，又在縣裡「司法部門」工作。但宋江面子大，人緣好，縣裡上上下下，都要開脫他。先是縣長大人一味拖延，後是刑警隊長有意放縱，更兼縣政府的同僚們，一個個都到婆惜的情夫張三那裡去說情。這些人都是抬頭不見低頭見的，連那張三「也耐不過眾人面皮」，只好一任自己的情婦，去做那刀下的冤魂，這便叫人情大於王法。中國的法制難以健全，至少有一半原因在於此。

情面不但可以使某些人生，也可以讓某些人死，如春秋時的豫讓之刺殺趙襄子，戰國時的聶政之刺殺俠累即是。豫讓是為舊主智伯報仇，猶有可說。聶政與俠累素不相識，前世無冤，後世無仇，卻甘願冒著生命危險，大老遠地從衛國跑到韓國去刺殺他，為的只是俠累之敵嚴仲子的「情面」。聶政本是個「鼓刀以屠」的「市井小人」，嚴仲子以「諸侯卿相」之身，屢屢惠顧於他，由是感激，便替他去殺人。豫讓也說：「士為知己者死，女為悅己者容。今智伯知我，我必為報仇而死。」於是三番兩次去殺趙襄子，實在殺不成了，竟請求刺殺趙襄子的衣服，然後自殺，趙襄子也居然「大義之」，答應了他的請求。此外，如專諸之刺王僚，荊軻之刺秦王，也多因情面故。西方的殺手為金錢殺人，中國的殺手為情面殺人，情面在中國比什麼都貴重，因為黃金有價，情義無價。

情面雖然無價，卻有用。又豈止是有用，簡直就是法力無邊。所以，任何中國人都不能不講情面，也不能不為將來可能的需要，而預先為自己儲備情面。

儲備和製造情面的辦法很多，但最主要的還是要多多見面。因為情由面生，如果從來也不曾見面，則情由何來？同事、同學、鄰居等等之所以較有情面，就因為經常要面對之故，因此有「遠親不如近鄰，街坊不如對門」的說法，夫妻情分最重，也因為天天都要面對，而戀人與候補配偶當然也就稱為對象（即面對之象）。「象」如果「對」上了，則為有情人。既然是有情人，則在理論上終成眷屬。但是，即便真是眷屬，比如親戚，如果不常見面，或久不見面，感情就會淡漠，甚至會趨向於零。所以有「人在人情在」的說法。人在，難免抬頭不見低頭見，不能不顧；人不在了，則反正不怕會有見了面不好意思的事，也就可以不講情面，只計利害。

當然，並非所有的人都那麼薄情寡義，「人一走茶就涼」的。比如前面說的豫讓，就是在智伯死了以後，仍要不計利害地報恩還情。無疑，歷史上和生活中，豫讓這樣的人並不多，這才特別地被看作是俠義之士，為人們所崇敬、仰慕、讚頌和表彰，但同時也可見中國文化的價值取向，是肯定和贊同重情誼、講情面，否定和反對薄情寡義的。一個人，如果念舊，也就是在不再見面的情況下仍然記掛和認定過去的情面，維持過去情面的有效性，就會被輿論肯定和讚揚。相反，如果忘本，翻臉不認人，一闊臉就變，轉背就忘情，則會遭到輿論的譴責，甚至有可能被罵作人面獸心，不是東西。比如一個人剛死，身邊的人就翻臉，便會有人出來打抱不平，說「某某屍骨未寒，你們就……」云云。那麼，反問一句，如果「屍骨已寒」，是不是就可以如何如何呢？這也就等於承認了，「人在人情在」畢竟是一個規律，至多只能要求「情」延續的時間，比「面」稍長一些，不要一下子就情、面皆失，以免大家兔死狐悲，想起來寒心。

見面問題

看來，維繫人情、儲備情面之最可靠也最有效的辦法，還是多多見面。比如，有事沒事的，經常去串串門，走動走動，或者找種種藉口，在一起聚一聚。在這方面，中國人是很有辦法的，而最好的機會，又莫過於過年。這時，除大年三十夜晚的家庭團聚必不可少外，拜年也是很重要的事。關係的親疏，人緣的好壞，地位的高低，權力的大小，在這時都一望可知。一個人，如果過年時誰也不上門，是很沒有面子的。相反，如果門前車水馬龍，家裡常開流水席，則面子十足，風光體面得很。如果來拜年的竟是上司、前輩，那就更加體面，足以成為向他人炫耀的資本。婚事和喪事也如此，所以非大操大辦不可。如果並未大操大辦，賀客或前來弔唁者仍絡繹不絕，那就面子更大，人情更多。這時，來人一定要嗔怪：「怎麼也不知會一聲？」主人則一定要賠罪：「沒敢驚動大家。」不敢驚動，是對別人的體貼，當然是人情；而聞訊以後立即趕來，那就更是人情了。因此，也有辦紅白喜事故意不聲張的。不聲張的好處甚多。一是做事低調不張揚，顯得謙虛（為官者則還可以避嫌）；二來也可以檢驗一下自己人緣的好壞，以及關係的親疏。由是之故，那些前來賀喜或弔唁的人，一定會連連聲明：「剛剛聽說，剛剛聽說！」但不論是剛剛聽說還是早就知道，也不論是立馬趕來還是延誤多日，主人也都得領情，至少得做領情狀。你想，愛國尚且不分先後，這事又怎能計較時間？只要來了，就是人情，就是面子，就有情面。

製造情面的有效辦法還有很多，比如成立校友會、同鄉會、聯誼會等社團組織，參加各種會議或學習班等。事實上許多人喜歡開會或培訓，就因為可以借此機會見見老朋友和認識新朋友。反正基本原則就是要見面。時諺云：「走動走動，向上浮動；不走不動，向下滑動。」講的就是這個道理。

即便實在無法見面，那麼，也要不斷表示希望見面的願望。比如，寫信時，要寫上「如晤」、「見字如面」等字樣；分手時，也要互道「再見」。再見就是再次見面，與英文「Goodbye」意為「上帝保佑你一人獨行」迥異。此外，重逢或初交時的「久違」、「久仰」、「好久不見」，也都與「面」有關：久違是久違其面，久仰是久仰其面，好久不見是好久不見其面。久違其面，難免薄情，必須用極富情感色彩的話把面子補足。

如果不想與某人發生人情關係，或必須馬上「絕情」，則必須設法不和他見面。比如路上相遇，眼睛往別的地方看，甚至繞道而行。對方來訪時，裝作不在家，或者故意乘別人不在家時去拜訪。孔子就曾做過這樣的事。魯國的陽貨（陽虎）想讓孔子去見他，孔子不去，於是陽貨就送給孔子一隻蒸熟的小豬。孔子收了人家的人情，不好不去拜謝，又不想和他見面，便故意趁陽貨外出時去拜訪，沒想到「冤家路窄」，還是在路上遇到了。聖人既已做出榜樣，我輩自然不妨效法，只是事先要探聽明白計劃周詳，不要弄出「遇諸途」的尷尬事體來。

故意不見既然意味著不友好，無意的不見也就可能被視為或誤為不講交情。所以，一個人回到故鄉、母校、原單位，就應該儘量設法和所有的親朋故舊都見上一面。如果不小心漏掉了一位，他就會認為你不給面子，甚或懷疑你對他有意見。意見就是「意」見「面」不見，如無「意見」，為何不見？這種漏掉一人的後果是很嚴重的，因為別人都已見了，唯獨他未見，也就特別地沒面子。說不定，本來沒意見的，這回可真的有意見了。這當然是很不划算的事。

無意的不見，會引起誤會；故意的常見，則讓人起疑。「這傢伙有事沒事地老來找我幹什麼？」顯然是別有用心。這就得防著點。更何況，不斷地見面，也有弊端。第一，見得多了，難免厭煩，至少不再有新鮮感；第二，見得多了，就容易看透，知根知底，弄不好連隱私也保不住；第三，關係一近，難免隨便，一不小心，就會傷了對方的面子，一旦反目，比仇人還可怕。當然，平時不見面，或見面時招呼都不打一個，有事時才貿然地找上門去，就更不妥。「平時不燒香，臨時抱佛腳」，便是菩薩面前也不靈的。總之，常不見面，固然難免生疏；常常見面，也容易「熟」得爛掉。最好是親而不近，敬而不遠，若即若離，恰到好處。這當然很難，故曰「世事洞明皆學問，人情練達即文章」。

這文章這學問可是人人都得要做的，因為人人都得做人。

人情與人緣

做人首先必須通人情。比方說，別人有喜，應該欣然於色；別人有悲，不能無動於衷；別人有難，必須拔刀相助；別人遇險，不能袖手旁觀。否則，就是麻木不仁。當然，他也休想得到別人的同情和幫助，就會自絕於社會和群體，真的變得「不是人」。

顯然，所謂「通曉人情」，最重要的就是要有一種「設身處地」、「將心比心」的情感體驗態度。具體說來，又表現為正反兩個方面。從正面講，就是要「己欲立而立人，己欲達而達人」。比方說，自己肚子餓了要吃飯，應該想到別人肚子餓也要吃飯，從而「推食食人」；自己身上冷要穿衣，應該想到別人身上冷也要穿衣，從而「解衣衣人」。從反面講，就是要「己所不欲，勿施於人」。比方說，自己不想死，就不要殺別人；自己怕丟面子，就不要傷別人。說話的時候，要尊重對方，稱呼上要掌握分寸，不要直呼其名；對方的請求和給予（如敬酒、讓菜），即便不能接受，也要婉言辭謝，不要斷然拒絕；對方有了錯誤，即便是下屬，也不要當眾指責，而應該在沒有旁人時溫和地批評；對方向你訴說某一事情或心情時，即便不願聽，也不要粗暴地打斷，而應該在適當的時候岔開話題；對方與你爭辯，即便說得不對，也不要得理不饒人，只圖一時痛快，把對方逼進「死胡同」，下不了臺。否則，不但對方覺得大傷面子，惱羞成怒，在旁觀者看來，也會認為你

「太不像話」。這些雖然說起來都是小事，但會不會做人，也就往往體現在這些小事上。

總之，會做人的人，總是能夠表現出關心他人、尊重他人、處處以他人為重、時時替他人著想的心理傾向。比方說，見了面問人家「吃了沒有」、「身體好嗎」，或問「有朋友沒有」、「進展如何」，甚至幫他尋找對象或門路。這些被西方人視為打探隱私的問題，卻被中國人視為有人情味的表現。又比如，朋友搬家去湊一把手，鄰居外出代為看門，同事犯了錯誤代他向領導說情等等，也都是「通人情」、「會做人」的表現。

由此可見，做人做人，必須實實在在去「做」。只說不做，同樣「不是人」。但關心他人幫助他人的心，則不能是做出來的。即便是「做」，也要做得不露痕跡。有些人，雖然也熱衷於關心幫助他人，但做了好事以後，又生怕別人不知道，到處宣揚，或在被幫助者面前，以施恩者自居，時時提醒對方得了自己什麼好處，結果弄得對方反感，他人厭惡。真心地幫助他人，應以不計報酬、不求回報為前提。事實上，由於下面就要講到的「人情法則」，這種回報其實是題中應有之義，無須時時提醒、公之於眾的。如果嚷嚷得滿世界都知道，不但受惠者會覺得很沒有面子，也會讓人覺得你其實不會做人。

於是就有了人緣的好壞。

用「人緣」這個詞來表示人際關係，是很精當的。「緣」的本義是衣邊，因此有「邊緣」的意思。所謂邊緣，也就是兩物分界之處，同時也是兩物相連之處。兩物如「相緣」，也就有了「關係」。係也好，緣也好，都從「糸」，意謂細絲。所以，兩個人，如果關係極深，便說「千絲萬縷」；如果似斷非斷，便說「藕斷絲連」。因為人情如絲，細微而又有彈性和韌性，拉拉扯扯，糾纏不清，「剪不斷，理還亂」。用「緣」來表示情感關係，實在再恰當不過。

人際關係既名之曰「緣」，則建立新關係便叫結緣，比如「喜結良緣」、「廣結善緣」。良緣也好，善緣也好，都是一種人情，即把情感之絲打成「結」，使之更為牢靠。如果兩個人以前素不相識，只是由於偶然的機會相遇，或通過他人的介紹相交，卻一見鍾情，或情投意合，便會覺得彼此十分「投緣」，並把彼此的偶遇和相識，視為一種前生命定的「機緣」，認為彼此之間有「緣分」。所謂緣分，即是人情再加天意。人與人之間，本來在氣質、性格、閱歷、境遇各方面都有差異，要想真正情投意合，原本就很難；而安土重遷的中國人，又很難有機會在茫茫人海中去尋找知己。這樣一來，人情加天意的緣分，就顯得更加彌足珍貴。一個人，如在可遇而不可求的機遇中得一知己，那就不但是「緣分」，而且也是「福分」了。

不過，說一個人「有人緣」或「人緣好」，卻並不是說他有此緣分或福分，反倒是說他即便無此緣分或福分，也能結交朋友，受人歡迎。或者說，有「緣人」的能力。有此能力就能處理好自己的周邊關係，使自己的「邊緣」聚滿了人。這種良好的人際關係，完全是他自己努力的結果，所以是「人緣」，而不是「機緣」。

這就要會做人。而會做人，也就是懂得人情法則。

二 人情法則

基本原則

人情的基本法則是「回報」。

中國人很看重回報。在中國人看來，「有恩報恩，有仇報仇」是天經地義的事。有恩不報固然是小人，有仇不報亦非君子。不過，相比較而言，中國人之重視報恩，又甚於報仇。一個人，如果忘恩負義，便不是東西；如果恩將仇報，更是喪盡天良。但是，如果報恩的程度大大超過施恩，則會受到輿論的一致讚揚。無論怎樣加倍地回報，都不會視為過分，甚至乾脆就公開宣稱：「滴水之恩，當湧泉相報。」

報仇就不同了，必須具體問題具體分析。

一是「仇」的大小。如果只是輕度傷害，或是無意得罪，則「冤家宜解不宜結」，最好講和，不必「以眼還眼，以牙還牙」，也不要「睚眥必報」，睚眥就是怒目而視，引申為小怨小忿。如果別人只是橫了你一眼，也要報復，輿論就會覺得你「過於計較，不好相處」，也就會弄得自己沒人緣。二是報的分量。一般地說，以等值為宜。如果人家不過只是踩了你的腳，你卻要砍人家的腿，便太過分，也「太不像話」。三是復仇者與結仇者之間地位和力量的對比。如果地位力量相當，那就是他們自己的事，輿論界一般只作壁上觀；如果是弱者向強者復仇，便會贏得同情、支持和敬佩；如果是強者向弱者復仇，事情就比較麻煩了。因為重人情的中國人，其同情心總是在弱者一方的。除非雙方所結之仇非常之大，且結仇時強弱正好相反，否則便難保不會有人出來打抱不平。所以，當韓信功成名就，衣錦還鄉時，對當年有「一飯之恩」的漂母，便報以千金；對當年使自己招致「胯下之辱」的少年，則不予追究，便是深知上述原則之故。

中國文化之所以鼓勵報恩，而對報仇做一定的限制，是因為報恩只會加強人與人之間的聯繫，有利於群體的團結和社會的安定；報仇則可能造成人與人之間的敵對，不利於維繫群體，甚至會破壞社會秩序，造成動亂。如果睚眥必報，則更會沒完沒了，天下大亂。總之，鼓勵也好，限制也好，都本之於群體意識。

但不管怎麼說，回報總是必須的。如果人力不足以回報，便寄希望於天意；今生不足以回報，便寄希望於來世。報恩，可以是「變牛變馬」、「結草銜環」；報仇，亦不妨化作厲鬼前來索命。故民諺云：「為人不做虧心事，半夜不怕鬼敲門。」這鬼不是別的，便正是受害人之冤魂，以及同情弱者專打抱不平的厲鬼。中國人相信，「善有善報，惡有惡報。不是不報，時機未到。時機一到，一切都報」。總之，肯定性的情感（恩愛）也好，否定性的情感（仇恨）也好，都必須回報。不懂得這一點，便是不通人情。

人情為什麼一定要回報呢？就因為情感是要有回應的。比方說你愛一個人，人家卻不愛你，就愛不下去；恨一個人，人家卻不恨你，就恨不起來。何況人情之於中國人，並不只是一種內心體驗，更是一種重要手段，是用來維繫群體的，因此非得回報不可。

維繫群體的辦法、手段、條件很多，但都不如人情可靠。就說法律。法律當然是有權威的。但法律管得了「跡」（行為），管不了「心」（思想）；只能保證大家都循規蹈矩，不能保證大家都同心同德。甚至就連循規蹈矩，也未必能保證。一旦執法不嚴，或法制不到之處，便立即是另一番景象。更何況，對於朝廷王法，中國人雖不敢硬頂，卻敢軟磨。「上有政策，下有對策」，總能「化千斤為四兩」，哪裡靠得住？

利害就更靠不住。利害只能結成一種臨時性的、鬆散的關係。有利時趨之若鶩，有害時作鳥獸散；或遇害時團結一致，勝利後又自相殘殺。所以酒肉朋友最不可靠。有酒有肉是朋友，無酒無肉如路人，甚至為了爭奪酒肉，反目為仇，刀兵相見。

就連面子，也很可疑。面子畢竟是「面」，是表面的東西。這就難免「當面一套，背後一套」。面對面時喊哥哥（稱兄道弟），背靠背時摸傢伙（你死我活）。人情就不同了。它在本質上是「情」，而情感是發自內心的，也就最為可靠。面子可以作偽（假面），情感卻必須真實（衷情）。面子有大小，情感也有深淺，但情感的深淺並不以面子的大小為轉移。出於面子為人辦事，難免敷衍，或盡力不盡心；出於情感為人辦事，則會盡心盡力，兩肋插刀。當一個群體的每個成員都是出於情感而團結在一起的時候，這種團結就是心甘情願的，而這種群體也就勢必是堅不可摧的了。

所以中國人要講人情，而且要講回報。你敬我一尺，我敬你一丈；我投之以桃，你報之以李。如此往返相報，則情感更深厚，友誼更綿長，關係更密切，群體也就更鞏固。

左右為難

然而，人情的回報這事，認真做起來，又很難。

我們知道，還情的前提是領情。一個人，好心好意把人情送給你，你當然要領受，並表示感謝，這就叫「領情」。這事看來簡單，其實不然。因為第一，人之所送，未必我之所需。如果自己並不需要，那麼，是收還是不收呢？不收是不通人情，收下又沒有用，還要平白無故地增加一個負擔（因為收下的人情終究是要還的）。但人家是一片好心，豈可拒人於千里之外？也只好來者不拒，照單收下，然後再琢磨著如何還回去。想想真是何苦！

第二，送人情的方式有很多種，有的明明白白，有的不清不楚，有的大張旗鼓，有的不動聲色。這樣，有時別人可能是「暗送秋波」，咱們則可能還「蒙在鼓裡」，當然也就無由表示領情，這又會無端地得罪一個人。於是，為了不得罪人，就得時時小心翼翼，不要忽視或漏掉別人的人情。但如果人家原本並無此意，咱們卻當作人情來領受回報，豈非自作多情？如果每件事都要這麼琢磨一番，麻煩不麻煩，窩囊不窩囊，累不累呢？

領情已屬不易，還情就更是困難。因為在中國人的人情關係中，施送的並非物質，而是情感。即便施送的是物質（比如在一個人遭受災難時送衣送飯），也同時還有人情。甚至有時候，真正要送的不是東西，而是人情。物質的東西是容易回報和償還的。比如你請我一桌，我還你一席，看得見，摸得著，算得出價錢。還沒還，報沒報，大家都看得清清楚楚，當事人心裡也明明白白。情感就不同了。它是無形的，無價的，不能測量，無法估算。還沒還，報沒報，或者還沒還夠，大家心裡都沒有底，只好完全憑「良心」辦事。有些特別講良心的人，只好以數十倍的代價去償還，如所謂「滴水之恩，湧泉相報」即是。

甚至就連「還不還」，也是問題。中國人的所謂「人情」，是一種說不清的東西。它是情感，又不純粹是情感。這就不好辦。因為如果純是情感，就不必還；如果純是商品，就容易還。最怕的就是說不清。還吧，像做買賣；不還，又好像占了人家的便宜。這可真是左右為難。

更麻煩的是，中國人之所謂「人情」，其實包含著兩個內容。一種是真正的感情，我們無妨稱為「衷情」。它是發自內心、不求回報的。而且，你如果執意回報，反倒會傷了感情。另一種則是表面化、程序化或儀式化的東西，我們無妨稱之為「表情」。它帶有功利的性質，可以「做」，可以「送」，當然也要「還」。如果你錯把「表情」當作「衷情」，人家就會認為你這傢伙太不懂規矩，太不會做人，甚至太沒有良心，或者太不像話。反之，你如果把「衷情」錯當「表情」，用常規方式加以回報，則對方便會感到傷心，甚至會憤怒：「你把我當成了什麼人！」這當然也同樣糟糕透頂。朋友們之間，最容易發生的，就是這種尷尬事體——回報吧，顯得生分、見外、不貼心；不回報吧，又似乎太夾生、不懂味，是個「半吊子」。於是，就像「活，還是不活」對於哈姆雷特是一個問題一樣，「還，還是不還」，對於許多中國人，也都是個問題。

其實「衷情」也是需要回報的，只不過其方式與回報「表情」不大相同，然而它所付出的代價，有時則往往還要更大。

比如父母對子女的愛，無疑是絕對真誠的。中國的父母，尤其當代中國的父母，對於其子女，真正稱得上做牛做馬四個字，完全是不計報酬，不辭辛苦。甚至類似於父母的組織，對待自己的「子弟」也是愛護有加——免費供他們上學，畢業後為其安排就業，提供公費醫療和低租住房，死了以後還要為其送終。好一點（也就是更像父母一點）的單位領導，在職工犯了錯誤時，還要代其向上級求情，甚或代為其承擔責任，乃至代交罰款（當然是公費）。這樣一片愛心，如說不是真心，那簡直是沒有良心。

但是，嚴格說來，這種關心愛護，實在很難說是出於「公心」還是「私心」（事實上中國人從來就是公私不分的，詳見本書第六章）。因為即便是最真誠的關心愛護，也未嘗沒有希望回報的成分。領導關心群眾，是為了讓群眾擁護，安心工作；父母關心子女，是希望子女成才，耀祖光宗。說到底，還是「施」與「報」的關係。所不同者，僅在於父母（含類父母者）的愛太真太深，情分也太大太重，連說答謝都嫌太輕，簡直就應該報之以全部身心才好。

人身依附

報之以全部身心的前提就是「聽話」。子女如果不聽話，是最讓父母痛心疾首的傷心之舉。第一，希望子女聽話，完全是一片好心好意，因為希望他們能聽的那些話，都是出於真誠的愛心，比如天冷了要加衣服，在單位上不要和領導吵，你交的男朋友靠不住等。所以，一旦子女不聽，甚或頂嘴，便既感傷心，又不理解：「爸爸媽媽都是為你好，還會害你不成？」第二，「滴水之恩」，原本當「湧泉相報」。現在爸爸媽媽並不要你去湧什麼泉，只是要你聽一下話，更何況這「聽話」還是「為了你好」，都難以實現，還說什麼其他？一個連「話」都不肯聽的孩子，還有什麼指望？所以痛心疾首之餘，那斥責的語言便是：「想想看，是誰一把屎一把尿地把你拉扯大的？你就這樣報答父母？」

可見，即便是父母對子女這種最為真誠的愛，也是必須回報的，而聽話，也是一種情感的回報方式。父母哺育了我們，所以我們要聽父母的話；老師教育了我們，所以我們要聽老師的話；黨培育了我們，所以我們要聽黨的話。如果不聽，那就是不思回報，也就是忘恩負義。那麼，何以謂之「聽話」？所謂「聽話」，也就是以對方的意志為意志，以對方的情感為情感，以對方的愛憎好惡為愛憎好惡，這還不是報之以全身心嗎？這種回報的代價，還不算大嗎？

然而這一代價卻不能不付出。因為父母要求子女聽的話，都是出於一片好心，本身就是一份「人情」。如若不聽，則人情也就無由送達。這樣一來，不聽話就豈止只是不思回報，簡直就是

「不領情」！豈止不領情，簡直又是「好心當了驢肝肺」！有此三重的背謬——不領情，不回報，不承認其價值，怎不讓人傷心之至？怎不讓人生氣、憋氣、痛徹心脾？顯然，但凡是人情，就要回報，不論是「做」出來的表情，還是發自內心的衷情，都如此。而「聽話」，則是其前提。

於是，由人情維繫的人際關係，就成了一種人身依附關係。

人情關係怎麼會是依附關係呢？從表面上看，在人情關係中，一方施送，另一方領受並回報，倒像是做買賣。事實上現實生活中也不乏用人情來包裝交易的。但是，用人情來包裝交易，恰恰證明人情不是買賣。買賣關係是最平等的。一方願買，一方願賣，價錢講好，即可成交，誰也不欠誰的。人情關係就不同了。上回你幫了我的忙，這回我又幫你的忙，看起來好像已經兩清，然而人情卻還在（否則就叫「人一走，茶就涼」，是不通人情的）。於是，下回我找你，你還得幫忙。這樣送來送去，還來還去，就永遠還不清。既然還不清，兩個人就只好互相依附了，因為他們永遠都欠著對方。

更何況，情本之於愛。「愛」這個字，一顆心夾在當中，既表示凡愛都要出自內心，也未嘗沒有把對方納入內心之意，也叫「關心」。即把對方摟在懷裡，關在心中，因此又叫「關懷」。關懷顯然不平等。比如，我們只能說父母關懷子女，領導關懷群眾，組織關懷個人，不能倒過來說。道理很簡單：只有父母把子女摟在懷裡，哪有子女把父母摟在懷裡的？當然，關心一下還是可以的（比如說「關心國家大事」）。但這種關心，不過是關切、牽掛、惦記、眷戀的意思。為什麼要關切、牽掛、惦記、眷戀呢？因為自己的心已經被「關」在對方的「懷」裡了。如果不關心一下，心裡就會沒有著落。

可見，真正的人情關係是必須「交心」的。愛的一方固然要「將心比心」，被愛的一方也要「以心換心」，這樣才能「心心相印」，彼此也才「放心」。放心當然不錯，問題是放在哪裡？當然只能放在關懷者的懷裡。既然「心非我有」，自然「身不由己」。於是關懷者的愛護便很可能變成干預。比如高考時為子女代填志願，婚戀時為子女代找對象等。有時這種「愛護」甚至會演變成父母對子女的人身限制和人身侵犯，比如打罵等。而且，還要說「打是親，罵是愛，不打不罵不自在」；「筷子頭下出浪子，棍子頭下出孝子」；「三天不打，上房揭瓦」等等。這些話說起來都十分理直氣壯。因為「打在兒身上，疼在娘心上」，父母付出的代價更大，更何況原本是為了子女「好」。

既然身與心都交出去被「關懷」了，則聽話也就當然是題中應有之意。因為倘不聽話，關懷也就無由實施。再說，心都交了，話又有什麼不可聽的？自然「不在話下」。當然，什麼獨立人格，什麼自由意志，也就都談不上了。

看來，人情這玩意，雖然是個好東西，麻煩卻也不小。沒有固然不行，太多也難對付。就拿聽話這事來說吧，不聽得不到關懷，太聽卻又會失去自由。那麼，有沒有辦法既能得到關懷又多少能有點自由，既不缺少人情又不為人情所羈絆呢？辦法也許是有的，只不過，你可就得世故點了。

三 做人問題

世故與做人

世故原指「世間一切事故」，所以也可以叫「世面」。但「面」有新有舊，「故」則都是先例和成規，也就是經驗和教訓。一個人，世面見得多了，肚子裡的故事、成規、教訓相應地多起來，也就「深於世故」。

世故是用來做人的。

做人是頭等大事，沒有誰可以不做人。然而做人又是何其難也！比方說，一個人，在單位上，是應該表現好一些呢，還是應該差一些呢？便很難。表現不好要被批評，太好又遭嫉妒，不好不壞，甘居中游，則又可能被視為平庸。又比如，你對某人某事某問題有看法，開會或別人來徵求意見時，是說還是不說呢？說，是「鋒芒太露」；不說，是「城府太深」；私下裡說是「兩面三刀」；公開地說是「目中無人」。再比如，有人託了人情來求你，要辦一件極難的事，是答應好呢，還是不答應好呢？不答應是「不給面子」，答應了辦不成是「騙人」，實情相告是「推託」，含糊其詞又會被視為「滑頭」。諸如此類，不勝枚舉。由是之故，中國人常常會感歎：「做人真難！」

做人難，就難在這「人」原不是自己要做，也不是為自己做，而是為別人做的。這就很不好辦。如果是自己要做人，或者是為自己做人，事情就比較簡單。做什麼樣的人，以及怎麼做，都由自己決定。做好做壞，也都是自己的事，別人管不著。為別人做人，就麻煩了。做什麼，得看別人的意思；怎麼做，得看別人的臉色；做得好不好，也歸別人說了算。責任是自己的，批評權卻在別人手裡。這就很可能花了錢，出了力，還不討好。一不小心，便「香也燒了，菩薩也得罪了」；或者是「討好了土地，得罪了灶神」。

比方說，一個做媳婦的，是該早早起床伺候公婆呢？還是該多和丈夫溫存一會兒呢？便很難掌握。結果，起早了得罪丈夫，起晚了又得罪公婆。又比如，婆媳關係緊張（這在中國是常有的事），做兒子和做丈夫的，夾在中間就很難做人。弄不好，便成了「風箱裡的老鼠——兩頭受氣」，或者「豬八戒照鏡子——裡外不是人」。

為別人做人已是很難，何況這「人」還要做出來給別人看！在中國，一個人會不會做人，做得好不好，甚至是不是人，都取決於別人的看法。別人看著好，就好；看著不好，就不好。然而，要想所有的人都說好，又是何其難也！「一娘生九子，九子十條心」，每個人的立場、觀點、方法、標準都不一樣，哪裡統一得起來？「蘿蔔白菜，各有所愛」，又怎麼會人人叫好？更何況，「橫看成嶺側成峰，遠近高低各不同」，即便同一個人，站在不同的角度，也會有不同的看法。看法不同倒也罷了，問題在於他們還要說出來，而且大家都認為有資格有義務說出來。更糟糕的是，這些看法我們還不能不聽。道理也很簡單：我們做人，既然是為別人而做，是做給別人看的，當然也就得由著別人品頭論足，說三道四。這就好比演戲，既然是演給觀眾看的，觀眾當然也就有資格叫好或者喝倒彩。

但做人又畢竟不是演戲。戲有很多而人只有一個。演戲，可以根據觀眾的好惡來安排節目。觀眾愛看什麼，就演什麼。做人就不行了，必須始終如一。如果「見人說人話，見鬼說鬼話」，見風使舵，兩面三刀，那就「不是人」。再說，演戲和看戲都是自由的。你可以看我的戲，也可以看別人的；我可以演給你看，也可以演給別人看。實在演不下去，還可以不演。做人就沒有那麼自由。你不能挑選「觀眾」，也不能選擇「劇場」，更不能「罷演」，除非自殺。但即便自殺，也不管用，因為那只會招來更多的猜測和議論，結果便是做鬼也不安寧。

因此做人極難，而且難免「假」。比方說，面對面時「做人」，背靠背時「搞鬼」；有人看時「規矩」，沒人看時「胡來」。這也不奇怪。做人不為自己，能不假嗎？做人要別人看，能不難嗎？又假又難，還做得好嗎？

也就只好世故一點。比如魯迅先生就說過：「與名流學者談，對於他之所講，當裝作偶有不懂之處。太不懂被看輕，太懂了被厭惡。偶有不懂之處，彼此最為合宜。」（《而已集．小雜感》）

道理也很簡單：完全不懂，顯得自己無知、幼稚，甚至弱智，是丟面子的；句句都懂，則顯得對方不過如此，並無高深之處，不像名流學者，便會讓對方丟面子。因此，最好是「偶有不懂之處」，這才對方既高深，自己也不弱智，大家都有面子，當然「彼此最為合宜」。同理，與學問不多而職位較高者談話，也最好讓他「偶有不懂之處」。他如果完全都懂了，便顯得你自己水準不高，會讓他看不起，是丟面子的。甚至，還會讓他疑心你來講這種常識性的問題，是不是存心要小看他，不把他放在眼裡。反之，如果他完全不懂，又會疑心你故意賣弄，要把他比下去，讓他丟臉。可見完全不懂和完全都懂是不行的，非半懂不懂不可。又可見中國人之所以要有世故，實在是因為做人太難。

像話不像話

然而，中國人一方面抱怨做人太難，另方面卻又有意無意地給做人增加困難，比如隨便說人「太不像話」就是。

說起來，「太不像話」，也是中國人的一大發明。

從邏輯上講，「太不像話」這種說法是全然不通的。話，是一種語言，怎麼能去「像」？也許，它原本不過只是「像人們話中所說的那樣」之省略。但這也是不通的。因為「不像話」者之言行，發生在斥其不像話之前。你事先並未「話」過，讓人家怎麼去「像」？或云此「話」乃公認之道德標準，這也同樣有問題，因為世間並無一成不變的什麼「公認道德標準」。比方說，一對小夫妻，恩恩愛愛，卿卿我我，同出同進，體貼溫柔，像不像話呢？在觀念比較傳統的人看來，也許就不像話；而在接受了現代文明的人看來，打老婆，當爺們，視妻子如奴僕的做派，才叫「太不像話」。總之，像話不像話，全看別人如何說話，哪有什麼客觀標準可言！

正因為從來也沒有一個客觀標準，因此這一譴責便可以廣泛地運用於一切領域：武裝干涉別國是「太不像話」，在車上搶了別人的座位也是「太不像話」；領導幹部以權謀私是「太不像話」，初中生談戀愛也是「太不像話」。可見，何謂「像話」，何謂「不像話」，何謂一般的「不像話」，何謂嚴重的「不像話」（太不像話），既無標準，也難量化。

顯然，所謂「太不像話」，只不過是表達了一種憤怒和鄙視的情感態度，是屬於人情範疇的東西。它加之於人，既非法律懲處，亦非道德譴責，在分量上，也遠較缺德、卑鄙、下流、無恥、喪盡天良等為輕。但唯其輕，便可濫施於人。反正隨便說人「太不像話」，不必負法律責任，也不會對簿公堂，頂多被回贈一句「你才太不像話」。

這下好了！有了這個武器，中國人就可以自由而得心應手地，對一切自己認為「看不慣」、「看不順眼」、「看不下去」的人和事，表示憤慨和鄙視。事實上，當人們怒斥某某人「太不像話」時，往往也是他們實在看不下去的時候。比如男歡女愛的事，背著人怎麼都行。如果在公開場合摟摟抱抱，親嘴接吻，便會被視為無恥，遭人白眼，甚至干預。其實，他兩人自在那裡快活，干他人何事？說穿了，不可容忍者，並不在於他們的行為（背著人就可以放肆），而在於他們的態度——「居然不怕別人議論」，豈非「根本不把別人放在眼裡」？這才弄得人人憤慨。想想看吧，自己不知羞恥，已是「很不像話」；如果再不在乎別人的議論，不把別人放在眼裡，豈非「太不像話」？

可見，像話不像話，全在別人順不順眼。順眼就像話，不順眼就不像話，不太順眼就不太像話，很不順眼就很不像話。反正像話不像話，都歸別人說了算，自己說了是不算的。

做人為什麼要別人看著順眼呢？因為這「人」原本是做出來給別人看的。這就好比在舞臺上，自然應該字正腔圓。如果把臺詞念得顛三倒四、結結巴巴，當然不像話。顯然，像話不像話的「話」，也就是「臺詞」。臺詞怎樣才念得好？關鍵是要有「觀眾意識」。換句話說，也就是要「注意影響」。中國人從小就被施以注意影響的教育，懂得諸如不要授人口實、留為話柄、招來物議等人言可畏的道理，從而夾起尾巴，小心謹慎地做人。否則，自己辛辛苦苦地「做」了出來，別人卻看著不順眼（「影」不好），說著不中聽（「響」不好），豈不是虧本生意？於是，便只好出門看天色，進門看臉色，走路看影子，說話聽回音，規行矩步，瞻前顧後。至於什麼開拓啦、創造啦，對不起，那可「顧」不上了！

然而「注意影響」也不容易，因為中國的「觀眾」並不好打發。比如中國人是不喜歡張狂的，因此做人就得收斂一點。不過他們也不怎麼喜歡窩囊，因此又不能一點「尾巴」都沒有。最好是深藏不露，若有若無，「尋常看不見，偶爾露崢嶸」。而且，藏的時候看不出來是在夾著，露的時候又不知是怎麼出的手。這是做人的訣竅，也是世故。

其實，就連「世故」這玩意，也是件麻煩事兒。不懂不行，太懂也不行。完全不通世故，就不會做人，讓人討厭；太懂世故，又深於城府，讓人害怕。大概也是「偶有不懂之處」為好。難怪魯迅先生要說：「說一個人『不通世故』固然不是好話，但說他『深於世故』也不是好話。」（《南腔北調集・世故三昧》）這就如同臉皮，沒有是無恥，太厚也無恥，厚了薄了多了少了都不行。中國人做人之難，在這裡又可見出。

世故與人情

的確，中國人的世故，正如他們的有時不得不說假話，也至少有一半是逼出來的。

就拿「做人情」來說，便很讓人為難。不做固然不行，但好心也未必都有好報。比如做媒。中國人是熱衷於做媒的。如果能幫一個嫁不出去的老姑娘找到如意郎君，或幫年過三十的老光棍娶上媳婦，當然是天大的人情，人家說不定會感激一輩子。但這種沒有愛情基礎的婚姻，其前途完全是未知數。如果婚後女方覺得嫁非其人，男方覺得娶不如意，則感激就會變成悔恨乃至怨恨，甚至連帶他們的家人和親屬，也會把婚姻的失敗，完全歸咎於媒人，抱怨都是媒人「幹的好事」。嚴重一點的，還會找媒人算帳，弄得朋友之間反目成仇。媒人辛辛苦苦卻落了個渾身不是，豈非太不合算？

同樣，沒有人情不行，人情太多也麻煩，因為算不清帳。比如甲欠乙的情，後來找到一個機會還了。在甲看來已然兩清，而乙則很可能認為並不等值，自己付出的多得到的少，心理不平衡。甚或會認為甲這樣做，是耍滑頭。也可能乙認為已然兩清，而甲則認為自己欠得少還得多，應視為新的人情，並對乙的不肯認帳不滿。這樣，雙方就可能結怨，甚至可能由積怨而致結仇。不但人情白做，弄不好連朋友也丟了。

原因就在於人情不但有情感意義，也有功利性質。這就讓人為難。因為如是純情感的，就不必斤斤計較；如是純商品的，就不妨明碼實價。現在，一方面要講功利，另方面又要顧面子，結果當然是表面上強顏假笑，心裡面沒完沒了地嘀咕。即便承認人情是商品，其價值也無法估算。既不能公開標價，也不能明確議價，當然也不能簽訂合同，按質交貨，照價付款。人情關係既然被視為非商業行為，則人情的償還，就必須有機會，否則「交情」變成了「交易」，大家臉上就不好看。但是，等機會即等於無限期。何況，機會有大有小，人情有多有少，是否等值，只有天知道。這樣，託了人情是否能打通關節，送了人情是否能得到回報，還了人情對方是否認帳，一律心中無數，完全沒有底。在甲可能覺得「已盡人事」，在乙則可能認為對方「背信棄義」；在丙可能不過是在「等待機會」，在丁則可能認為對方「不通世故」。大家扯不清，雙方都有氣，則好事也就變成了壞事。

這就不能不讓人變得世故起來。

第一，必須懂得如何讓別人欠下人情。比如，關心他人，體貼他人，照顧他人，在他人有困難時伸出救援之手，或利用工作職務之便「與人方便」等。這些一般人也都能做到。深於世故者的不同之處在於：其一，善於察言觀色，又消息靈通，在他人尚未開口或不便開口時主動上門服務，甚至已然把事辦好，讓他「受寵若驚」、「喜出望外」、「佩服得五體投地」；其二，不動聲色，舉重若輕，事前不張揚，事後不誇功，甚至不認帳，當然也絕口不提回報的事；其三，不計利害，甚至無妨讓自己吃一點不大不小的虧（以擬送之人情的大小為比例而以不損害自己的根本利益為限度），擔一點有驚無險的「風險」。這三條，都能感動對方的真情，產生一種「怎樣也報答不了」的心理。本錢雖未必多，紅利卻相當可觀。

第二，必須懂得如何不欠人情。人情是必須回報的，但何時回報，如何回報，應該回報多少，卻從來就沒有一定之規。如果欠得小還得大，豈不吃虧？如果欠久難還，成為負擔，豈不糟糕？所以不到萬不得已，不要輕易受惠於人，欠下「情債」，甚至無妨吃一點虧。不過，虧要吃在明處，不能吃暗虧，至少要讓對方心中有數。

第三，必須懂得如何「做人情」。這也包括三點：一是「看準對象」。凡對方要求迫切，明確表示將有回報，且有能力回報，或特別「重情義，懂規矩」的，可以一做；如對方人情資源豐富，關係網絡龐大，社會背景非同一般，則即便一時沒有回報，也可考慮預為感情投資，只當是買股票；如對方雖無回報可能，但來頭大，得罪不起，也只好敷衍敷衍。總之，人情不可濫做。二是「做足文章」。做人情不同於商業投資，有幾份股就分幾份紅。如果人情做小了，對方不當回事，則你的人情就白做了。只有把人情做足，讓對方一輩子也忘不了，才不是虧本的買賣。即便是順水人情，也不可做得太順手，以免對方小看了自己，或來得容易去得快，不當回事。當然，這種技巧只能用於對方不知底細的時候，否則看穿把戲，還不如大大方方地把人情送出去。三是「輕易不用」。你十分賣力地做了人情，對方舉手之勞就還了回來，這就是虧本。而且人情用過一回，下回就不可再用。再用還要再投資。所以，「投資」之後，不要輕用，用一回就要用足。一方面文章做足，另方面人情用足，才是做人情的高手。

這也實在太可怕了。人心險惡如此，算計如此，世間還有真情在麼？答曰：真情是有的，世故也是有的。說出這世故，正是要保住那真情。所以說真話者必不世故，而真正深於世故者，也斷然不會把這些底細公之於眾的。

四　良心、義氣、人情味

勢利與良心

其實，比世故更可怕的還有勢利。

勢利與世故是不同的。表面上看，它們都是以一己之私利，為考慮問題、為人處事的出發點。但是，世故者在謀私的同時，尚能顧及他人，或顧全大局，勢利者則只有自己沒有他人；世故者尊重人情法則，只不過利用人情法則為己牟利，或在不違背人情法則的前提下打小算盤，勢利者則從根本上違背人情法則，並對此法則起到一種破壞作用；世故者往往特別顧面子，無論如何謀私，面子上總過得去，勢利者則完全不要臉面，赤裸裸地表現出對權勢的巴結和對財利的追逐；世故者為了更長遠的利益可以犧牲眼前小利，甚至有意吃虧，勢利者則鼠目寸光，見利忘義，在人格上也更為卑下。所以，中國人對世故和勢利，也就有不同的情感態度。對於世故，是一方面批判，另方面卻有意無意地加以提倡或暗中學習；對於勢利，則只有批判，而且表現出極大的蔑視。

勢利不但可鄙，而且有害。試想，一個人，得勢時門庭若市，車水馬龍，眾人趨之若鶩，一旦失勢，便樹倒猢猻散，甚至牆倒眾人推，豈不可怕？又試想，群體興旺時，大家都來吃它用它依附它，一旦面臨危難，便作鳥獸散，誰也不來保衛和維護，這個群體豈不在頃刻之間土崩瓦解？顯然，一種以群體意識為思想內核的文化，絕不會允許這種嚴重後果產生。

於是就有了「良心」和「義氣」。

所謂「良心」，從字面上看，就是良善之心。但在事實上，卻並非一切善心都是良心，也並非一切惡行都是沒良心。比方說，見他人悲哀而無動於衷，見他人遇難而不思救助，就只能叫作沒有同情心；損人利己，損公肥私，在公共場所胡作非為，就只能叫作沒有公德心；光天化日之下幹不要臉的事，或幹起壞事來公然置輿論於不顧，就只能叫作沒有羞恥心。這些都不能叫作「沒良心」。只有那些知恩不報、見利忘義、賣友求榮、吃裡扒外的行為，才被斥為沒良心。比如一個人，先前受過別人的資助，後來別人有了困難，明明自己有能力，卻不肯伸以援手，反倒裝聾作啞，作壁上觀，便是沒有良心。又比如，一個男子，在落難時得到一個女子的體貼和關懷，發達後卻另攀龍門，甚或停妻再娶，也是沒有良心的。可見，良心，是專門用於人情回報的一個道德範疇。

有良心就是有情義，就是美，也是好，合起來叫「美好」。沒良心就是無情義，就是醜，也是惡，合起來叫「醜惡」。美好的事物人見人愛，醜惡的東西人見人憎，這就從心理上確立了人情法則。一個人，如果不通人情，不講良心，那就是內心醜惡，不但他人憎惡（嗤之以鼻），自己也應羞愧（無地自容）。這就會造成一種心理壓力，使那些不講良心的人無法心安理得地活下去。

顯然，良心之於人，是一種「軟控制」，靠的是每個人是否安心。因此，一個人，無論多麼不講良心，也無論有多少人認為他「太不像話」，如果他自己並無於心不安之感，別人也無可奈何。有一次，宰予和孔子辯論守喪的事。孔子堅持「三年之喪」，宰予則認為只用一年。宰予說，父母死了，要守喪三年，為期也太久了吧？陳米已經吃完，新穀又已登場，打火用的燧木已經改了四次（古人鑽木取火，四季不同，一年一個輪迴），該可以了吧？孔子反問，父母去世，不到三年，你便吃那白米飯，穿那花綢衣，心裡安不安呢？宰予坦然地答道：「安！」孔子便氣哼哼地搶白說，你覺得安，你就去幹吧！一個君子，在居喪守孝的日子裡，吃著美味不覺可口，聽著音樂不覺快樂，住在家裡不覺得舒適安逸，所以才不這樣做。你既然心安理得，你就那樣幹好了！

宰予與孔子的這場辯論，現在看起來有點好笑。不就是一個只守一年，一個要守三年嗎？也值得爭？再說，宰予的話，也不是一點道理也沒有：「三年不為禮，禮必壞；三年不為樂，樂必崩。」然而孔子卻不肯讓價。因為一個小孩子，生下來三年以後，才能離開父母的懷抱。父母既然予我有「三年懷抱之愛」，則我們也應該有「三年守喪之回報」，否則便是沒良心。但是，這種回報，父母顯然並不能享受到它的真正好處，所以，歸根結柢，也仍然只是我們自己是否安心的問題。因此孔子聽了宰予的大放厥詞後，第一個問題便是問他「食夫稻，衣夫錦，於女（汝）安乎」，宰予竟然答曰「安」。孔子即便渾身氣都不打一處來，也只好發脾氣說「女（汝）安則為之」，一點辦法也沒有。聖人尚且無奈學生何，我們又能拿那些勢利小人怎麼樣？

良心與義氣

顯然，僅用良心，實不足以對抗勢利。更何況，勢利的存在，也未嘗沒有一定的合理性，這就是：趨利避害乃是人的本能。這可不是一句「沒有良心」便可以輕易打發的。如果說，利的誘惑尚能抵禦，那麼，害的威脅便幾乎難以抗拒。西元前二六五年，秦昭王為了替其相范雎報仇，誘拐軟禁了趙國孝成王的弟弟平原君，要他交出藏匿在自己家中的魏相魏齊（范雎的仇敵）。趙王聞訊，為了救自己的弟弟，發兵包圍平原君府，魏齊趁著夜色逃出，求救於趙相虞卿。虞卿又與魏齊一同自小路逃往大樑，希望通過魏國信陵君的關係逃往楚國。信陵君得到通報，因為畏懼秦國，「猶豫未肯見」，故意裝糊塗說，虞卿是什麼樣的人呀？信陵君的「上客」侯嬴在旁邊看不過去，便接嘴說，虞卿是什麼人？是個趿著草鞋，扛著雨傘，隨隨便便地前去遊說趙王，才見了三次，就拜相封侯，普天之下都爭相結識的人。那魏齊窮途末路，求救於虞卿，虞卿不敢看重高官厚祿，解除了相印，辭掉了封爵，連夜抄小路來到大樑，只為急他人之難而求救於公子，公子卻問他是個什麼樣的人！信陵君一聽便臉紅了，連忙駕車趕到郊外相迎。但魏齊早已聽說信陵君的留難，怒而自剄了；而虞卿遭此打擊，深感「世態炎涼，人情薄如紙」，從此鬱鬱寡歡，只好去發憤著書。

平心而論，信陵君絕非小人。八年以後，他為了救趙之危，竟擔了天大的干係，竊取兵符，刺殺晉鄙，奪魏王軍權以攻秦，這就是歷史上有名的「信陵君救趙」，曾一再被演繹成小說、戲劇和電影。信陵君這一義舉，是否受到「魏齊事件」的影響，我們不知道。但信陵君不是小人，則可以肯定。不但不是小人，而且是有名的君子。「齊有孟嘗，魏有信陵，趙有平原，楚有春申」，如此德高望重，尚且難免勢利，況芸芸眾生乎？

因此，要對抗勢利，除了要有良心外，還要有義氣。魏齊對於信陵君是否有恩？想來沒有。事實上侯嬴也並未譴責信陵君不講良心。其所以打動信陵君者，還是虞卿「急士之窮」的「大義」，一種不願看到一個國士竟走投無路的「不忍之心」。這種「不忍之心」當然是一種愛心，一種見人落難油然而生的「惻隱之心」，一種設身處地推己及人的「同情之心」，一種路見不平拔刀相助的「好義之心」。其實魏齊與范雎的恩怨，與虞卿和侯嬴都沒有什麼干係，他們純粹是「多管閒事」。而且，魏齊對於范雎，也確曾犯有不可饒恕的罪惡。當初，范雎地位低下的時候，曾隨同魏國中大夫須賈一起出使齊國。須賈為了推卸自己出使失敗的罪責，竟誣陷范雎「裡通外國」。作為國相的魏齊，只聽了須賈的一面之詞，便喝令手下把范雎往死裡打。范雎裝死，魏齊又令人將其扔進茅廁，讓喝醉酒的賓客往他身上撒尿，真乃「是可忍，孰不可忍」！所以范雎得勢之後，必欲置魏齊於死地，也是情有可原。問題在於，如果這時范雎還只是一個布衣，則無論他如何復仇，復仇的手段如何無所不用其極，都會被視為義舉。但這時范雎已為秦相，恃強秦而淩弱國，便未免有點仗勢欺人的味道了，因此才引起虞卿、侯嬴等人的義憤，非得要幫那其實也並不怎麼樣的魏齊不可。

由此可見，在有恩報恩，有仇報仇的一般回報原則之上，還有一個更高的原則——義。義與利是不相相容的。「君子喻於義，小人喻於利」，義氣是勢利的剋星。一個人做了壞事，如果既未受良心譴責，又不能良心發現，其他人就有理由制裁他，制裁的行為就叫「義舉」，而制裁的動機就叫「義氣」。這樣，一個人如果因勢利威脅利誘而不顧交情，那麼，他即便不怕良心的譴責，也要忌憚義氣的制裁。江湖中人之所以比別人更講義氣，就因為在充滿危險的江湖道上，利的誘惑和害的威脅都更大。久而久之，義氣便差不多變成了江湖上的專用名詞。

義氣無疑也本之於人情，所以又叫作情義。然而，無情者固然無義，有情者卻未必有義。有的人，平時不乏脈脈溫情，緊要關頭卻畏畏縮縮，便是有情無義。顯然，情是「感」而義是「氣」。氣有血氣，有習氣。血氣剛烈者勇，富於「勇氣」；習於仁義者正，富於「正氣」。加起來就成為「節操」，叫作「氣節」。有此氣節，於己，則忠信誠毅智仁剛勇；於人，則坦蕩磊落正大光明。既視死如歸，又疾惡如仇，當然也就能「路見不平一聲吼，該出手時就出手」，為維護正義和主持公道不惜大義滅親、捨生取義了。

這也是義氣與良心的不同之處。良心只管自己，義氣卻可以由己及人。這樣，它就能起到一種良心起不到的作用。一個人，如果只是不講良心，也許不過「心」無所安；如果居然不講義氣，那就可能「身」受其害。這可不是鬧著玩的。

人情味

良心和義氣是人情法則的哼哈二將。一個誅心，一個殺身；一個唱紅臉，一個唱白臉；一個陶冶於內，一個制約於外。如此，則人情法則的貫徹，也就暢通無阻。

不過這哼哈二將，也只是對付非常之人和非常之事的非常之物。在平常的人際交往中，是用不著開口良心閉口義氣的。一個人，有事沒事的，又沒誰招他惹他虧他欠他，也動不動就良心義氣，就沒意思了。

有意思的是「人情味」。

中國人的社會生活極富人情味。「你耕田來我織布，我挑水來你澆園。」彌勒笑口迎賓，觀音托瓶送子，山川自相映發，禽魚自來親人。就連看病，也極富人情味：兩指搭脈，望聞問切，文火慢熬，藥香四溢。中國人，簡直就生活在一個充滿人情味的世界裡。事實上，在中國，人情味比許多東西都重要。一個人，可以沒有錢，沒有權，沒有知識，沒有文化，但不能「一點人情味都沒有」。一點人情味都沒有，那就不是人了。

人情為什麼會有味道呢？因為人情是美好的。中國人認為，人的心靈之所以美，全在「有情」。情字從心從青。「青」表聲，也表意。「青」的本義，是「春季植物葉子的綠色」，是生命的象徵。對於我們這樣一個熱愛生命，且以農業生產為主的民族來說，青也就是最美麗的顏色，如天空之美者曰青天，季節之美者曰青陽，年華之美者曰青春，婦人之美者曰青娥，頭髮之美者曰青絲，合金之美者曰青銅，目光之美者曰青眼，樓宇之美者曰青樓。用之於造字，則心之美者曰「情」，言之美者曰「請」，人之美者曰「倩」，目之美者曰「晴」。情既為「心之美者」，則有情者必心靈美，心靈美者必有情。

美的也就是有味道的。在中國，但凡說有味，便是讚美之詞。比如說一盤菜有味道，就是說它好吃；說一本書有味道，就是說它好看；說一個女孩子有味道，就是說她可愛。人情味既然是人情的味道，或因人情而生的味道，當然更是「美」。

所以中國人喜歡人情味。

人情味與人情有關，但不等於人情。我們可以說一個人欠了人情，或做了人情，卻不能說欠了或做了人情味。因為人情往往有實際的內容，比如幫人調了工作、分了房子、找了對象等，人情味卻只是一種態度，一種傾向，一種情調，並無什麼實際內容。這就正如一盤菜很好吃，但那味道卻什麼也不是。也就是說，人情味只是人情的調子和滋味，形式和感覺，或因人情而賦予某人、某事、某物的形式感。形式感雖無實際內容，卻也不能沒有。沒有它，生活就會枯燥平淡，活著就會了無趣味，文章就會味同嚼蠟，人們就會「沒有意思」。中國人是很看重「意思」的。比方說，一個人，大老遠地來看你，你就是再忙、再累、再不耐煩，也得意思意思。回到原先生活工作過的地方，比如家鄉、舊宅、原單位，見到親朋故舊、鄉里鄉親、街坊鄰居，自然也得意思意思。這是人情，也是人情味。不這樣做，就是不通人情。

不通人情是不行的，有沒有人情味也大不一樣。因此，一個人如果有了困難或有了麻煩，要找領導說情或求情，便往往會在下班後找到家裡去，就因家裡比辦公室更有人情味。同理，單位上的同事儘管天天見面，逢年過節仍要組織諸如聯歡、郊遊、聚餐一類的活動，也並非當真就是要吃、要喝、要玩，而主要是增加單位的人情味。所以這類活動，不論個人願意與否，一般都應積極參加為宜，否則便會被視為孤僻、孤寒、不合群，或者沒有人情味。人情味和人情是俱為一體的。沒有人情味，即等於沒有人情。

不過，一個群體，卻又不能只靠人情來維繫。情深藏在心，看不見，摸不著，無從確認，不可測量，或因人異，或因時遷，或以物喜，或以己悲，容易衝動，難以把握。一個民族，一個國家，如果僅僅只靠這「感情」來「用事」，畢竟風險甚多，不大靠得住。

這就要再想辦法。就像光有良心還不行，還得講義氣一樣，光靠溫情脈脈也不夠，還得有一個「硬體」，一個更具有現實性、強制性、結合力和制約力的機制，來做進一步的規範和制約，才能保證群體堅如磐石，不至於變成一盤散沙。

這種機制就是「單位」。

Chapter 5

單位

一 單位之謎

所謂「單位」

對於中國人來說，單位是極其重要的，至少曾經重要過。改革開放以前，兩個中國人見了面，如果是熟人，便問「吃了沒有」；如果是生人，又沒有經過介紹，便多半要問「你是哪個單位的」。在大街上騎車闖了禍，或者到機關衙門裡去辦事，員警和門衛都會問這句話。如果是女兒帶了男朋友到家裡來，那做母親的，便幾乎一定要問這句話。

單位，差不多可以說是中國人生存的依據。

單位首先是「飯碗」。一個人，如果在政府部門工作，便是「吃皇糧」；如果在國營企業裡工作，便有「鐵飯碗」；如果在三資企業工作，則有「金飯碗」；如果在不太景氣的單位工作，也許捧的只是「瓷飯碗」、「泥飯碗」，但也好歹有口飯吃；如果還在上學，則無妨視學校為「準飯碗」，事實上許多人的考大學、選專業，也都是考單位、選飯碗。總之，有了單位，就意味著有一份工作和一筆收入，可以養家口，毋庸顧慮沒有飯吃。

單位又是「面子」。在大單位工作的人，面子也大，架子也大，小單位的人見了他就不敢擺譜。當然，沒有單位，也就沒有面子。豈但沒有面子，恐怕還會被視為可疑分子和危險分子。在許多單位的門口，都豎著「閒雜人等嚴禁入內」的牌子，對無業遊民是嚴加防範的。所以，當個體戶剛剛出現，還沒有成為「款爺」的時候，他們是吃不開的。他們自己心裡也忐忑不安，老想著給自己找個單位，比如掛靠在某個國家或集體的單位，或把自家的小店堂而皇之地稱作「公司」，這樣才有面子。總之，單位代表著一個人的價值。兩個人相互認識時，之所以要詢問對方的單位，也是為了探知對方的身分和地位，以便掌握自己態度的分寸。而那些在大單位工作的人，也一定會把自己的單位，赫然地印在名片上。

單位還是「人情」。兩個人的單位，如果是有關係的，那麼這兩個人無論是否認識，也都有了「情面」。如果他們的單位是「上下級關係」、「兄弟單位」、「相鄰單位」或「客戶單位」，則關係又更進一步。這時，如果一方向另一方提出什麼要求，只要辦得到，不太麻煩和困難，那麼，「不看僧面看佛面」，看在雙方單位的面子上，也得「做做人情」。或者雙方單位並無關係，但對方的單位上有自己的熟人，也可以拉關係，套交情，甚至走後門。由於我們下面將要講到的原因，個人與單位是融為一體的，所以兩個單位之間如果想建立聯繫，也可以通過對方單位中熟人的關係，去託人情、套近乎。

更重要的是，單位不僅是飯碗，是面子，是人情，而且還可以說是「父母」，是「家庭」，甚至是「搖籃」，是「襁褓」。改革開放以前，國內一個中等規模的單位都會有諸如分配工作、安排學習、保證生活、組織娛樂、操辦婚喪、照顧子女、保存檔案甚至批准生育等功能，而且人無分男女，事無分巨細，都由單位負責。比方說，夫妻吵架，是可以鬧到單位上去的；鄰里糾紛，也是要由單位來調解的；被派出所扣留的肇事者，只有單位出面才能「領回」；當然，受上級表彰的獲獎者，也應由單位派車或出資送他去領獎。總之，一個人的衣食住行、生老病死，甚至喜怒哀樂，單位都「承包」了，正可謂「無微不至的關懷」。如果你沒有過多的要求和奢望，比方說，不想有過多的自由和主見，那麼，在這樣的單位裡，應該說會感到母親懷抱般的溫暖，不用操太多的心，便「飯來張口，衣來伸手」。

所以，一個普通的中國人，如果找到了一個好單位，那就簡直會終身受益無窮。難怪那些做母親的要關心女兒男朋友的單位。因為這意味著女兒的終身是否確有依託。事實上，單位的關懷，一般都惠及配偶的。比方說，許多單位都規定，本單位人員去世後，單位負責其安葬；如果自己沒有單位，則配偶所在單位也會負責其喪葬。這真是「生有所安，死有所葬」，豈非「終身」有靠？

單位與個人

這就難免讓人產生一種與之融為一體的感覺和情感。

幾乎每個中國人都是維護本單位的。尤其當他在外面，和外單位的人在一起時，總是會自覺和不自覺地站在本單位的立場上，替本單位說話，為本單位爭名爭利，爭面子爭實惠。如果外單位的人居然攻擊本單位，指責本單位，即便對方說得有理，自己在這個問題上原本也有意見，這時心中也會大起反感，覺得對方是在有意攻擊自己，貶低自己，小看自己。這時即便為了自己的面子，也要奮起反抗，據理力爭，和對方吵個面紅耳赤。因為個人與單位既已融為一體，當然也就共有同一張臉。所以，兩個中國人在一起說話，要想不傷害對方的面子，最好連對方的單位也不要妄加指責。同樣，當著外單位人的面，也不能公開說本單位的不是。這樣不但會引起同事的反感或義憤，連外單位的人也會莫名驚詫，除非對方是關係極深的「自己人」，又沒有「別人」在場，才可以訴說。只有一種情況例外，那就是到兄弟單位參觀、學習、開會時，說自己單位各方面都不如對方單位，甚至「差得遠」。因為本單位的同行者都知道，這是為了給對方面子而說的客套話，當不得真。不過，即便是這種客套話，一般也只能由帶隊的領導說，而且要說得空洞，不能有太多的具體內容。當然，為了表示虛心學習的誠懇，也不能一點具體內容也沒有。所以，這種話只能由帶隊的領導說。如果由一行中地位最低的小青年來說，不但掌握不住分寸，還會有吃裡扒外之嫌，而且對方也不會領情。

至於回到本單位，則又是另一副面孔。因為這是在自己「家」裡，說話可以放肆，行為也可以隨便。不但可以心安理得地享受本單位的一切福利待遇和種種好處，而且可以理直氣壯地要工資，要獎金，要級別，要職稱，要住房，要……倘若不如意，便要鬧情緒、提意見，比如稱病不來上班，「磨洋工」，既不辭職也不工作地「占著茅坑不拉屎」，故意在吃飯時找到領導家裡去讓他不得安寧，給上級寫信或在上級檢查工作時去告狀，讓本單位領導難堪等。鬧情緒的理由多半是「都是一個單位的，為什麼他們可以（比如晉級、升工資、分房）而我就不可以」，提意見的依據則多半是「看看人家單位是怎樣做的」，「為什麼人家可以我們就不可以」。

這時，單位又成了隨時可以祭起即用的法寶。遇到這種情況，單位的領導往往自己就首先覺得理虧，於是極盡安撫勸慰之能事，就像父母拿糖去哄不聽話、鬧彆扭、耍孩子脾氣的子女。如果領導沒有這樣做，而是公然搬出規章制度來彈壓，單位上其他人就會抱不平，認為該領導沒有人情味。當然，如果不多少給一點實惠，只是「拿好話甜和人」，則又可能被視為滑頭。高明的辦法是設法調劑和彌補。比如張三李四年資能力貢獻大體相當，張三升了級，李四沒有，便可以安排一次公費出國等等。

上述種種，之所以雖然在邏輯上並無多少道理，卻又被人公認為理所當然，就因為無論領導抑或群眾，都在潛意識上把單位和個人融為一體。既然融為一體，當然也就「一損俱損，一榮俱榮」了。事實上，許多單位，如工廠、學校，都會張貼懸掛這樣的標語口號：「團結起來，振興我廠（校）。廠（校）榮我榮，廠（校）恥我恥。」亦在有意無意地強化這種「一體意識」。

同理，既然俱為一體，則單位上有的「好處」，也就應該利益均霑，人人有份，才是有福同享。當然，如果單位上有了困難，大家也應有難同當。這時領導也可以理直氣壯地要求群眾暫時放棄和犧牲某些個人利益，共渡難關。在這個時候，率先主動提出放棄和犧牲個人利益的，就叫「識大體」。也就是說，個人是「個體」，集合起來是「集體」，團結起來是「團體」。集體和團體當然是「大體」。因小失大，便叫「不識大體」，何況大小之「體」，早已融為一體？更何況單位上平時關懷我們，照顧我們，這個人情又豈可不回報？

不難看出，中國文化的思想內核——群體意識，在單位上確實得到了充分的體現，而且發展到了一種無可挑剔的極致境界。

安身立命之所

實際上，單位的產生，正是「群體意識」所使然。

什麼是群體意識？就是認為人首先是「群體的存在物」。離開一定的群體，人就不能作為人而生存。因此，每個人，就都必須依附掛靠某一群體，以為「安身立命之所」。所謂「安身立命」，也就是生活有所依靠，精神有所依託。無此依靠依託，便如無本之木、無水之魚，身既懸於空中，心裡當然也沒有著落。要知道，中國人是不但生前要有依託，就連死後也要有所歸宿的。於是，有錢有勢如皇帝，便在生前大造其陵墓；無錢無勢如平民，則大造其棺材。在舊中國，稍有積蓄者，都要在生前打一副自己喜歡的棺材，堂而皇之地放在家中，既是安慰也是裝飾。孝子在父母生前為他們打一副棺材讓他們高興，病人臨終前望著棺材而心滿意足，似乎一生的勞累就只是為了這一歸宿。

怕死、講吉利的中國人，偏偏對棺材「情有獨鍾」，表面上看匪夷所思，細細一想卻大有道理。原因就在於中國人固然怕死，卻更怕死無葬身之地，成為孤魂野鬼。所以放一副棺材在家裡是極其榮耀的事，也是非常吉利的事。它不叫棺材，而叫壽木，每年都要油漆一次。油漆的次數越多，就越榮耀，越吉利。因為它不但意味著主人的長壽，也意味著他有能力把握生前，安排死後。相反，如果死後連棺材都沒有一口，則多半意味著生前也「身無所憑」。總之，無論生前死後，都要有所依靠，有所依託，有所安頓，否則便會導致強烈的失落感，「纍纍若喪家之狗」。狗尚且不能喪家，而況人乎？

就中國傳統社會而言，當每個個體都有著或找到了自己「安身立命之所」時，便是「天下大治」之日。反之，則是「天下大亂」。天下大亂的具體表現之一，就是民眾流離失所。「流」是「流失」，即個體脫離群體；「離」是「離散」，即群體趨於解體；「失所」當然就是人們失去安身之所了。大多數人流落他鄉，流浪於道路，成為流民乃至流寇，則天下焉能不亂？天下大亂自然人心浮動，或者說正因為人心浮動才天下大亂。浮則動，動則亂。可見亂因浮起，而浮也就是沒有著落，也叫「懸」或「懸浮」。所以，「平定天下」，也就是「解民於倒懸」，並「厝天下於衽席之上」，讓每個人都有口飯吃，有件衣穿，有個地方安身，各得其「所」。

古之所，即今之「單位」。

所，從戶從斤，也就是家。家當然是最可靠的。小孩子受了欺負，多半要回家告狀；成年人闖了禍，首先想到的也多半是逃回家去。家不但提供食物和用品，而且提供愛情和庇護。更何況，在小農經濟的情況下，家又是最基本的生產單位。這就在經濟來源和社會心理兩方面，保證了一個人的安身和立命。因此，在中國傳統社會裡，一般只有在迫不得已的情況下，人們才會離家出走而浪跡天涯。這時，他們也往往要尋求一個類似於家的群體以為寄託，如行會、幫會、門派、黨派。於是，當社會經濟生活發生翻天覆地的變化，生產資料的「國有制」取代了「家有制」，大多數城市居民都必須「離家出走」，到外面甚至外地去謀生時，他們也就自然而然地把自己「投靠」的單位看作一個家庭，而「出門靠朋友」也就順理成章地變成了「出門靠單位」。

事實上，單位也並不否認自己具有家的性質和功能。許多單位都有諸如「以廠為家」或「以校為家」這樣的口號。家裡是要有飯吃的，因此單位要管飯；家裡是要能睡覺的，因此單位要分房；家裡是要有衣服穿的，因此不少單位要發衣服。這些衣服雖然叫作工作服，其實並不一定只准工作的時候穿。當然，家庭也必須溫暖溫馨，因此單位要組織各種活動，比如春節團拜或假日旅遊，這才能使人產生在單位即是在家裡的感覺。

看來，單位之所以具有前面所述那些「包攬一切，關懷備至」的職能，與其說是一種管理的需要，毋寧說是一種心理的需要。

戀母情結

這種心理需要無妨稱為「戀母情結」。

中國人不論男女，都一律「戀母」的。因為母親的懷抱和胎腹是我們最早的「安身立命之所」。前面說過，「身」這個字，無論甲骨、金文、篆文，都是像一個人懷胎之形。它對於母親來說是「身孕」，對於胎兒來說是「安身」。胎兒出生後，又要在母親的懷抱裡哺育成長。甚至睡覺，也要在母親的懷裡才能安睡。那可真是「俱為一體」又「血肉相連」。

單位也一樣。當然，一個人新到一個單位，還不會一下子就有這種念頭，這正如一個嬰兒的形成，必得十月懷胎一樣。但久而久之，只要這個單位確有家庭般的溫暖，這種情感便油然而生，甚至調走之後，還會懷念。哪怕是因待遇不公憤而出走，在憤恨之餘，也仍會多少有些懷念。這時就會出現這樣的奇怪現象，憤而出走的人自己咒罵原單位即可，如果別人也來參加咒罵，則又可能「翻臉」。在這裡，不但有面子方面的原因，也未嘗沒有情感方面的原因。

中國人之所以特別依戀母親，還因為在中國的傳統社會裡，幼兒的哺育期特別長。現代醫學證明，嬰兒吸食母乳可獲天然的免疫力，但斷奶太晚則又會導致缺鈣。中國傳統的家庭教育和學校教育恰恰具有這兩方面的特色：一方面是極其注意「免疫力」的獲得，比如不要讀「壞」書，不要唱「壞」歌，不要看「壞」電影，不要沾染壞習慣，不要受精神汙染；另方面，卻又往往忽視「鈣」的補充，比如很少教育子女和學生獨立思考，獨立判斷，自己對自己的行為負責等，更遑論鼓勵他們接受一點「離經叛道」的觀點，或對有爭議的問題進行討論。這兩方面集中到一點，就是「乖」、「聽話」，或者說，「好」。在家要做「好孩子」，在學校要做「好學生」，到了單位要做「好同志」，其結果是造成一大批精神上心理上永不「斷奶」的「好人」。這種人好則好矣，可惜多少都有些「軟骨病」，不「靠」上什麼，自己就站不起來。我認識一位女研究生，是很典型的乖學生。朋友們熱心地幫她介紹了一位很出色的男研究生做對象，得到的回答卻是「回去問問導師再說」，弄得大家十分掃興。

正是這種精神上和心理上的永不「斷奶」，造成了人們嚴重的依賴感。比如大學裡的新生，往往要由父母送進學校，並代為報到。又比如一個人新到某地，便一定要有親朋好友或接待單位去接站，安排食宿，代購回程票。親朋好友或接待單位往往也習慣於這樣去做，否則便是不近人情。小事尚且如此，遑論終身大事？於是便有這樣的怪事：一個青年在選專業、找單位或搞對象時，竟會把一切事務都交給父母、親朋或單位上、組織上去操心代勞，自己則無動於衷地袖手旁觀。

這樣一種總是想「吃奶」又嚴重「缺鈣」的人，當然必須為自己尋找一個「可靠」的單位。事實上，單位也往往視事事處處都依靠自己的人為可靠對象。這看起來有些滑稽，卻又是事實。一般地說，任何單位對那些「聽領導話」的幹部職工總是優待有加，而對那些「不太聽話」、「愛提意見」、「愛出頭」、「鬧彆扭」的「刺兒頭」，則往往要將他們「入另冊」。這些人在單位上，也往往占不到什麼便宜。我們並不主張大家都應該和領導鬧彆扭，持不合作態度，更不主張員工應該違紀亂法，胡作非為。但同樣地，也不主張以「聽話」與否來分別親疏。遵紀守法和令行禁止是必須的，盲從和依賴則不應提倡。其實，不少人的不太聽話，只不過是希望自己獨立思考；愛提意見則往往因為有著「事事關心」的愛，否則何苦要來管「閒事」？相反，有些人雖然當面從來不提意見，但背地裡也未嘗不嘀咕，暗地裡「吃」起單位來，也毫不嘴軟，而一旦有難，卻又因平時早有只知聽話不會拿主意的印象，正可以躲到一邊去「涼快」，或「腳下擦油，溜之乎也」，這種人，才真正是靠不住。

不但個人有依賴感，而且單位也有依賴感。事實上，國內許多企事業單位，都因有國家和政府的扶持和資助，才「賴」以生存。一旦因改革的需要而宣布「斷奶」，便立即失去了生存的能力。甚至各級地方政府，如鄉、鎮、縣、地、市，對上級政府，如省、自治區、中央，也十分依賴，要錢，要物資，要人才，要援助。一到扶貧工作組下來調查，大家便一起爭相哭窮，因為大家都深知「會哭的孩子有奶吃」的道理。結果是誰叫得最凶，誰占的便宜就越多。扶貧款一到手，立馬花掉，然後下次再要。至於怎樣依靠自己的力量去改變貧困落後局面，則較少考慮。反正「母親」不能看著自己的兒女沒飯吃，何妨「今朝有奶今朝吃，明朝無奶再叫娘」？

二　公與平

所謂「公」

個人向單位伸手，地方向中央哭窮，之所以那麼理直氣壯，毫無愧疚不安之感，就因為在大多數人看來，孩子向媽要奶吃，是天經地義的事。「黨是我的媽，廠是我的家，沒有錢用向『媽』要，沒有東西到『家』裡拿（國有企業的許多資產就這樣流失）」，有什麼不對？豈但「並無不對」，而且「合情合理」。這「情」，就是前述「戀母情結」；這「理」，則是所謂「公平合理」。公平合理當然沒什麼錯，問題在於什麼是「公」，什麼是「平」，要合的又是什麼「理」。

先說「公」。

「公」有兩義，一是「公有」，二是「公平」。什麼是「公有」？在中國人看來，所謂「公有」，也就是大家共有。比如家有，就是家人共有。國有，則是國人共有。如果是幾個人合夥、入股、集資、湊份子，則歸這幾個人共有，也是「公」。反正，只要不是「私」（個人所有），就是

「公」，叫「背私為公」。

公有既為「大家共有」，自然「人人有份」。而且，越是「公」（即共有者越多），就越是「人人有份」。所以公路人人可走，公車人人能坐，公園人人該游，公費人人得花，公費吃喝當然人人該來。如果別人有份而自己沒有，便要大叫「不公」，可見「公」就是「人人有份」。至於建設公共設施，維護公共秩序，愛護公共衛生，保衛公共財產等，則又當別論。因為這不叫「人人有份」，而叫「人人有責」。「人人有份」是「公」字題中應有之義，無須啟發，人人皆知；「人人有責」則似乎大家都不知道，必須訴諸教育，時時提醒。所以街頭巷尾的標語，只會寫「愛護公物，人人有責」，絕不會寫「公費吃喝，人人有份」，然而號召力卻正相反。

既然「公」就是「人人有份」，那又何必區分公私？更無妨「化公為私」。比如用公家的車接送自己的親朋，用公家的電話談私事，用公家的稿紙寫私人信件，用公家的電腦玩電子遊戲等等，更遑論以權謀私或多吃多占了。問題不在於這些具體行為，而在於其「理論根據」：「咱們連人都是公家的，拿點東西算什麼？」也就是說：「我是公家的，公家的當然也就是我的。」這不是「公私不分」的必然邏輯嗎？我就曾親見一個逃票的乘客在車上理直氣壯地和乘務員大吵：「公共汽車嘛，要什麼票！」很顯然，在一些人看來，所謂「公共」的，就是「人人有份」的。人人有份，也就人人都可以去「吃」一口。唯其如此，阿Q才膽敢公然去摸小尼姑，而且摸得理直氣壯。因為在阿Q及其同志看來，僧尼既已「出家」，當然「無私」。無私即公，即共有，即人人有份。那麼，「和尚摸得，我摸不得？」

甚至就連國家政權也是「人人有份」的。當年，劉邦因蒯通勸說韓信謀反，要把蒯通下油鍋，蒯通便同樣理直氣壯地說，秦王朝既然丟了自己的「鹿兒」（政權），普天下的人都爭著去搶它，當然是誰的個子高腿子長跑得快，誰就得到它哪！也就是說，帝位這隻「鹿兒」，原本人人有份，那麼你劉邦「摸」得，難道韓信就「摸」不得？可見「人人有份」的思想，也是由來有自。「天下為公」麼！只是到了後來，「天下為家」了，一般人不敢再有非分之想，「人人有份」才變成了「人人有責」。

然而所謂「人人有責」其實往往是扯淡。比如「天下興亡，匹夫有責」就靠不住。你想，天下興亡那麼大個事，匹夫匹婦們如何負得了責？也不過是為某些人的假公濟私、盤剝百姓提供一個藉口罷了。比如藉口「國難當頭」而多徵稅款，或者藉口「建設鄉梓」而大刮地皮。事實上，歷史上的貪官汙吏在中飽私囊的時候，野心家、陰謀家在篡國奪權的時候，都無不打著「為公」、「為國」、「為天下」、「為人民」的旗號。這一方面固然是為了遮人耳目，另方面卻也未嘗沒有使自己更加理直氣壯的心理因素在內。似乎只要這樣一來，他們無論如何謀私，便都師出有名了。在這方面，林彪、江青一夥幹得要算最為「出色」。他們乾脆發動了一場曠日持久的「靈魂深處鬧革命」、「狠鬥私字一閃念」的「鬥私批修」運動，在最大限度地剝奪每個公民的財產權、思想權、隱私權等一切權利的同時，最大限度地滿足自己的私欲和權欲。比如康生，就曾經趁「文革」中「破四舊」之機，搜刮了一大批國寶級的文物；現如今的那些巨貪國蠹，則不知侵吞了多少國有資產和民脂民膏。這些事情，難道咱老百姓也有責？這些東西，難道咱老百姓也有份？

所以，誰要以為天下為公，他便當真事事都有份，那他就是犯傻。

所謂「平」

人人有份就是公，大家一樣則是平。

什麼是「平」？平就是均等、齊一，如「平起平坐」是地位相等，「平分秋色」是各得一半。一個群體，一個單位，怎樣才算齊一均等？當然是吃喝拉撒大家都一樣。

正如「人人有份」是「公」字的題中應有之義，「大家一樣」也是「平」字的天經地義之理。平，既表示狀態，如平靜、平安、平坦，也表示動作，如平定、平息、平抑。那麼，為什麼要用各種動作去「平」？還不是因為有的高，有的低，有的多，有的少——「不平」。這就要「鏟平」。一旦鏟而平之，張三不多拿，李四不多得，王五趙六也一樣，也就大家心理平衡，人人心中平靜，從此天下太平。

公則平。公，就是承認人人有份。既然人人有份，何來多少不一？更不用說有的有，有的沒有了。觀念和道理是要落在實處的。這個「實處」，就是分配，就是種種實惠。如果嘴巴上說人人有份，具體到分配時，又大家不一樣，誰相信你那個「公」字？可見，公（人人有份），是「平」的前提；平（大家一樣），則是「公」的體現。公不公（有沒有份），就看平不平（一樣不一樣）。

相反，不公則不平。因為「公」既然就是人人都可「吃」，那麼，如果別人「吃」了自己沒

「吃」，也就等於吃虧。所以，一旦待遇不相等，分配不相同，就會「不平」。不但當事人要「嗚不平」，旁觀者也要「抱不平」。道理也很簡單：既然是公有，是人人有份的，憑什麼你有我沒有，或者你有他沒有？既然大家都該有，為什麼有的少有的多？這就「不公」。可見，公，就是「公有」加「公平」，就是「人人有份，大家一樣」，就是「你有我有全都有」，而且所有的人都一樣多。這就是「理」，就是理所當然，天地良心。

當然，「平」也不僅指待遇和分配，還指貢獻和付出，比如「打平夥」，就是大家出錢出力一樣多。如果有人出錢出力時「偷奸耍滑」比大家少，分配享用時卻又要「平起平坐」和大家一樣多，同樣也會有人「憤憤不平」。最好是大家貢獻一樣多，分配也一樣多，既無分你我，亦無分公私，人人都有份，大家都一樣，才是天下大同的「太平盛世」。

單位便正是「太平夢」的現實化。

單位的特點是「一大二公」。大，是相對小而言的。什麼小？個人小。什麼大？集體大。在中國，個人是渺小的、微不足道和不成氣候的，群體則是偉大的、舉足輕重和戰無不勝的。想想看吧！人生，如千古之一瞬，怎麼長久得了？個人，如滄海之一粟，又如何大得起來？當然只有集合起來才能大。海之所以大，是因為它容納百川；河之所以大，是因為它不拒細流；國之所以大，則因為它統攝萬民。所以只有群體才是大，叫一大群；個體則是小，叫一小撮。當然，群體也有大有小。大可以大到全中國，小可以小到本單位，但單位再小，也是「群」，因此「大」。

個人是「小」也是「私」，集體是「大」也是「公」。可見大就是公，公就是大，大公則無私。何況通常所謂「單位」，基本上都是屬於國家的（私營企業則往往不好意思叫單位），比如國家政府機關或國家事業單位，那就更是「一大二公」了。

這就非想方設法做到「人人有份，大家一樣」不可。比方說，不斷擴大單位編制，把本來可以一個人承擔的工作分給幾個人做，也包括讓在崗職工提前退休，由其子女頂替；盡可能地縮小分配之間的差距，在取消供給制實行工資制而不得不定出工資級別的情況下，一方面儘量縮小級差，另方面則規定各類補貼和福利待遇相同或相近；在釐定級差時，儘量主要依據社會上約定俗成、心理上可以接受的標準，如年功和資歷，即工齡長、資格老的多拿一點，反之則少拿一點，而把能力、才幹、貢獻等「說不清」的所謂「軟指標」放在一邊，並儘量做到「公正」而不「偏私」。尤其是那些事關日常生活的福利待遇，不可以給誰不給誰，差別也不可以太大。事實上，即便等級分明的那些單位，也會有搞平均主義的時候，比如舞票、戲票、電影票每人一張，過年過節時每人都分一斤蘋果兩斤梨等等，和水泊梁山上「一樣的出力殺敵，一樣的大碗喝酒，大塊吃肉」差不多。

但水泊梁山的「大碗喝酒，大塊吃肉」，是以不斷地打家劫舍為資源的。咱們既然不能到外國去「打家劫舍」，那麼，在機會不多，資源有限的情況下，又該如何呢？

也就只好吃大鍋飯了。

大鍋飯

平心而論，大鍋飯也未必就不好。當真能做到「人人都有份，大家都一樣」，或者能敞開肚皮吃，不用爭不用搶也不怕鍋裡沒有，有什麼不好？至少是省去許多糾紛和麻煩。中國人是「不患寡而患不均」的。東西少點不怕，只要能做到「均平」，也就「太平」。

問題是你要做得到！除非把單位都變成水泊梁山。然而，即便水泊梁山，也並非真的都一樣。雖云「一樣的大碗喝酒，大塊吃肉，大秤分金銀」，但畢竟各人酒量食量並不相同，何況還有座次之別。更何況，「一樣」並不見得有多好，「不一樣」也不見得就多麼不好。因為「一樣」，可以是「一樣的」出錢出力，也可以是「一樣的」不出錢出力；可以是「一樣的」少得少拿，也可以是「一樣的」多吃多占。如果把是否「一樣」當作唯一準則或最高準則，那麼，兩種不同結果作為可能性，應該說同時並存，完全「一樣」。

這就必須引入其他機制來進行引導。在水泊梁山，靠的是哥們義氣；在單位，則靠思想工作。在思想政治工作抓得緊，社會風氣正，領導幹部能夠帶頭的情況下，結果就比較好，反之則可能會不可收拾。但是，思想教育雖然有用，卻並不萬能，因為物質的東西只能用物質來摧毀，現實的狀況只能用現實的力量來改變。所以，還必須有一系列具有現實性、可行性和多少帶有強制性的方法和手段來加以調節。這些經實踐證明是屢試不爽、行之有效的方法和手段，主要有以下幾種：

第一是「平攤」，主要用於需要出錢出力的時候。大至集資建機場、修公路、蓋廁所，小至單位上操辦婚禮和打掃衛生，都可以照此辦理。單位可以向個人攤派，上級也可以向單位攤派，還可以層層攤派。這是吃虧時的「大鍋飯」。雖然吃了虧，但因為是平攤，人人有份，大家一樣，所以即便心裡不高興，也沒有話說。

第二是「平衡」，主要用於可能發生「傾斜」的時候。「傾斜」就是「不平」，好比一架天平，一邊盤子裡東西多了，就要在另一邊加砝碼，才能平衡。比如某同志年事已高又不能勝任工作，必須讓他退下來，為了怕他心裡不平衡，就在退休之前先提一級，一提一退，正好「平衡」。又比如，甲同志晉升了職稱職務而乙同志沒有，便讓乙同志評優，多領些獎金，這樣，「堤外損失堤內補」，心裡也好過些。每個單位的領導，差不多都會這一手。這種辦法也可以用於對待單位。比如，分配各種權益配額時，大單位理應得得多，但是小單位也應適當照顧，多少給一點，否則便會太不平衡。甚至選代表，選理事，選董事，選委員，對於諸如少數民族、邊遠地區、婦女界、僑胞等等，也要有所照顧，至於他們是否真的「懂事」、「理事」，有參政議政能力，就不一定「顧」得上。總之，每當評獎、評優、評先進、評職稱時，就要分配名額，而且最後要由最高仲裁機構來「平衡」。

第三是「平列」，主要用於論功行賞的時候。為了平衡，往往將有關人員統統開列上去，「見面分一半」，利益均霑。實在平列不了，便輪流坐莊，今年我評優，明年輪到你，後年輪到他，最後仍是「平列」。也有獲獎者把獎金拿來平分的。如數額不多，請大家一起來「撮一頓」，也是辦法之一。因為貢獻是大家的，榮譽是集體的，豈能讓人「獨吞」？獨食難肥，還是大家一起「吃」下去為好。誰要不懂這個道理，那他在單位上就休想「做人」。

第四是「平抑」，主要用於有人硬要「出頭」的時候。「槍打出頭鳥」，「出頭的椽子先爛」，一般人是不敢出頭的。有了功勞，一定要歸功於集體，甚至在客觀上造成歸功於眾的「事實」。比如《水滸》第八十六回寫宋江大戰賀統軍，賀統軍明明是被鎮三山黃信一刀砍在馬頭上摔下馬來的，但因又有楊雄、石秀、宋萬趕到，「眾人只怕爭功，壞了義氣，就把賀統軍亂槍戳死」。可憐賀統軍，只因梁山好漢要平抑功勞，竟不得全屍。這種自我平抑的做法自然是很高明的。如果一個人不會做人，硬要風頭出足、好處占全，眾人便會來平抑他，比如扣上「驕傲自大」、「脫離群眾」、「有個人野心」之類的「帽子」，或者找個岔子趁機收拾他一下，讓他知道利害。諺云：「人怕出名豬怕肥。」道理就在這裡。豬太肥了，就會被宰；人太出名，就會挨整。所以越是出名，就越要謙虛謹慎，特別是待人接物時，要多給對方面子。因為你的面子大，人家心裡本來就不平衡，但如果你和他「平起平坐」，他等於毫不費力地便得了個同樣大小的面子，自然立即平衡起來。

總之，平攤、平衡、平列、平抑，著眼的都是「平」，即大家一樣。「你好我好大家好，誰也不要超過誰。」但是，按照辯證法，大家都好，其實也就是「大家都不好」；大家都要吃，其實也就是「大家都不吃」。某大學就曾發生過這樣的事：某系幾個人爭一個教授晉升指標，相持不下，最後是大家都不當，指標上交，從此天下太平。

鐵飯碗

顯然，這樣的一種「平」，是表面上的公平掩蓋著骨子裡的極度不公平。它連蒯通所謂「高材疾足者先得焉」的境界都達不到，還奢談什麼社會主義？飯是要養人的，大鍋飯養什麼人呢？恐怕只能造就平庸，培養飯桶。平就是「平凡」即「不優」，庸就是「庸常」即「不異」。不優不異又不少「吃」，非飯桶而何？

大鍋飯對國家民族也沒什麼好處。因為所謂平攤，實際上是不論差異；平衡，實際上是不講原則；平列，實際上是不識好歹；平抑，實際上是不准競爭。何況還有「平息」，是「不明是非」；還有「平調」，是「不看貢獻」。所謂「平調」，就是把貢獻大、出力多的地區、單位創造的財富調給貢獻小、出力少的地區、單位，讓大家在分配上一律「扯平」。這是不折不扣的「鞭打快牛」、「獎懶罰勤」。表面上一視同仁，實際上厚此薄彼，而且其所厚者，又是能力較低的弱者。從情理上講，這好比父母偏愛或更心疼子女中的「弱智兒童」，倒也情有可原，但絕對理無可恕。因為其結果，只能造成整個民族的弱化，讓人人都變成「等、靠、要」的「伸手派」，這是斷然不會有前途的。

所以，吃大鍋飯的單位，便變成了弱者的天堂，強者的牢籠。這也是弱者往往醉心於找一個「可靠」的單位，而強者每每想要跳槽的原因。不過實施起來，卻又每每是喊得多，做得少，其原因自然是複雜的，比如欠了單位的人情或礙於領導的面子。然而更主要的原因，則往往在於與「大鍋飯」息息相關的「鐵飯碗」。

所謂「鐵飯碗」，包括三個層次的內容：

首先，它意味著一種身分，如「全民所有制單位職工」或「國家幹部」。有了這種身分，便有了一定的社會地位，可以和「閒雜人等」區分開來；有了這種身分，也就意味著有一份工作，可以和「無業遊民」區分開來。更重要的是，這種身分一旦獲得，便輕易不會喪失。即便調動工作，換了單位，在這邊吃大鍋飯，在那邊也吃大鍋飯。調到民營企業的，仍可保留身分；企業即便破產，國家也有義務為其重新安排工作。總之，有了這種身分，就永遠「有飯吃」，所以是「鐵飯碗」。

其次，有了這種身分，只要在單位上不犯錯誤，準確地說是不犯大錯誤，其職務、職稱、級別、待遇，一般都只升不降，臨退休還能升一級，退休後還能領退休工資，退休工資有時還能隨物價的上漲而上升，直至終身，所以是「鐵飯碗」。

最後，有了這種身分，並在一定的單位工作，還意味著有一套住房，以及一系列非工資可以替代和估算的福利和好處。正因為不可估算，所以格外誘人；也正因為無法替代，所以不可輕棄。如果要跳槽，就得對這些附加的「無形收入」進行估算，其結果往往是「鐵」了心在原單位待下去，從這個意義上講它也是「鐵飯碗」。

由於鐵飯碗有這麼多好處，而這些好處又主要由其所在單位來兌現，而且為此單位還要付出一定的代價（如「進人指標」、「戶口指標」、「建房指標」等），因此，一個人，一旦端上了一個單位的「鐵飯碗」，則他與這個單位之間，就有了一種人身依附關係，而且是一種「鐵」的關係。

單位既無權隨便開除他，他也不能隨便說走就走。除了制度的限定以外，也還有心理上的原因，即自認為欠了單位的「人情」，應以安心工作來作為回報。他這樣認為，領導和群眾也會這樣認為。比如一個人，原本是沒有什麼「身分」的，單位上把他調來，落了戶，分了房，又公費送出去學習進修，混到了文憑，又憑此而提了級（依「大鍋飯」和「鐵飯碗」原則，一旦提升，調出去也可保留原級別），本應「報效」的，現在卻公然要跳槽，另攀「高枝」，則輿論便會一致指責他「沒有良心」。所以許多人的調動，往往趁單位「虧待」了自己（如職稱沒評上，房子沒分到）時提出，這樣對輿論可以理直氣壯，於自己也心安理得。

顯然，這種「鐵」的聯繫，不但造成了「想走的人出不去」，也造成了「想進的人進不來」。因為人才固然是單位的私產，職位同樣是人才的飯碗。如果從外單位引進人才，則置本單位的人才於何地？這種對外有「挖牆腳」之嫌，對內又有「搶飯碗」之虞的做法，實在風險太大。所以世故一點的領導，就寧肯抱殘守缺，得過且過。反正事業是國家的，成就是集體的，單位辦得好不好，關我屁事！人才既然不能「流動」，單位當然也就「死水一潭」。如果再加上「近親繁殖」（徒弟接師傅的班，學生接老師的位），那就更會「同則不繼」，缺乏活力了。

然而，真正的「死水」是沒有的。道理很簡單，就因為生命在於運動，物質也只存在於運動之中。所以，一潭死水，只不過水面的平靜掩蓋著水底的波瀾。自我封閉的單位，既然不能向外運動，便只好向內運動；既然不能向外用力，便只好向內使勁。

這就形成了「窩裡鬥」，文雅的說法叫「內訌」。

三 窩裡鬥揭祕

傳統節目

窩裡鬥是中國歷史的傳統節目。從《春秋左傳》的「鄭伯克段於鄢」開始，就一直上演得轟轟烈烈。鄭伯即鄭莊公，武公之子；段即共叔段，莊公之弟。段仗著老娘偏心疼愛他，便不把當國君的哥哥放在眼裡，反倒鬧獨立，搞分裂，想取而代之，結果被莊公一鼓蕩平。《春秋左傳》拿這件事做開場鑼鼓，不管是有意還是無意，都頗有戲劇性。因為一部中國史，除數得清的幾次抵禦異族外敵入侵外，差不多就是中國人打中國人的內部鬥爭史。東周的「問鼎」，楚漢的「逐鹿」，三國的「征戰」，魏晉的「逼宮」，晚唐的「割據」，五代的「易主」，宋太祖的「陳橋兵變」，明成祖的「南下清君」，還有雍正爺的「屠兄殘弟」。子篡父，臣弑君，嫡庶奪位，兄弟相殘，朋友反目，不亦樂乎。與此相反，從西元前一五九五年西臺滅古巴比倫，西元前十二世紀多利安人南下滅邁錫尼始，到西元十一至十三世紀十字軍東征，再到後來的殖民戰爭，一部西方史，則可以說是西方人的對外征服史。難怪有人說西方文化的象徵物是十字架，四面出擊搞擴張；中國文化的象徵物是太極圖，陰陽兩極窩裡鬥。

自家窩裡鬥不說，還要把外人、外族扯進來摻和。西元前六三九年，周襄王因勸阻鄭國伐滑一事在鄭人那裡丟了面子，一怒之下，首先想到的便是借狄族的武裝去討伐鄭國。襄王此舉，便正是兩千多年後清政府所謂「寧贈友邦，不與家奴」的濫觴了。所以魯國的大夫季孫為了防止魯國國君「引外援而除內患」，便要先下手為強，胡亂找了個藉口要去攻打顓臾（魯的附庸國）。而孔子聽說後則不無諷刺地說，依我看，季孫先生的憂患，恐怕不在顓臾，而在宮中當門的小牆（蕭牆）裡面吧？到底是聖人啊！「吾恐季孫之憂，不在顓臾，而在蕭牆之內也」，真是一語道破天機。

國如此，家亦然。一部《紅樓夢》，亦無妨看作賈氏家族窩裡鬥的內部鬥爭史。又是「毒設相思局」，又是「抄檢大觀園」，又是「愚妾爭閒氣」，又是「刁奴蓄險心」。主子和主子鬥，奴才和奴才爭。裝神弄鬼，以假亂真，落井下石，借刀殺人，兵書上的種種計謀，在這裡都有用武之地。無論是伶牙俐齒卻工於心計的鳳姐，還是同樣口角鋒芒卻性情爽利的晴雯，背後都遭人暗算，而她們自己又何嘗不算計別人。就連一個極不起眼的粗使丫頭四兒，只因寶玉對她好，眾人怕「奪了地位」，竟把一句玩笑話當作大罪名，打了「小報告」到王夫人處，結果被攆了出門。就連一個小小的廚房，也要上演一齣「改朝換代」、「搶班奪權」的鬧劇，結果是「一枕黃粱」，捲包而去。大觀園溫柔富貴鄉里，真是步步風險，實不亞於江湖。主子們固然作威作福，握有生殺予奪之權，奴才們也未必就是省油的燈。第五十五回平兒對那些僕婦們說：「你們素日那眼裡沒人，心術利害，我這幾年難道還不知道！二奶奶若是略差一點兒的，早被你們這些奶奶們治倒了。饒這麼著，得一點空兒，還要難他一難！好幾次沒落了你們的口聲。眾人都道他利害，你們都怕他，惟我知道他心裡也就不算不怕你們的。」倒也至少有一半是實話。同樣地，「主流派」（王夫人、王熙鳳等）固然風光占盡、飛揚跋扈，「非主流派」（邢夫人、趙姨娘等）也不甘下風，時時都在窺測風向，製造事端，以求一逞。總之，主僕、嫡庶、父子、兄弟、姑嫂、妯娌之間互相猜忌、欺詐、仇恨、爭奪、陷害甚至殘害，端的稱得上是「窩裡鬥」之「大觀」。可惜這裡無暇細審，只好留待將來另書專論。

經典手法

窩裡鬥作為「傳統節目」，不但其歷史十分悠久，而且其手法也大多是祖宗嫡傳，以後又經發明創造，補充修正，早已五花八門，無從細說。不過，總其大端，最為「經典」的，大約有以下幾條：

一曰「拉幫結派」，俗稱「抱團兒」。大至國家，有各種政治派別和勢力集團，如三國時代曹魏集團、劉漢集團和孫吳集團；小至單位、家族，也會因身分、地位、年齡、資歷、出身、籍貫、氣質、性格等等各種因素形成各種派系，結成各類團夥，其中最起作用的又主要是利害關係。所以這些派系和團夥又會時時發生變化，既有人加入，又有人叛離，但「抱團兒」則是永遠必須的。因為個人很渺小，必須依靠集體力量。獨木難支，孤掌難鳴，任何孤家寡人在這種鬥爭中總難免敗北。「一個籬笆三個樁，一個好漢三個幫」，連皇帝都要有心腹親信，何況他人？所以非得抱團兒不可。既然抱了團，就要有團夥意識。所以中國人一事當前，往往不問是非，只問親疏，不是站在這一邊，便是站在那一邊，自覺地維護本幫本派的利益。誰不這麼做，就是吃裡扒外，從此沒法做人。

二曰「蜚短流長」，俗稱「倒閒話」。「抱團兒」是窩裡鬥的先決條件，「倒閒話」則是窩裡鬥的主要手段。這種鬥爭，雖然談不上是推翻一個階級、奪取一個政權，但同樣也要先造輿論，然後才好實施打擊的。然而，它又畢竟是窩裡鬥，表面上的一團和氣還得加以維護，因此不能公開「鼓噪」，只能背後「嘀咕」，於是「輿論」便變成了「閒話」。閒話也者，閒言碎語之謂也，無非是些雞零狗碎，雞毛蒜皮，捕風捉影，指桑罵槐，上不得檯面，殺傷力卻不小。弄大了，能置人於死地；再不濟，也能讓人心煩意亂，不得安寧。所以窩裡鬥的老手，鮮有不使用這一招數者。這一點，本書第九章有詳盡論述。

三曰「吹毛求疵」，俗稱「找岔子」。「瓜無滾圓，人無十全」，誰還沒個三差兩錯？但既然人生即表演，那麼，任何人一上「臺」，扮演了某種社會角色，便務求完美無缺，一投手，一抬足，吐字行腔，都要字正腔圓，否則「看客」就不滿意，就要喝倒彩。站著說話腰不疼，「挑毛病」總要比「做事情」來得容易。大家既有此權利，又不花什麼力氣，那就不說白不說。「天高皇帝遠」，中央的事咱管不著，本單位的事則盡可說長道短，指手畫腳。有此心理基礎，內訌專家們便可拿著放大鏡，到雞蛋裡面去挑骨頭。一旦發現「問題」，便大加攻擊，小題大作，無限上綱，完全不必擔心沒人回應。

四曰「無事生非」，俗稱「造亂子」。也就是製造事端，亂中奪權。因為窩裡鬥是自己人鬥自己人，如果一個群體，一個單位，大家都相安無事，按部就班，也就想鬥也鬥不起來。發生爭鬥之時，往往是群體和單位有「事」之日，比方說領導班子換屆，或者評職稱升工資提幹部，總之，現行秩序和地位發生變化的時候。每到這時，單位上便熱鬧非凡，像開了鍋似的，沸沸揚揚。如果沒有這樣的機會，便只好製造事端了。「天下本無事，庸人自擾之」，亂子都是人造的。單位一亂，原來的平衡就被打破了。「一潭死水」變成了「一窪渾水」，心懷鬼胎者便可「渾水摸魚」。當然，這一手法，只有「高手」可用。如果像邢夫人那樣沒頭沒腦，趙姨娘那樣顛三倒四，也要來找岔子、造亂子、搞名堂，便只會自討沒趣。所以，像他們這樣「心內沒成算」的人，最好不要來湊熱鬧——但偏又這等人最不安分。

窩裡鬥的方法和程序，大體如此。一個「有志於此」的人，只要勾結些不三不四的朋黨，散布些不明不白的閒話，尋找些不疼不癢的岔子，然後不依不饒地鬧下去，準能製造些不大不小的亂子來。即便不能置人於死地，也能弄得他不死不活。

幾大特點

所以，窩裡鬥又有以下幾個特點：

一曰「陰」，即「不公開」。在公開場合，大家都是好同志，好朋友，好兄弟，笑容滿面，一團和氣，背地裡則咬牙切齒，磨刀霍霍，甚至使壞弄鬼，放暗箭，打冷槍。總之，「當面說好話，背地使絆子」；「當面叫哥哥，背後摸傢伙」；「當面握手，背後踢腳」；「當面是人，背後是鬼」。為什麼會這樣？就因為是「窩裡鬥」。既然是「一家子」，就該團結、和睦，不能「當面鑼對面鼓」地公開叫板。誰要是公開翻臉，便等於和大家作對，那可就「對不起」了。這個風險，誰也擔不起。所以，不到萬不得已，一般都不會撕破了臉來對著幹。何況，依面子原則，原本就面對面時要「做人」，背靠背時不妨「搗鬼」的。只要面子上過得去，大家也都不好翻臉。至於背後是人是鬼，只有鬼知道，何妨鬼鬼祟祟？再說，「明槍易躲，暗箭難防」，背地裡搗鬼，殺傷力更強，何樂不為？

二曰「軟」，即「不硬來」。這和陰是配套的。陰則柔，柔則軟。窩裡鬥既然不能公開，當然也不能硬來。硬來難免有敵對之嫌。何況「當面」和「硬來」都讓人警覺——既讓當事人警覺，又讓旁觀者警覺，「鬼」就不好搞了。如果用軟刀子、軟功夫，便不難在不知不覺中殺傷對方，即便發覺了也難以還手。因為如果是棍子打來，你還可以去擋住那根棍子，或把棍子打斷；如果是陰風吹來，汙水潑來，你用什麼去對付這軟東西？

三曰「小」，即「不起眼」。比方說，做小動作，打小報告，鬧小糾紛，製造小摩擦等等。這就很不好對付。第一，不容易發現；第二，不大好還手。因為那些名堂實在太小。如果去認真對付，既不值得，別人也會認為這是小題大作。和你關係不好的人會說：「屁大一點小事，鬧什麼鬧？太沒涵養！」和你關係好的人則會說：「小不忍則亂大謀，還是不要因小失大。」但是，事有大小，是非卻不因事小就不是是非。小麻煩也是麻煩，小糾紛也是糾紛。它們對人心理、情緒上的刺激，也不可小看。更何況，小東西多了，也能鬧出大事情。比如蚊子雖小，但如果成群結隊，也能把人咬死。所以，小動作，小報告，小糾紛，小摩擦，也能置人於死地。然而畢竟是「小」，至少不好一開始就小題大作的。結果是，你還手也窩囊，不還手也窩囊。

四曰「黏」，即「無休止」。這也是內部鬥爭的特點。外部鬥爭，敵我分明，勝負分明，一是一，二是二。一仗打完，要麼勝，要麼負，要麼和，總歸有個了結。窩裡鬥則不然。因為它首先就不承認有什麼鬥爭，自然也就無勝負可言。再說，即便一方勝了，另一方負了，也還得在一起過日子，那負方豈有不設法報復之理？於是便拉拉扯扯，黏黏糊糊，沒完沒了。

這就實在可怕。因為如果不陰，便可「當面還手」；不軟，便可「毅然動手」；不小，便可「大打出手」；不黏，便可「及時住手」。現在可好，還手找不到對象，動手下不了決心，打又打不得，收又收不住，豈非只有受其折磨？

所以，窩裡鬥的結果也只有兩個：一是把人變成「兩面派」，二是把人逼成「精神病」。至少，也能讓人意志消沉、心胸狹窄。不信我們去看那些窩裡鬥最嚴重的單位，多半沒有什麼業績和成就；那些熱衷於窩裡鬥的人，也多半沒有什麼眼界和水準。正因為沒有什麼眼界和水準，這才不把眼光看著「外面的世界」，只管盯著「家裡的是非」。結果自然是「內戰內行，外戰外行」，在單位、家族裡爭權奪利、爭風吃醋很拿手，到了外面，或見了外人，便頭也抬不起，話也說不出，屁都放不出一個來。

事實上，熱衷於窩裡鬥的，無非兩類角色。一類是野心勃勃，老想著整倒別人，好讓自己上臺來逞能或者過官癮。另一類則是心懷不滿，唯恐天下不亂，巴不得別人出事，以便伺機報復，或發洩怨氣、看笑話。這兩類人有時又是同一類。他們多半是奴才，或準奴才，或主子身分奴才心理，大多人格卑下，品質粗俗，心理陰暗，男如太監，女似姨娘。如太監，故陰；似姨娘，故小。又小又陰，故遭人鄙薄；遭人鄙薄，故報復心切；報復心切，故不擇手段；然而畢竟能力有限，能量甚小，能耐不多，狗肉包子上不了席，叱吒風雲是不可能的，故熱衷於窩裡鬥。不信你去看看你的身邊人身邊事，是不是這樣？

「捂蓋子」與「和稀泥」

當然，以上所說，是指常規性的窩裡鬥而言。一旦超出常規，事情鬧大了，就成了「風波」。風波是必須平息的，辦法也是「祖宗成法」，叫作「糊塗官打糊塗百姓——各打五十大板」。這種做法據說有情理兩方面的道理。情感上的理由，叫作「手心手背都是肉」；邏輯上的理由，則叫作「一個巴掌拍不響」。這也正是群體意識的體現。所謂「手心手背都是肉」，強調每個人都是群體的一員，大家一樣，人人有份，包括錯誤，也包括對錯誤的批判或包庇。所謂「一個巴掌拍不響」，則強調一個人不成氣候，兩個人才有名堂，人多得成堆才會有事，當然鬧起糾紛來，也就「人人有責」。

這種說法和做法，雖然說起來頭頭是道，聽起來振振有詞，看起來不偏不倚，實質上卻往往是善惡不辨、是非不分。然而問題在於：既然是窩裡鬥，當然雙方都是自己人，也就沒有根本的利害衝突。或者說，不可能有大是大非，頂多是些「小恩小惠」。不但無法較真，而且鬧大了，也難免家醜外揚，讓外人看笑話。

這當然是不可以的。所以歷來所謂善於持家治國者，無不有兩手招數：一曰「捂蓋子」，二曰「和稀泥」。

所謂「捂蓋子」，就是掩蓋矛盾。比方說，明明是鉤心鬥角，偏說是團結一致；明明是爾虞我詐，偏說是開誠布公；明明是問題成堆，偏說是風平浪靜；明明是烽煙四起，偏說是天下太平。在外面，對上級，固然是報喜不報憂；在內部，對下面，也說好不說壞。即便有矛盾，鬧糾紛，也千般遮掩，萬般粉飾。只要不大打出手，鬧得不可開交，能維持表面上的一團和氣，就行。實在掩蓋不住，就盡可能地輕描淡寫，或者到問題解決了以後再報告或報導，結果壞事又變成了「好事」。

這也並非就沒有道理。窩裡鬥嘛，當然只能鬥在窩裡。不管怎麼說，那「窩」還得維著。如果連「窩」都沒有了，你還鬥個屁！要維住「窩」，就得把蓋子捂緊了。這道理，「窩」裡的人一般也都懂。不到萬不得已，也輕易不會張揚出去。張揚出去，並沒有什麼好處（你們自家窩裡鬥，外人也不好插嘴插手），反倒會惹下一身的不是——領導既恨你家醜外揚，群眾也怪你不顧大局，下次就沒人幫你說話了。這當然並不合算。

問題是蓋子也要捂得住。就像一鍋開水，蓋子捂得再緊，裡面還是沸沸揚揚，熱氣也會止不住地往外冒。所以，捂蓋子也是對外不對內，治標不治本。治本的辦法，是釜底抽薪，讓那鍋水開不起來。

於是就有了「和稀泥」。

所謂「和稀泥」，就是把是非界限儘量弄得模糊不清，各打五十大板。比如，對糾紛雙方說「他固然不對，你也有不是」云云。這樣做似乎是不講原則，其實是極講原則。這個原則就是群體意識。依此原則，群體的安定團結是壓倒一切的，哪怕這安定團結只是表面的假像，也比個人恩怨重要得多。

這下好了。誰要是鬧矛盾，鬧糾紛，「告狀」，「扯皮」，便先不先有了「不是」——不講團結。有這頂大帽子扣下來，剩下的事情就比較好講價。比如適當地給予理解同情，解決一下實際問題等等。因為不管「捂蓋子」也好，「和稀泥」也好，目的都是息事寧人，所以光批評不行，還得安撫。比方說，承認你們說的都有道理。但是，小道理要服從大道理。這個大道理，就是群體的團結。誰要是置群體團結的大局於不顧，那就是給臉不兜著，也就沒什麼理好講了。甚至有的時候，也用不著講什麼理。比如奴才和奴才鬧，當主子的也只要一聲斷喝：「都給我滾回去！再鬧，仔細扒了你們的皮！」也能了斷。

一場風波，往往也就這樣被「包了餃子」。

順便說一句：餃子這東西，最能體現上述「文化精神」：肥肉、瘦肉、韭菜、香菇、蔥薑蒜，都混為一體，攪成稀泥，再用「麵皮」包起來，豈非正是「和稀泥」又加「捂蓋子」？可惜，「捂蓋子」只能掩蓋矛盾，不能消除矛盾；「和稀泥」只能模糊是非，不能泯滅是非。「樹欲靜而風不止」，鬥爭依然存在，只不過變得更隱祕罷了。

牆內開花牆外香

既然肥的瘦的都同等對待，香的臭的都好歹不分，對的錯的都「各打五十板」，勤的懶的都「各分一勺羹」，那麼，在這樣一種氣氛下，正直有才華想幹實事的人，便不能不感到苦悶和壓抑，而他們想要出頭，也就只有到外面去。於是，便有了與「窩裡鬥」密切相關的另一種現象——「牆外香」。

「牆內開花牆外香」是一種相當普遍的現象。在本單位默默無聞的，在外面可能聲名顯赫；在本單位不得好評的，在外面可能享有盛譽。甚至有的人，還要先在國外發表論文，出版著作，然後「出口轉內銷」，在國內才紅起來。或者只有當他們要求調走，而且來商調的單位還要求頗為迫切時，才被本單位認為人才難得，苦苦挽留，或卡住不放。這時，多半也是最好講價的時候，往往是要房子有房子，要職稱有職稱，什麼都好商量。不過你最好不要上當。一旦真的留下來，過不了多久，又是「壓你沒商量」了。

奇怪。一個人，是人才就是人才，不是人才就不是人才，怎麼待在家裡的時候什麼都不是，一跑到外面就吃香呢？

原因也很多。比方說，「外來的和尚會念經」就是。外來的和尚怎麼就會念經呢？因為我們不摸底細，有距離感和神祕感，便想來是會念經的。家裡的和尚天天見面，知根知底，有幾下子誰還不清楚？當然沒什麼了不起，也就不必把他當回事。反正當不當回事，都是「家裡人」，該幹什麼還得幹什麼，還怕他「出家」不成？外來的和尚就不一樣了。如果不客氣一點，沒準就把經給你念歪了。結果，自然是「外來的和尚會念經」。

更重要的是，本單位的人，也就是「家裡人」。就得按照「家裡」的規矩，「人人有份，大家一樣」，誰也不能出頭。如果不一樣對待，讓某個人或某些人出了頭，冒了尖，其他人就會憤憤不平，鬧情緒，搞糾紛，提意見，豈不亂了套？只好大家都念經，或都不念經，或念好念壞一個樣。久而久之，自然是念得好的也念不好，或懶得去好好念。

這倒不一定都是對領導有意見，也多半是形勢和氛圍所使然。在「人人有份，大家一樣」的平均主義觀念薰陶下，中國人的一個普遍心理，是最不能容忍自己身邊熟悉的人比自己過得好。比如美國人的收入比自己多幾十倍也無不平，本單位某人多發了五塊錢獎金便要眼紅。又比如深圳的款爺買了別墅他無所謂，鄰居家裡只不過簡單地裝修了一下房子，便渾身氣都不打一處來。因為誰都知道，要想普天下全世界都「人人有份，大家一樣」，根本就不可能。於是只好來個「內外有別」。外面的事咱看不見，管不著，也沒有什麼可比性，樂得「眼不見，心不煩」。身邊人身邊事，日日知，天天見，躲不了，繞不過，倘若「不平」，如何咽得下這口氣！所以非「鏟平」不可。反正我好不了，你也別想好；我得不到，你也別想得到。最好是「吃苦受窮」人人有份，「一無所有」大家一樣，天下從此太平。

這種觀念一旦成了「文化無意識」，便誰也奈何不了。因為它已不是個別人的意見，而是公眾營造的氛圍。在此氛圍下，人才們的選擇也只有三種：一是把自己變成庸才，和其他居多數的平庸之輩去「一樣」。這當然會使自己的日子變得好過起來，但內心的痛苦卻只有自己知道。二是不吃那一套，我行我素，獨往獨來，結果不是變得孤立無援，便是碰得頭破血流，最後往往也只好「學乖」。第三種選擇最高明，就是在本單位藏拙裝傻，盡可能不惹人注意，然後在外面悄悄地發展。一旦翅膀硬了，成了氣候，就抽身走人，和單位「拜拜」。至少是：當你在外面的名氣已大得嚇人，足以使本單位的人不敢小看你，你就多少有些自由了。因為你已經有了「外援」，而且有資格炒單位的「魷魚」。

這當然是個辦法，卻也未必總能奏效。走不走得成先不說，即便換了單位，便從此可以太平無事高枕無憂了麼？事實上，許多人換了單位，剛去時還好，只要待上一段時間，就會發現這裡的情況和原單位也差不多，沒準還更糟。因為「窩裡鬥」和「牆外香」，是國內各單位的通病；而當你由「外來和尚」變成「家裡和尚」時，也就不再香得起來。結果，在西北窩裡鬥，出不了頭，到了東南依然窩裡鬥，還是出不了頭。這可真是「走投無路」了。再走，就只有跳海。

顯然，不從根本上解決問題，是不會有什麼出路的。

四 告別單位

擋不住的誘惑

更有效的辦法也許有一個，那就是「告別單位」——不是調離某一個具體的單位，而是從根本上告別那個意味著「安身立命之本」的「單位」。換句話說，就是要使「單位」不再成為中國人「安身立命」的生存之本。

這似乎很難，但也並非沒有可能。

事實上，即便在單位制度最健全，單位風光最誘人的時代，也不是人人都有單位，比方說好幾億農民就沒有。即便在城市，也不乏遊離於單位之外的無業遊民和閒散人員。其實，這些人並非無業，也未必閒散，只不過沒有單位來收編，來大包大攬地統管他們的吃喝拉撒睡，生老病死退，必須自謀生計而已。這些人，人數也不少。這就證明，沒有單位，也未必就活不下去。

有的甚至還活得更好。全國各地都流傳著許多「款爺」的故事，而他們無一例外都是沒有單位的。或者原本就沒有單位（比如是農民），或者因種種原因被單位開除或辭退（比如犯了錯誤），結果他們比任何有單位的人都活得滋潤。當那些當年被單位辭退的「可憐蟲」與昔日同事「二十年後來相會」時，後者很快發現其實自己才是可憐蟲。榜樣的力量是無窮的。於是一些人便效法前賢，紛紛解甲歸田，離崗下海。儘管他們也許還混得不怎麼樣，還很艱苦和困難，但多數都不後悔。因為他們以自己的切身經驗體會到，原來離開單位，還可以有另外一種活法，而這種活法最誘人之處，便是自由。

自由對於大多數中國人而言，無疑是一件奢侈品。他們首先要考慮的，還是基本生存即溫飽問題。然而自由又畢竟是有魅力的。只要有可能，誰不想自由呢？可是，只要你在單位上，就很難談得上自由。有句話說，中國人的一生都是被管著的：小時候父母管著，上學後老師管著，工作後領導管著，結婚後老婆管著。其中，管的時間最長的，是領導和老婆。但如果你沒了單位，就不但領導管不了，老婆也不大管得了啦！因為你無法要求一個沒有單位的人按時下班回來陪老婆或做家務。他如果要到歌舞廳夜總會去泡妞，也是謀生的需要——不這樣，拉不到生意做嘛！

這真是何等地令人心儀嚮往和開心之至啊！有此嚮往的並不僅僅只是那些被老婆管得不耐煩，也想弄個「小蜜」來調劑調劑的男人，也包括女人。因為誰也不願意一天到晚被人管著，而女性在單位上被人管著的可能性又總是大於男性，儘管她們下班後還可以管老公。但如果你對一個女人說：「你從此可以不上班，誰也管不了你啦。」她多半也會興高采烈的。據說，不少女性都表示，如果丈夫的收入足夠養家口奔小康，那麼，她們寧願回家當太太，而不是上班當職工。這絲毫也不意味著她們沒有事業心，而多半是嚮往那份自由。事實上，如果允許她們在家裡上班，她們工作起來絕不會比男性遜色。

總之，當中國人不再為吃飯穿衣發愁，繼而不再為住房交通所困時，多一點自由，便將是他們的嚮往與追求。人們開始不那麼在乎是否有一個固定的單位，甚至開始不那麼在乎有一個固定職業。於是，社會上開始出現跳槽的現象。有的人甚至成為「跳來跳去的人」。其中，有越跳越好的，也有越跳越差的，但都在跳。有的甚至只是一言不合，便拂袖而去。反正「此處不留爺，自有留爺處。處處不留爺，爺去投八路」，憑什麼就得在一棵樹上吊死？

必須指出，跳槽和調動是大不相同的。調動是從一個單位調到另一個單位，端的還是鐵飯碗，吃的還是大鍋飯。所以，在原單位窩裡鬥，出不了頭，到了新單位也可能還是窩裡鬥，還是出不了頭。因為如果只是換單位，則自己與單位之間，也還是一種人身依附關係，還是要被單位管著，也還是要受單位上人的擠兌。跳槽卻是自己給自己當家做主，愛上哪就上哪，愛幹什麼就幹什麼，自己給自己當老闆。自己給自己當老闆當然也不易，因為已沒了單位做後臺，什麼事都得靠自己。優哉遊哉是不可能了，更不可能像在機關裡那樣，一杯茶，一支煙，一張報紙看半天。何況，一個人在社會上混，就等於走江湖。人在江湖，身不由己，所以不少自由職業者自嘲說是「有職業，沒自由」。但他們好像也不後悔，因為他們至少保有一份自由，即選擇的自由。也許，就在這尋尋覓覓、跳來跳去的過程中，他們便在人生的道路上瀟灑地走了一回。這對於不少不安分的人來說，無疑還是有誘惑力的。因此不妨一試，哪怕「過把癮就死」呢！

何況單位也早已風光不再。

留不住的風光

單位之所以曾經那樣讓人嚮往，首先在於大鍋飯和鐵飯碗。其中，鐵飯碗又更誘人一些。因為那意味著有起碼的人生保障。所以，改革之初打破大鍋飯時，對人們的觸動還不是很大。反正改來改去，無非多得少得，好歹總有口飯吃。人事制度和用工制度的改革就不一樣了。幹部聘任制，全員合同制，意味著誰也沒有鐵飯碗；而優化組合，競爭上崗，更意味著誰都有丟了飯碗的可能。自己的飯碗都保不住，又哪裡談得上子女頂替？當然是連同原本可以為子女預留的飯碗也一併打破。相反，不是本單位職工和職工子女的人，反倒沒準端上了你原先的飯碗。儘管由於種種原因，並非所有單位都能做到這一點，但至少人們已開始意識到，這一天終將到來。隨著市場經濟體制的健全，招聘和解聘、上崗和下崗的制度化，規範化，經常化，鐵飯碗將越來越不「鐵」，單位也將越來越不可靠。

與此同時，福利制度的改革也給正在土崩瓦解的單位雪上加霜。過去單位的好處，不僅在於「大鍋飯」和「鐵飯碗」，還在於許許多多無法估算的福利，比如花起錢來沒有譜的公費醫療和幹一輩子也掙不來的住房等。現在，公費醫療和福利分房已被取消，單位上的後勤部門和福利部門也與單位脫鉤，工資以外的種種好處正在消失或將要消失，單位不再承包職工的吃喝拉撒睡，生老病死退，也不再是我們的搖籃和家園。以後的事，得靠我們自己操心了。至少是，年輕的一代已不再指望單位給他分房，同樣不再指望靠單位的這點工資買房；不再指望單位給他養老送終，同樣也不再指望靠單位的這點工資頤養天年。那麼，他還留在單位裡幹什麼？單位對於他們，當然是既「管不了」，又「留不住」。

況且單位自己也自身難保。隨著政治體制和經濟體制改革的進一步深化，隨著市場經濟的激烈競爭，不少企業單位將被淘汰出局，一些事業單位也將摘牌斷奶。比如那些辦得像衙門又比衙門更無用無能的文聯作協之類，就早該取消了。皮之不存，毛將焉附？當破產、倒閉、轉賣、取消等等成為單位的家常便飯時，還會有人終身指望單位嗎？前面說過，過去，我們見到一個沒有單位的人，會問「他靠得住嗎」。將來，當我們為自己找到一個單位時，沒準也會在心裡問一句：「它靠得住嗎？」

當然靠不住。事實上，人們已開始不再「靠」著誰。過去，我們把單位的負責人叫作領導，現在則叫作老闆。表面上看，這是市場經濟的影響，而且叫的時候，也不乏調侃之意，是一種戲稱。但，認真分析起來，背後卻表現出社會觀念的深刻變化。什麼是「領導」？就是帶領和導引著人們向前走的人。所以被領導者與領導者之間，是「靠」與「被靠」的關係。老闆就不同了。老闆和打工者之間，是雇傭關係，買賣關係。一方出資本，一方出勞力（或智力），一家願買，一家願賣，講好價錢，就可成交，誰也不欠誰的，誰也管不了誰一輩子。老闆和打工的之間，只有一種鬆散的、不固定的關係。老闆可以雇我，也可以雇他；我可以受雇於張老闆，也可以受雇於李老闆。老闆擇優錄用，誰的活兒幹得好，就雇用誰；打工的則待價而沽，誰給的錢多，就給誰幹。一旦合同到期或被解除，就可以揮手告別，各奔東西，自由自在，灑脫輕鬆，沒有依附，也沒有牽扯。所以，叫「領導」還是叫「老闆」，骨子裡是不一樣的。

其實，當我們把單位領導叫作老闆，同時自稱給單位打工時，我們的觀念已悄悄地開始了變化。我們在內心深處，已經開始並越來越認可認同「雇傭關係」和「買賣關係」，而傳統的「附庸關係」和「血緣關係」則在悄然解體，變得越來越沒有約束力和吸引力。當然人們會說我們不過是開玩笑。但即便是玩笑，也要開得起來，再說玩笑開得多了，沒準也會弄假成真。

何況，隨著體制改革的進一步深化，單位本身也在變化。作為工作場所的單位當然還會依然存在，但單位與職工的關係卻將會重新確立。職工不再是單位的附庸，單位也不再是職工的靠山。職工的義務只是做好他的本職工作，單位的義務也只是按勞付酬。無論誰，要想活得滋潤一點，過得好一些，都不能靠單位，只能靠自個兒。這樣一來，原先那個意義上的「單位」，也就將不復存在了。

意義非凡

這無疑是一場極其深刻的變革。

中國二十年改革開放的進程，對於原先那種意義上的「單位」而言，也就是一個逐漸解體的過程。一些單位關門了，一些單位兼併了，一些單位失去了行政級別，大多數單位的社會性職能正在萎縮並走向消亡。改革的陣痛是明顯的：一些領導丟掉了烏紗帽，不少職工砸破了鐵飯碗，他們都失去了「生有所養，老有所終」的靠山，失去了安身立命的保障。改革的好處則是人們不大容易一下子感受到的，那就是：中國人終於可以換一種活法了。我們不必再把自己和一個什麼單位一輩子捆在一起，也不必為「終身有靠」付出一生，至少能夠按照自己的意願挑挑揀揀、跳來跳去了。也許，這就是所謂「自由」吧！可以說，單位的職能減去多少，我們的自由就增加多少。當單位僅僅成為一個工作場所時，以擇業的自由為先導，一種新的活法就會展現在中國人面前。

不可小看這種新的活法。它的意義現在也許還凸顯不出來，但無疑將會是影響深遠的。如果說，當年「大姑娘給自個兒找婆家」（自由戀愛）意味著婦女的解放，那麼，這一回，「自個兒給自個兒找活幹」（自由擇業），就意味著人的解放了。必須指出，「自個兒給自個兒找活幹」和「自個兒給自個兒找單位」是不同的。儘管在許多人那裡，「找活幹」和「找單位」仍然是一碼事，或者「找到單位才有活幹」，但在本質上，卻仍有區別。「找單位」一如「找婆家」，一旦找到，便難免「嫁雞隨雞，嫁狗隨狗」，只不過由「包辦婚姻」變成「自由戀愛」而已。說到底，還是想「終身有靠」。所以，儘管到某個單位去工作是學非所用或大材小用，但不少人（比如大學畢業生）為了「找個好婆家」，也還是屈就了。坦率地說，這種自主擇業並無多大意義。「找活幹」就不同了。它在乎的不是單位，而是工作，不是一輩子想靠著誰，而是想自個兒奮鬥，活出個人樣兒來。

當然，一般地說，人們給自己找份工作，首先是為了謀生。但已經有不少人開始在那裡琢磨，怎樣給自己找到一份既能掙錢又適合自己的工作。所謂「適合自己」，不僅是自己能夠幹得來，更是感興趣和有樂趣，有吸引力和有成就感。這實在是比為了安安穩穩地有口飯吃，就委委屈屈地做自己不想做的事，窩窩囊囊過一輩子進步多了。因為在這裡，自我價值的實現，已被看得比安穩、保險、可靠等等更重要，而過去追求的安穩、保險、可靠等等，恰恰又是以交出自己的自由為代價的。

這似乎可以看作是「自我意識的覺醒」，儘管事情遠非那麼簡單，也儘管這種覺醒多少有些被迫和無奈，但畢竟有了一個良好的開端。而且，當越來越多的人告別單位時，獨立人格和自由意志就將成為中國人的普遍要求。事實上，能按照自己的意願進行選擇，就說明有了自由意志；不依賴別人和群體而自食其力，就說明有了獨立人格。這兩個方面加在一起，就意味著人的解放，而人的解放較之所謂生產力的解放，又無疑重要得多。

於是，在這裡，中國人真正開始了現代化進程。現代化並不就是洗衣機、電冰箱、微波爐或私家車，也並不就是大哥大、網際網路或其他與國際接軌的東西。它首先是觀念的現代化和文化的現代化，是民主與法制，是法律和真理的面前人人平等。所有這些，都有一個前提，就是人必須是具有獨立人格和自由意志的個人。沒有獨立人格，就沒有民主；沒有自由意志，就沒有法制；沒有民主和法制，就沒有現代化。如果說，西方文明開始於「炸毀氏族血緣組織」，那麼，中國的現代化就必須從割斷個人與群體之間的依附關係開始。告別「單位」的意義，也許便正在於此。

Chapter 6

家庭

一 家為國之本

家庭本位

單位是家庭，家庭也是單位。

家庭是社會的細胞，是社會構成的基本單位。這倒是全世界都一樣的。不過，中國的家庭還是「本位」。本位原指貨幣制度的建立基礎，或者貨幣價值的計算標準，比如金本位、銀本位、外匯本位。借過來用，就指社會制度的建立基礎和社會價值的計算標準。比如官本位，就是以官銜為價值標準；家本位，則是以家庭為社會基礎。事實上，傳統中國的組織結構、國家制度、倫理道德，都是以家庭為根基、模式和本源的。這就叫家本位。或者說，「家為國之本」。

家為國之本，包括「家單位」、「家天下」和「家倫理」。

先說「家單位」。

家庭在中國社會組織結構中，是最基本和最常規的單位。「最基本」，就是「不可再分割」；「最常規」，就是「普遍性模式」。這就把中國文化和其他文化區別開來。比如在西方，家庭就不是最基本的，因為它可以再分割，即分割為「個人」。個體的、單獨的、具有獨立人格和自由意志的個人，才是社會組織結構中最基本的單位。也就是說，在以「個體意識」為思想內核的西方文化那裡，社會是由個人組成的，而不是由家庭組成的。家庭只是社會組織的形式之一。既不是唯一的形式，也不是通用的形式，當然也不是最常規的形式。社區、教會、政黨、國家，都有自己的組織形式，和家庭沒什麼關係。一個人，成家也好，出家也好，也完全是他個人的事。只要合法，別人就管不著。這種以「個人」為單位組成社會的概念，就叫個體本位；反映到意識形態領域，就是個人主義。

中國的傳統社會則不同。它最基本的單位是家庭，家庭不可再分割為個人。這不是說個人不存在，而是說任何個人一旦脫離了他的家庭（也包括一切類似於家庭的單位），其存在便不具有社會性意義。

一個傳統社會中的中國人，他的身分、地位、價值、權利、義務和責任，都是和他的家庭、家族緊密聯繫在一起的，一損俱損一榮俱榮。一個人，如果家庭的門第高，家族是名門望族，他的地位也就高，價值也就大。反之，如果出身寒門，或「黑五類」家庭，則他在社會上就不大抬得起頭來。當然，同樣地，他的榮譽和地位，錯誤和責任也是全家的。一個人，如果富貴了，比如中了舉，做了官，那就是「家門有幸」，通體光榮，可以封妻蔭子，光宗耀祖。反之，如果犯了罪，出了事，惹了麻煩，那就是「家門不幸」，全家都要跟著倒楣。事情出得小，也許只是全家跟著沒有面子；事情出得大，則可能全家跟著掉腦袋，叫作「族誅」，也就是「族滅」、「族夷」，或簡稱「族」。民間的說法叫滿門抄斬，史書上的說法叫「一人有罪，刑及父母、兄弟、妻子」。按理說，「一人做事一人當」，為什麼要株連老爹老媽老婆孩子呢？就因為中國文化視家庭、家族為不可再分割的最基本單位。既然不能再分割，則一人有罪，當然也就全家有過了。「文革」中，不少人因「家庭出身不好」，或「父母有問題」，或「有海外關係」而受「株連」，竟很少有人認為不妥，甚至連被「株連」者本人也認為「活該」，道理就在於此。

個人與家庭既然不可分割，那麼家即是人。家給戶足就是人人豐足，家喻戶曉就是人人皆知。國家和政府一聲令下，只要家家動員，戶戶響應，也就萬事大吉。所以中國古代主管全國財政，掌天下土地、人口、錢糧、賦稅、救濟等事務的部門，就叫「戶部」。戶部原本叫民部。因為唐太宗叫李世民，要避諱，就不能再叫民部了。但也不叫「人部」，叫「戶部」，就因為國家原本是以「戶」為單位進行管理的。直到現代，中國人也往往更看重家庭的「戶口」而不是個人的「身分證」，更看重家族的「籍貫」而不是個人的「出生地」。看重身分證和出生地，只是近些年引進西方管理制度的事。又比如，農村開社員或村民大會時，許多地方仍是一家派一人參加；某些費用（如公共衛生費）或公務（如樓道、門棟值「安全班」），也是按戶攤派。就連《沙家浜》1裡胡司令結婚時，劉副官也是通知「各家各戶」、「自願」送禮。

難怪中國人要把什麼都成說是「家」了——公是公家，國是國家，老闆是東家，老婆是渾家，同姓是本家，全體是大家，別人是人家，自己是自家。農家、漁家、船家、店家、商家、廠家，女人家、孩子家、姑娘家、學生家，行家、專家、野心家，沒有什麼不是「家」。當然是「家」了，「家」是「本位」嘛！

家國一體

家庭是最基本的單位，也是最常規的單位。中國傳統社會是什麼樣子的呢？說白了，就是一個又一個大大小小的家庭。小農生產和小手工作坊的生產單位，原本就是「夫妻店」、「兄弟船」、「父子作坊」。江湖、幫會、武林、戲班等組織也一樣，師為師父，師之妻為師娘。朋黨是門戶，宗派是門派，學派是門牆，學生是門生，同學是同門，同門之間是兄弟，而門徒一旦有過錯，施以懲罰的依據也往往是「家法」、「家規」。這就說明，家庭作為中國傳統社會組織結構的普遍性模式，確乎「放之四海而皆準」。

其實，就連「國」，亦是「家」。君是君父，臣是臣子，州縣是父母官，軍隊是子弟兵，省市、民族、單位、朋友，則是哥們姐們（兄弟民族或兄弟單位），正所謂「四海之內皆兄弟也」。

1　編注：《沙家浜》為中國文化大革命期間的一齣京劇，被列為紅色經典之一。

整個中國，亦無妨看作一個大家庭。

這就是「家天下」了。

「家天下」有兩層含義，一是指公共財產為家族所私有，二是指國家體制以家庭為模式。國既為家族所有，則國君當然是君父，國民當然是子民；家既為國之模式，則國法當然是家法，國務當然是家務。反過來，也一樣。比如皇太子或剛成年皇帝的大婚，就不單純是皇家的事務，大臣們也要參與其事並發表意見的。同樣地，立儲本為國家大事，但決心一意孤行的皇帝也可以藉口這是皇家家務而拒絕聽取批評。

這種「家國一體」的制度，當然會把許多界限都弄得模糊不清，甚至弄出許多尷尬事體來。別的不說，單是諸如「君父」、「臣子」之類的稱謂，就不倫不類，等於說「皇帝爸爸」、「大臣兒子」。但兩千多年來，無人覺得可笑，反倒是梁山上的「反賊」，也發明了「頭領哥哥」這樣一種不三不四的稱呼，可見「家天下」的模式何等深入人心。

家國既為一體，公私也就難分。中國古代的所有制，是「公有」還是「私有」？說不清楚。要知道，所謂「私有制」，是「生產資料歸私人所有的制度」。這個「私人」，嚴格說來，只能是具有獨立人格和自由意志、在法律上單獨存在的個人。正因為他在法律上是單獨存在的，所以，他死了以後，他的財產並不天然地就歸配偶、子女、親屬繼承，而應根據他的遺囑即他的個人意志來分配。如果他遺願留給一個毫不相干的人，則其配偶、子女和親屬即便義憤填膺，也莫之奈何。

這可是咱們中國從來不曾有過的事。

中國傳統社會的所有制，是「家有制」（家庭所有制）。依此制度，包括主要生產資料在內的一切財產，都歸家庭而不是個人所有。父家長只有「支配權」，並無「所有權」。表面上看，父家長不但可以任意支配家庭財產，而且可以把妻妾和子女也當作私有財產予以轉讓、出租或變賣，好像財產歸他私人所有；但是，另一方面，這些財產在他去世後，卻又理所當然地歸家庭其他成員來繼承或分配（分家）。子女在外工作所得之勞動報酬（傭金、工資）等固然必須上交父家長，但父家長的遺產卻又理所當然地應該由子女（主要是男性子女）瓜分。所以從本質上講，家庭財產是歸全家庭成員「共有」，而不是歸某一個人「私有」。只有對此並無多少支配權的女性配偶，才被允許擁有為數極少的私房錢，無非用來增置些針頭線腦或給娘家人一點小恩小惠而已，完全不好意思叫財產的。而且，既然只有這些小錢才叫「私房」，豈非恰好證明其餘都是「公款」？

可見，「家有制」並非真正的私有制，而毋寧說是「公私不分制」。一方面，對於其他家庭而言，是「私有」；另方面，對於全體家庭成員而言，卻又是「公有」。更何況，家庭的主要生產資料——土地，也既是家庭「私有」的，又是國家「公有」的。「普天之下，莫非王土；率土之濱，莫非王臣」，怎麼能說是你們自己家裡的？「王有」也不等於「私有」，因為皇帝既是「私人」，又是「國家」，而「國家」也既是「私」（皇家），又是「公」（公家）。所以，皇帝也不是這些財產的真正主人。真正的主人是「天」，天子不過「替天行道」而已。然而，「天視自我民視，天聽自我民聽」，天子如果「逆天」而行，則為「民賊獨夫」，可以「天下共討之，天下共誅之」，另由新的「真命天子」來行使這些生產資料和財產的管理權，謂之「改朝換代」。總之，家庭財產的所有者不是家長私人，而是「全家」；國家財產的所有者也不是皇帝私人，而是「全國」。所以，「家有」並非徹底的私有，「王有」也並非完全的公有，而應說是「公私不分」。

公私不分

意識是存在的反映。經濟上產權含糊，思想上也就難免公私不分。

公與私，原本就是相對的。什麼叫「私」？私，原本是一種禾的名字。公私的私，本字作「厶」。《韓非子．五蠹》云：「自環者謂之厶。」什麼叫「公」？韓非子接著又說：「背厶謂之公。」原來，面對面時為「公」，背過臉去就成了「私」。看來，公私原本不分，不過一枚硬幣的兩面。是公是私，全看你怎麼翻。

事實上中國人也不喜歡區分公私。要分，也就是區分內外，區分官民。比方說，在舊中國，就沒有「公路」而只有「官道」，也就是只有「官民之別」，而無「公私之分」。直到現在，仍有人主張把私營叫作民營，把私立叫作民辦，似乎這樣更為堂皇。說到底，還是只分官民，不分公私。

公私不分又怎麼樣呢？就沒有法治可言了。什麼是「法」？法就是「全民公約」。民眾為什麼要「約法」，又為什麼能「約法」？就因為他們都是「私人」。私人各私其私，如無規範限制，勢必天下大亂。因此要「約法三章」，以保證個人權利和公眾利益不受任何人的侵犯。而這些約法之所以能夠算數，則又因為它們是這些私人依照自己的自由意志共同約定的。咱們中國既然「普天之下，莫非王土；率土之濱，莫非王臣」，當然也就只有「王法」，沒有「民法」，更沒有什麼全體公民的「約法」，沒有「憲法」。

其實不要說沒有「法治」，就連「德治」，也大成問題。梁漱溟先生曾認為中國人只講私德而不講公德，比如臣對君的德，君就不必守；子對父的德，父就不必行，沒有一種德是人人皆必遵循之「公德」。這話恐怕只講對了一半。因為公與私原本是一對矛盾。不講公德的人，其實也不會有什麼私德。梁先生的所謂「私德」，即「這人對那人的道德」，如「君仁臣忠，父慈子孝」之類，與其說是私德，不如說是「二人之德」，即關於人與人之間關係的德，「一人之德」的「私德」是不存在的。

正因為沒有「一人之私德」，所以當「私身一人」時，就不會有什麼道德考慮。一些明明有利於公眾的事，比如順手關掉公用水龍頭或走廊裡的燈，即便不過舉手之勞，也不願意去做，除非這時有領導或同事、同學在場。結果是公共走廊上的電燈變成了長明燈，公共洗手間的水龍頭變成長流水，而便池裡則無人沖洗；集體宿舍門前垃圾成堆，髒水亂潑；公園裡的果皮箱，更可能是形同虛設，痰跡、廢紙、煙頭、果皮、空瓶則遍地都是。沒有「私」的結果是也沒有「公」。

再就是「化公為私」和「假公濟私」了，我們在〈單位〉一章已然講過。這裡要講的是，「公私不分」的觀念還為「化公為私」和「假公濟私」提供了一個「合法」的方式，即「本單位主義」，簡稱「本位主義」。本位主義就是把本單位的利益放在首位，一事當前，先替本單位著想，先替本單位考慮，甚至不惜損害兄弟單位和全域的利益。嚴格說來，這也是一種自私的行為。但是，在實際上，所謂個人主義每每被視為萬惡之源而痛加批判，本位主義雖然也受批判，卻在批判之餘頗受同情。一個人，如果為一己之私利大吵大鬧，或對自己的個人成就大吹大擂，便會引起公憤，至少要被視為「太不像話」或「恬不知恥」；但如果是為本單位爭名爭利爭地位爭好處，或宣傳本單位的成就，則本人不但可以理直氣壯，領導和其他人也不好太責難，頂多笑瞇瞇地勸他說：「不要太本位嘛！」或者說：「考慮本單位的實際情況是可以理解的，但也要顧全大局。」

顯然，在許多人看來，本位較之「全域」雖然是「小局」，但畢竟好歹也是群體而不是個體。只要不是為個體，就不能說是個人主義。只要是為了群體，不論其大小如何，便都體現了群體意識，也就多少具有一點「合法性」，不能過於責難。事實上，許多人在為本單位爭名爭利時，也確實不一定直接地與自己的個人利益相關。比如評職稱時為自己單位多爭名額而自己並不晉升，評獎時投自己單位候選人的票而自己並不獲獎。所以，一旦受到批評，便會理直氣壯或滿腹委屈地說：「我又不是為自己！」但是，搞本位主義，雖然並非為自己個人，卻又畢竟是為自己單位，因此又不能說是不折不扣的大公無私。實際上，搞本位主義，雖然不一定直接與自己的個人利益有關，卻不能否認它間接地對自己個人有益，比如在本單位「好做人」，落下「人情」等等。所以，也很難嚴格地界定究竟是為「公」還是為「私」，不如說同樣也是公私不分。

事實上，因為中國文化不允許「私」公開合法地存在，因此一個人「私心雜念」，也就只好通過這「不公不私」、「半公半私」和「亦公亦私」的本位主義，來「曲線救國」了。

內外有別

當一個人站在本位主義立場上時，他就在心理上和邏輯上把「本單位」和「外單位」區分開了。這又是中國文化的一個特徵：公私不分，卻內外有別。

和「公私不分」一樣，「內外有別」也是單位的特徵。國內任何一個中等規模的單位，差不多都會有自己的圍牆（特別大的單位，則由下屬各單位自修圍牆），以防「閒雜人等」混入。一些稍有條件的單位，雖然既非「軍事單位」，又非「保密單位」，也要煞有介事地安排門衛。門衛們對本單位的熟人含笑點頭打招呼，對外人則嚴加盤問、冷若冰霜，本能地表現出一種防範心理。本單位的車輛可以自由地出入（門衛們都記得車號認識司機），外單位的車輛則須停在門外，除非是「有來頭」的上級單位，或者「有關係」的兄弟單位，否則就必須「走後門」。當然，單位上的種種好處，比如單位自己蓋的住房，自己的澡堂和幼稚園，自己弄來可供分配的物質和額外收入等等，也只有內部職工才能享受，外人是沒有份的。

不過，我們有時候又搞不清楚被稱為「內部」的東西，究竟是好呢還是不好。比如「內部通報」的情況，很有一些是並不那麼光彩的事，卻只有「信得過」的「自己人」，才有資格去聽。另外，我們也常常弄不清何謂「內部」何謂「外部」。比如「內部文件」，當然許多人都不能看，然而「內部刊物」卻又人人可看。「內部刊物」上的文章，水準一般要差一點，而「內部文件」的內容卻又往往重要和實在得多。又比如，單位上的「內部招待所」（簡稱「內招」），外國人（也包括華僑和港澳臺同胞）是不能去住的。他們只能住「外招」。但「外招」的設施、服務，較之「內招」卻又好得多（當然價錢也要貴得多）。對待他們的態度，也是客氣而不親熱，因為他們是「客」，不是「親」。

顯然，「別內外」是為了「定親疏」，而「定親疏」則是為了界定人情的大小和面子的尺寸。一般地說，內則親，親則近，叫作親近；外則疏，疏則遠，叫作疏遠。疏遠者為「客」，必須客氣，也必須裝門面；親近者為「家裡人」，不必客氣，可以不留情面。所以，自己人犯了錯誤，就可以狠狠地批評；外人犯了錯誤，則只能委婉地指出。同理，外賓和外單位的人來參觀時，便一定要打掃衛生，布置會場，拿最好的東西給他吃，騰最好的房間給他住，平時有意見、鬧彆扭的同事，也都要做一團和氣狀，以免家醜外揚。而本單位的問題和情況，則只能在「內部會議」上通報。可見外人的有面子，完全是假像，是門面，自己人才真有面子，而且還有實惠。比如有事要求情，自己人準比外人有面子；那些被客客氣氣地打發的，則準是「老外」。反之，一個人如果和你說話隨便，不怕揭自己的短，不怕家醜外揚，則多半是已把你當作了自己人。總之，「醜」的（同時往往是真實的和實在的）留給「家裡」，「美」的（同時往往是虛假的和空洞的）展示給「外人」。因為「外人」就是「外面」，豈能讓他看見了「裡面」？

在這些「原則問題」面前，是不允許有什麼「個人意見」的。一個人，在外面，如果不為本單位爭名譽，爭地位，爭好處，而是想到什麼說什麼，自己怎麼認為就怎麼講，怎麼做（比如把票投給外單位的人，在會上揭本單位的短等等），那就是吃裡扒外，就會「吃不了兜著走」。因為你只顧「私意」，不講「公益」，當然要引起公憤了。

其實，這個「吃裡扒外」的人，其所作所為，反倒很可能是出以公心，或者是實事求是。可惜，中國人不吃這一套。他們從來就不相信，一個連家庭、單位、小團體的「小公」都不顧的人，會有什麼「大公無私」可言。要知道，世界上並沒有什麼空洞抽象的「公」或者「公家」，只有一個個具體的家庭、家族、單位、團體。一個人的公心，就體現在他對這些群體的態度上。所以，你不為小團體說話嗎？那你就一定是「有私心」！

於是，公與私，就首先並直接地體現為內與外。所以，對於中國人來說，要緊的不是弄清公私，而是區分內外。然而，「吃裡扒外」固然是「私」，「本位主義」又何嘗是「公」？結果自然更加分不清公私。實際上，正是因為不能公開地和明確地區分「公私」，便只好代之以「內外」——公為外而內為私。公事公辦之所以等於不辦，就因為那是「外」；內部之所以可以通融，則多因其「私」，只不過這「私」往往被說成是「公」而已。

其實，家庭的特點，就是「公私不分，內外有別」。一家人，分什麼公私，分什麼你我呢？但「我們家」和「別人家」，卻又不可不分。因此，當家庭成為國家和社會組織的普遍性模式時，「公私不分」和「內外有別」這兩個基本原則，也就確立起來了。

二 差異與等級

內外與親疏

的確，中國人處理人際關係的一整套倫理道德原則，差不多都是從家庭這個本位出發的，這就是別內外、定親疏、序長幼、明貴賤。

首先是別內外。比如父親的父母是爺爺奶奶，母親的父母則是外公外婆；兒子的子女是孫子孫女，女兒的子女則是外孫外孫女。蓋因家庭是以父系為統序。父系為內，母系為外，所以男女雙方的親戚，也就有了「表」、「裡」之別。姑、舅、姨的子女為表兄弟、表姐妹，叔、伯的子女為堂兄弟、堂姐妹。一般地說，堂親要親於表親。表親中，姑表要親於姨表。姑表中，娘舅又要親於姑爹。不過，舅老爺的面子再大，也大不過姑奶奶。因為舅老爺雖然是男人，卻是外姓，哪裡比得上姑奶奶是自家人？一個女人，由姑娘而姑媽而姑奶奶，面子便逐步升格。如果是「老姑奶奶」，面子會大得嚇人。所以，那些厲害的女人，總是會自稱或被稱作老姑奶奶。

實際上，家庭和家族的「內外」有兩種情況。一種是「血緣的內外」。在人類開始建立家庭制度時，以母系為「內」，父系為「外」，只有同母兄弟姐妹之間不能通婚。進入父系制以後至今，則以父系為「內」，母系為「外」，堂兄弟姐妹之間不能通婚，表兄弟姐妹之間的通婚則不但不被禁止，反倒頗受鼓勵，叫「親上加親」，如賈寶玉與薛寶釵。

另一種則是「家室的內外」。一般地說，男曰「家」，女曰「室」。所以男子有妻叫有室，女子有夫叫有家；男子娶妻叫室，女子嫁夫叫家（後來加一「女」旁就叫「嫁」）。因為「家」是住所的統稱，「室」則是家中的房間和內室，故「家」與「室」，也有內外之別——夫家主外，妻室主內。妻子叫內人，妻弟叫內弟，妻姪叫內姪，妻眷叫內眷，丈夫則叫外子。這一內外，與前種恰好相反。如果僅按字面理解，以為「內姪」竟比「外甥」親，那就大錯特錯了。

家為什麼可以「別內外」呢？因為它不但有組織形式，而且有物質形式，也就是有房子，有建築。任何建築，都有自己的內部空間。因此，即便只不過一牆之隔，也有內外之別。「家庭」這兩個字，一從「宀」，一從「廣」。「宀」是「交覆深屋也」，「廣」則是「依山崖建造的房屋」，都是建築。但如果比較一下，就不難發現，從「廣」字的多不住人，或不住夫妻（如廟），或非家居（如店）。看來從「宀」從「廣」，也有內外之別。如「庭」，本來是「廳」，後來又指堂階前的地坪，所謂「大庭廣眾」，當然不是內部。所以「家庭」二字，就兼內外而有之——家為內，庭為外。故家賊曰「宄」，家奴曰「宰」，家臣曰「宦」，家禍曰「害」，外人入內曰「客」，外賊入侵曰「寇」，依附他人曰「寄」，敬愛家人曰「寵」，都從「宀」而不從「廣」。

內外之別，也就是「遠近之別」、「親疏之別」。這裡的遠近，不僅是地緣上的，也是血緣上的；這裡的親疏，也不僅是心理上的，而且是倫理上的。一般說來，越親近者，則情感也越深，權利也越大，義務也越重；越疏遠者，則情感也越淺，權利也越小，義務也越輕。而集中體現了這一規定性的，便是所謂「五服」[2]。

「五服」有兩種。「國」之五服，是秦以前的一種等級制度，這裡暫不討論，「家」之五服則是古代的一種喪服制度。中國文化有一個特點，就是特重喪葬。原因之一，則又恐怕在於中國文化特重人情。因為在日常生活中，尚且難免「人一走，茶就涼」，況於「一去不復返」者？所以，喪葬儀式上，就最能考察一個人有沒有「情義」，也最能看出生者對死者的感情。但是，世界上沒有無緣無故的愛，也沒有無緣無故的恨，而血緣的親疏，無疑應該是諸緣故中之最重要者。如果親者不太悲痛，疏者反倒痛不欲生，豈不是出了問題？因此，中國古代的禮學家們，乾脆定出制度，對生者悲痛的程度和服喪的規格，做出明確的規定，以防鬧出亂子來，這就是「五服」。

五服之中，「斬衰」最重，關係也最親；「緦麻」最輕，關係也最疏，已遠離高祖（五代）。所以，五服雖原本是一種喪服制度，但傳統上也用來做血緣關係遠近親疏的標誌。出了五服，便不再認為是親屬。即便同姓，也可以通婚。在這裡，我們不難看出五服制度明顯的不平等性質，即「重男輕女」和「尊長抑幼」。比如夫妻之間、父子之間，照理說親疏是一樣的，但子為父、妻為夫，要服「斬衰」，父為子、夫為妻，則只服「齊衰」，只有長子去世是個例外。又比如，媳婦為公婆服「齊衰」，女婿為岳父岳母卻只服「緦麻」，岳父岳母的待遇竟與外甥、外孫、女婿同。可見，家之五服和國之五服，意義雖不一樣（家之五服是「喪服」，國之五服是「臣服」），本質卻是相同的，即都是一種等級制度。這樣，五服的功能也就不止於「定親疏」，它還包括「序長幼」和「明貴賤」。

長幼與貴賤

如果說，重男輕女是為了「別內外」，那麼，尊長抑幼則為了「序長幼」。

長幼有序，也是中國文化的一個特色。所謂「長幼」，又包括兩個方面。一是年齡，二是輩

2 「五服」中最重要的叫「斬衰」。凡喪服，上衣叫「衰」，下衣叫「裳」。斬衰用最粗的生麻布斬布而製，不縫邊。親屬中，子為父，父為長子，嗣子為嗣父，未嫁女為父，妻妾為夫，皆服之（另諸侯為天子、臣為君亦服之，此則視君為父之禮），喪期三年（實則二十五個月）。為父服斬衰的，俗稱孝子，還要束「苴絰」，表示愁腸若結；持杖（哭喪棒），表示哀毀骨立；依杖扶持，繫絞帶，表示餓瘦了腰。民間所謂「披麻戴孝」，指的就是斬衰。「齊衰」次之，用粗熟麻布，縫邊整齊。「齊衰」又分四等：父已去世而子為母，母為長子服之，喪期三年；父健在而子為母，夫為妻服之，喪期一年，且持喪杖，叫「齊衰杖期」；孫子孫女為祖父母服之，喪期一年，不持喪杖，叫「齊衰不杖期」；為曾祖父母服之，喪期五月。「大功」又次之，用中粗熟麻布，喪期九個月，凡為堂兄弟、未嫁堂姐妹、已嫁姊妹和姑母，又已嫁女為伯叔父、兄弟，為丈夫之祖父母，又公婆為嫡子之妻，皆服之。「小功」再次之，用較細之熟麻布，喪期五個月，凡本宗為曾祖父母、伯叔祖父母、堂叔伯父母，未嫁祖姑、堂姑，已嫁堂姊妹，兄弟妻，從堂兄弟及未嫁從堂姐妹，又外親為外祖父母、母舅、母姨等，皆服之。「緦麻」最輕，用極細熟麻布，喪期三個月，凡本宗為高祖父母、曾伯叔祖父母、族叔伯父母、族兄弟及未嫁族姊妹，為外孫、外甥、女婿、岳父母等，皆服之。

分，其中輩分又比年齡重要。兩個人，如果是同輩，或者並非本家，算不清輩分，就靠年齡來排序，叫「敘齒」。如果同宗同族，那就要靠輩分來排序了，叫「排輩」。甚至兩個人之間，哪怕只不過有一種「類血緣關係」（比如「同門」），也如此。師父的學弟年齡再小，也是師叔；後來的學生年齡再大，也是師弟。所以，阿Q雖然既窮且乏，卻也膽敢以趙秀才的長輩自居。只是因為趙太爺不准他姓趙，他這個「太爺爺」才沒能當成。

長幼不同，待遇也不同。比如，稱自己的父親為「家父」、「家嚴」，稱自己的母親為「家母」、「家慈」，稱自己的兄姊為「家兄」、「家姊」，都是「家」；稱自己的弟妹，則是「舍弟」、「舍妹」，姪輩是「舍姪」，子女是「犬子」、「小女」，均不可替換。較早的時期，弟妹也有稱「家」的，但後世通稱「舍」。只有長子也可稱「家」，叫「家督」。可見「家」與「舍」，也有尊卑之別。上古時，諸侯封地稱「國」，大夫封地稱「家」，庶民沒有封地，大約也就只有「舍」。舍，是臨時居住的地方（市居曰舍）。「家」為「自家」，「舍」為「客舍」，「舍」卑於「家」。故謙稱自己的家，便叫「寒舍」、「舍間」、「捨下」、「敝舍」，意思是寒酸破敝至極，算不得真正的「家」。但再謙虛，也不能犯上，拿長輩尋開心。父母兄姊是要住在「家」裡的，便只好委屈弟弟妹妹住在「寒舍」了。

至於稱呼對方的親屬，即一律用「令」，如「令尊」、「令堂」、「令嫒」、「令郎」。蓋「令」有美好義，是一種尊稱。既然「尊」，則無分長幼，這又是「內外有別」。但稱其父母曰「尊」曰「堂」，稱其子姪則曰「郎」曰「姪」，亦仍有「尊長抑幼」的成分在。

其實，「尊長抑幼」的現象，在中國可謂隨處可見。比如，稱對方為「老張」就比「小張」高一等，「張老」又比「老張」更高一等。在這裡，不難看出中西文化的差異。古希臘的神祇，不是「父英雄」（如宙斯、雅典娜），便是「青春偶像」（如阿波羅、維納斯）；而中國文化宣揚的，則不是「郭巨埋兒」的慘劇，便是「老萊娛親」的鬧劇。試看中國古代推崇的傑出人物和英雄人物，從成湯文王到秦皇漢武，從周公孔子到關羽包拯，哪一個不被描繪成老成持重、長鬚飄然的模樣？年輕漂亮點的，不是品性不端（如呂布），就是器量狹小（如周瑜），或者拈花惹草，或者惹是生非。諸葛亮出山時不過二十多歲，舞臺上的形象也是一嘴長鬚，就因為中國人一貫認為嘴上無毛，必定辦事不牢。因此即便真是少年英雄，也一定少年老成，全不見青年血氣。也許只有屬於神界的孫悟空和哪吒，才多少保留了一點「童心」，但也終於被長老們收服，成了「正果」。甚至就連著名的清官海瑞，在處理民事糾紛時，也主張倘若一時難以明辨是非曲直，便「寧屈其子，不屈其父；寧屈其弟，不屈其兄」，這正是「尊長抑幼」的觀念所使然。

因此，「序長幼」也就是「明貴賤」。明貴賤以序長幼為中心，包括貴父賤子、貴兄賤弟，也包括尊年長者，賤年幼者，如《禮記．鄉飲酒義》云：「六十者坐，五十者立侍，以聽政役，所以明尊長也。」就連天子，對於年紀特別大的老臣，也都優寵有加，給予許多特別的待遇，如「賜紫禁城騎馬」之類。

但是，「明貴賤」又不止於「序長幼」，還包括「貴男賤女」、「貴長賤次」、「貴妻賤妾」、「貴嫡賤庶」等。具體地說，就是同為子女，男孩較女孩為貴；同為男孩，嫡出較庶出為貴；同為嫡出，哥哥較弟弟為貴；同為哥哥，則長子較次子為貴。比如賈環，雖與寶玉是兄弟，但因為庶出，又是弟弟，便樣樣不如寶玉，連丫鬟們也看不起他。所以封建社會中又常有「子以母貴」和「母以子貴」的情況。所謂「子以母貴」，即生母是正妻，或非正妻中地位較高者（如皇貴妃、皇妃等），則其子也貴。所謂「母以子貴」，即是庶子如獲得了繼承權，則其母雖非正妻，地位也因之升格。比如皇貴妃、皇妃之子繼承了皇位，則她們也就是太后，可以與先帝之後平起平坐，叫作「兩宮並尊」，如清代的慈安太后（同治皇帝嫡母）和慈禧太后（同治皇帝生母）即是。之所以會出現這種情況，是因為正妻不一定生子，長子或獨子很可能正是庶出，其母便必因其而貴。

這樣算下來，女兒就比較吃虧，而最吃虧的則是庶出之女。不過，女兒雖不「貴」，卻「嬌」，稱作「嬌客」。因為女兒遲早要嫁人，或已嫁人，名分上是「客」，便應受到特別尊重、嬌貴的待遇。比如《紅樓夢》第五十五回寫到探春代王熙鳳管理家政，平兒教訓僕婦們不得怠慢探春，僕婦們便道：「如今主子是嬌客，若認真惹惱了，死無葬身之地。」所以在賈母面前，迎春、探春、惜春及黛玉、寶釵一干姐妹都可坦然地坐著，身為長嫂的李紈、鳳姐卻得站著伺候，這就叫「貴女賤媳」。「姑奶奶」的面子之所以特別大，原因也正在於此。當然，姑奶奶面子大，只是在娘家。在婆家，也不過「兒媳婦」，除非熬成了「老太太」，變成了「老祖宗」。但即便賈府的老祖宗，見了孫女兒賈元春也得行禮。因為元春已是皇上的人，與老太太有了「君臣之分」。君臣官民，同樣有貴賤之別。官貴民賤，君貴臣賤，最尊貴者是皇帝，叫作「至尊」。

夷夏與官民

內外有別，親疏有差，長幼有序，貴賤有等，就構成了中國古代倫理的全部基礎。它們是「家倫理」，也是「國倫理」，可謂「放之四海而皆準」。華夏與夷狄的關係即內外有別，皇室與外戚的關係即親疏有差，資深與新進的關係即長幼有序，官府與民間的關係即貴賤有等。

差別序等，條理分明，秩序井然，故謂之「倫」。不過，最重要的，也就是兩條原則，即「別內外」與「序等差」。

「別內外」是頭等重要的，這一條界限必須先予劃清。就整個民族國家而言，「別內外」者為「華夷」，「序等差」者為「官民」。中國文化很早就講究「華夷之辨」或「夷夏之辨」。正宗的本民族稱華夏。華，就是光、彩、美；夏，就是大、雅、正。總之，華夏就是「光大美好」之意。周邊的異族，名稱就不那麼好聽了——東曰夷，西曰戎，南曰蠻，北曰狄。「夷」謂「平」，也就是必須平定、夷平、夷滅者；「戎」謂「兵」，也就是必須用武力征服者，故又通「寇」；「蠻」謂「蛇種」，故從「蟲」；「狄」謂「犬種」，故從「犬」，輕慢侮辱之意自明（也有認為是圖騰崇拜遺風的，這裡不討論）。

所以異族之敵，均稱作鬼子，本族之敵則叫匪。「匪」即「非」，亦即「非正統」。國共兩黨談判時，國民黨自稱「政府方面」，稱對方則曰「中共方面」，其中即已有「官民之別」，也算是一種「春秋筆法」吧！一到談判破裂，立即撕破了臉皮大罵其「匪」，但仍不稱「鬼子」，也就是堅守「華夷之辨」的立場，只辨「官匪」，不分「人鬼」。是人的「匪」，比不是人的「鬼」，還是要親近一些。

與「匪」相近者為「賊」，但賊與匪又不盡相同。一般地說，匪是公開的官方之敵，賊則往往是暗藏的內部敵人，如家賊、工賊、學賊。匪在野故曰「土匪」，賊在朝故曰「國賊」。匪多有武裝故「放搶」，賊多用謀略故「行竊」。所以，匪之於賊，有明暗、朝野、文武之別。此外還有「奸」。奸，有與異方相通之意，故多用於通敵者，如內奸、漢奸、奸細。奸與賊的共同之處，是「陰」。因此，那些陰險狡猾、陰鷙狠毒的人，也叫奸賊。

賊也通寇，叫賊寇。其實，賊與寇也有區別。賊為個體，寇為團夥（而且是武裝團夥）；賊是破壞者，寇是侵略者；賊是暗地下手，寇是公然搶劫。從字形上看，則賊是「以戈毀貝」，寇是「入室行兇」。咱們中國是家國一體的。入境即入室。所以但凡入侵者都叫寇。寇，有「匪寇」，有「敵寇」。無論「匪寇」、「敵寇」，都是仇敵，也叫「寇仇」。

敵寇和匪寇也有區別。一般地說，敵對而不認同（比如不同階級、不同民族）者為敵，敵對而有所認同（比如同是中國人）則為匪，這就叫「異己為敵，同類為匪」。此外還有「偽」。偽有「假」義，多用於奸而得逞者。又有「逆」，逆有「反動」義，多用於「反動派」，如「汪逆」、「逆黨」。逆反於正，偽反於真，奸反於忠，都有「非正」之意。所以，但凡不合法的政權，無論是匪寇建立或敵寇扶植的，都叫偽政權。但又不是一切敵方的軍隊都叫偽軍。有叫敵軍的，有叫匪軍的，只有漢奸的軍隊叫偽軍。

漢奸是最為人們所不齒的。叛徒也一樣。最可恥，也最無好下場。因為敵我雙方可以互相轉化，或化敵為友，或轉敗為勝。「鬼子」可以變成「友邦」，「匪徒」可以招安為「官兵」，「賊寇」一旦得勢便是「王侯」，唯獨「叛逆」永無出頭之日。其原由，亦多因「內外有別」故。比如外國兵，原本是鬼子，要來打咱們，也還說得過去。你是自己人，卻叛變投敵，幫外人打自己人，算什麼東西呢？

除過「別內外」，便是「序等差」。比如同是犯上作亂，則官為奸臣，民為刁民，此為「官民之別」；同是行為不軌，則男為姦夫，女為淫婦，此為「男女之別」，一般都不能互換。蓋民為「下愚」，應該渾渾噩噩，如不愚，當然是刁民而不是良民；君為「上智」，自然天縱聰明，如不智，則是昏君而不是明君。至於官們，於公應清廉，否則便是貪官；於君應忠誠，否則便是奸臣。所以有清官而無「清臣」，有忠臣而無「忠官」，蓋因身分義務不同，要求評價也就各異。故君不仁，則為暴君；官不仁，則為酷吏；而一般平民如果殘暴，就只能叫「凶頑」。

總之，中國語言極為豐富，詞語的搭配極重「分寸感」。正是在這細微的差異中，最能見到文化精神。比如抗戰時期，日軍叫敵軍，投靠日本人的叫偽軍，「消極抗戰，積極反共」的則叫頑軍。「頑」原本也叫「匪」（白匪）的。但國共既已合作，就不好這麼叫了，改叫「頑」，意謂「頑固派」。如果不頑固堅持反共立場，而是並肩抗戰，就叫友軍。但如果是外國軍隊（如美軍），則叫盟軍。這既是「內外有別」，又是「等差有序」。因此對外賓的稱呼，便有「同志」、「戰友」、「胞波」、「兄弟」、「朋友」、「貴賓」等等多種。只有尼克森和季辛吉第一次來華時，被稱作「客人」。可見同為老外，也有親疏。這固然是「情」之所至，同時也是「禮」所當然。

尺度與統序

別內外、定親疏、序長幼、明貴賤的原則既定，剩下的就是掌握尺度了。

這就要排統序。什麼是「統」？統就是一脈相承的系統。什麼是「序」？序就是親疏遠近的次序。統分正邪（如華夷、官匪），序列大小（如君臣、父子），「統」決定著「序」。中國傳統社會既然是以家庭為本位的，則最重要的「統」就是「血統」，而且是父系的血統。簡單一點說，就是祖宗父子。

中國文化特別重「祖」。比如自己家族、氏族、民族的先人叫祖先，世世代代叫祖祖輩輩。又比如前人的事業叫祖業，前人的遺跡叫祖武，效法前賢叫祖述，而某一事業、學派、宗派、教派、流派的創始人則叫祖師。祖師爺地位極高，而「欺師滅祖」則是滔天大罪，雖千刀萬剮、粉身碎骨亦不足以辭其咎。一些行業、派別的祖師，如木工的魯班，禪宗的達摩，道教的純陽，都常年接受祭祀，香火不絕。至於天子諸侯之「祖」，祭祀崇拜就更為隆重，而祭祀之處就叫作「廟」。其中，最重要、規格最高的是始祖的廟，叫「祖廟」，又叫「太廟」，又叫「祖」。以祖廟為中心，天子或諸侯率族而居，叫作「國」。祖在，國就在；祖毀，國就滅，叫作「毀廟滅國」。國既因祖而生而存，則自己的國家就叫祖國。同理，以祖廟為中心，族長率族而居，叫作「籍」。祖在，籍就在；祖毀，籍就亡，叫作「毀廟滅籍」。籍既因祖而生而存，則自己的籍貫就叫祖籍。

僅次於「祖」的是「宗」。宗也是廟，叫「宗廟」。祖是始廟，宗是繼承者之廟，所以「宗」比「祖」要次一等。如「宗師」就比「祖師」略次。但「宗」的地位仍很高，如宗工、宗匠、宗門、宗藩，又如宗族、宗室、宗派、宗國、宗祠等。祖與宗合起來，就叫祖宗，又叫列祖列宗。

次於「祖宗」的是「父」。父這個字，許慎的《說文解字》說是「矩」，意謂「家長率教者」；郭沫若《甲骨文字研究》則說是「斧」，意謂「男子持石斧以事操作」。不過依我看，「父」既非教育工具，又非勞動工具，而毋寧說是統治的工具，即「權杖」。也就是說，父親作為「父」一出現，就是家庭的統治者。他揮舞著權杖君臨家族，指揮一切，令行禁止。只要看看「父」與「卐」(法西斯)在造型上何其相似，便不難意會到這一點。事實上，在中國傳統社會，父都一直是家庭的統治者，而「類家庭」的群體中，統治者和領導者也都被稱作「父」，如君父、國父、師父、神父等。

次於「父」的是「嫡長子」。所謂「嫡」，指「正妻」。正妻之子，為嫡子；嫡子中最長者，為嫡長子，也簡稱嫡子、嫡。在宗法社會中，嫡長子地位最高。嫡長子死亡，連其父也要為之服「斬衰」，也是五服中唯一長幼顛倒的特例。因為只有嫡長子，才是家族、宗族的唯一法定繼承人，是家族、宗族一脈相承的血統所繫，所以非同一般。始祖嫡傳長房為大宗，大宗的嫡長子為宗子。宗子對於本宗是家長，對於旁支小宗是族長，有權繼承始祖爵位，主持始祖廟的祭祀。因此嫡長子代表的是血統之「正本」，叫「正宗」、「正統」，又叫「嫡傳」、「嫡系」。在中國的「類家庭」社會組織中，嫡傳被看作最正宗的傳統，嫡系則被看作最可靠的系統。

祖、宗、父、嫡長子，一脈相承，維繫的就是「血統」。血統之所以如此重要，就因為它是「倫」，而家庭的建立，原本是為了防止「亂倫」。按「家」字從「宀」從「豕」。宀，如前所述，是一種東西南北交覆，有堂有室的「深屋」。豕，當然就是豬。不過，「家」中之「豕」，不是所有的豬，而是公豬，文雅的說法叫「牡豕」，又叫「豭」。「豭」與「家」完全同音。所以，「家」就是「豭」，也就是「公豬」，或「關進深屋的公豬」。這隻公豬關進深屋幹什麼呢？當然不是為了圈養，而是為了防止亂倫。因為公豬性淫，只有關進深屋才不會「亂來」。所以，「關進深屋的公豬」——「家」，也就成了防止亂倫的符號和象徵。

關進深屋的既然是公豬，則所謂「倫」，也就首先是父系的血統。這樣，當「倫」變成了倫理、道德，繼而變成了齊家治國的方略時，血統，也包括類似於血統的其他什麼「統」——皇統、學統、道統、傳統，也就成了「別內外，定親疏，序長幼，明貴賤」的準繩。以父系為緒統，是「別內外」；以嫡子為傳人，是「定親疏」；立嫡以長，是「序長幼」；而強調嫡傳，則是為了「明貴賤」。統序既定，尺度自明。比如嫡系部隊的裝備就要比雜牌軍的好得多，正統也要比異端吃得開。

難怪無論官匪，都要以「正宗嫡傳」相標榜，不肯承認自己是「旁門左道」了。比如宋江打王慶時，王慶便罵宋江是「水窪草寇」，宋江則罵王慶是「謀反狂賊」，雙方都大言不慚理直氣壯地以「正統」自居，可見他們都自覺不自覺地站到了官方的立場上，儘管在真正「正宗」的官方看來，他們都是賊，是「賊喊捉賊」。但無論宋江，還是王慶，都不會認這筆帳。他們必須把自己說成是「正統嫡傳」。因為誰都明白，越是正統就越高貴，越是嫡傳就越顯赫。家如此，國亦然。

三 泛倫理

血統與血緣

的確，明貴賤，要算作是血統在社會生活中最重要也最現實的功能。具體地說，就是「龍生龍，鳳生鳳，老鼠生兒打地洞」。血統高貴的，其人也高貴；血統卑賤的，其人也卑賤。可見，單有血統還不行，還要血統好。一要高貴，否則便是「賤種」；二要優秀，否則便是「孬種」；三要純正，否則便是「雜種」；四要清白，否則便是「野種」。「野種」和「雜種」，在中國是罵人的話，而且極刻毒，因為被罵的已不限於本人，而是延及祖宗，株連九族，所以非回罵「操你祖宗八代」不可。

於是，一個人要想使自己顯得高貴一點，就不能不把自己的血統弄得高貴起來。比如曹操，是宦官曹騰養子曹嵩的兒子，在當時實在要算作「出身不好」的，於是自作《家傳》，宣稱是曹叔振鐸之後。其實曹家先前再闊，與乾兒子的兒子又有什麼關係？何況追溯得越遠，自然越不可信。劉備就滑頭得多，僅僅自稱是漢中山靖王之後。年代不遠，相對可靠，又與當今皇上沾親帶故，便一下子飛黃騰達了起來。

可惜，並不是所有人都可以這樣攀龍附鳳的。比如我們姓易的，祖上就沒出過什麼顯赫的人物。述起家史來，實在是乏善可陳。我太太姓李，歷史上倒是出過皇帝，但姓李之人何其多也，大家都說是李世民的嫡傳，只怕也不好落實政策。

這就要想辦法。

辦法也是有的，那就是「結緣」。說得直白一點，就是娶個血統高貴的老婆，或者嫁個血統高貴的丈夫。

這也是頂用的。因為我們通常所謂「血緣關係」，實際上是以經緯兩條線索交織而成的人際關係網路。「經」即父系的血統，「緯」即母系的血緣。辭書上往往把血統和血緣混為一談，其實不然。統，是縱向的；緣，是橫向的。統，指一脈相承，所以只有父子、祖孫，才叫血統。緣，有邊沿、纏繞、攀援、牽連、順延、憑藉等義，算是「拉扯」來的，所以「緣」低於「統」。比如父子祖孫，是血統關係；兄弟姐妹、堂兄弟姐妹、族兄弟姐妹，是同一血統的血緣關係；表兄弟姐妹，則是不同血統的血緣關係。至於姑嫂連襟，就連血緣關係都沒有了。所以父子親於兄弟，堂兄弟親於表兄弟，表兄弟親於姑嫂連襟。「統緣」之別，也就是「親疏」之別。

血統與血緣，雖有親疏、內外、縱橫之別，卻並不意味著血緣就不重要。相反，因為同一血統的人不能婚配，則家庭要建立，家族要擴展，種族要延續，就非到血統以外的家庭、家族那裡去結「緣」不可，這就叫「姻緣」。「姻」即「因」，即「因而成親」，又叫「婚姻」。細說一點，則男子娶妻曰「婚」，女子嫁夫曰「姻」。故妻之父為「婚」，夫之父為「姻」，相互間的關係就叫「婚姻」。之所以叫「姻親」、「姻緣」，而不叫「婚親」、「婚緣」，是因為只有通過女方才能「結緣」（故婚姻二字皆從女）。這些姻緣顯然又要造就許多新的血緣和親緣。這些新的血緣和親緣，又要到別的血統那裡去結緣。這樣一來，由家庭而家族，由家族而氏族，由氏族而民族，也就終至「四海之內皆兄弟」了。

可見，所謂「親」實際上有兩種，一種是有血緣關係的，叫血親；一種是沒有血緣關係的，叫姻親。姻親雖然不如血親，但好歹也是「親」。何況，非血親之親，無論人數、種類，都比血親多。比如同輩血親，無非兄弟姐妹。就算加上堂兄弟姐妹、表兄弟姐妹、族兄弟姐妹，也還是兄弟姐妹。姻親的名堂就多了。連襟、妯娌、姑嫂、郎舅，五花八門。稱謂也多，嫂子、弟妹、姐夫、妹夫、小叔子、小姑子、小舅子、小姨子，不一而足。幾乎沒有哪個民族像我們這樣分得那麼細。這些都是為了「別內外，定親疏」。但既然有親有疏，就說明並不局限於小範圍內，可以泛。

親可以泛，則情也可以泛。什麼是親？親的本義是「感情深厚關係密切」。所謂親情親情，就是說情由親生，親由情定，一泛俱泛。這樣，一個道德的人，就可以由親愛親人而至仁愛民眾，又由仁愛民眾而至愛惜萬物，這就叫「親親而仁民，仁民而愛物」，是一個君子所應達到的道德境界。

不過，親則親矣，愛則愛矣，還是要有分寸、差等。對於親人，是「親愛」；對於人民，是「仁愛」；對於庶眾，是「泛愛」；對於萬物，是「憐愛」。這裡顯然有多寡，有濃淡，有厚薄。其標準，則主要取決於血緣。血緣越近，愛也越濃厚，越特別；血緣越遠，愛也越淡薄，越一般。但不管怎麼說，還是可以泛。

親緣可以泛化，則情感也可以泛化。情感可以泛化，則倫理也可以泛化。因為中國傳統的倫理道德，原本就源自家庭。所謂「三綱五常」，便三綱中有兩綱是講家庭關係的（父為子綱，夫為妻綱），五常中則有三個原屬家庭（父子、夫婦、兄弟）。又比如「天地君親師」，也如此。因為天地君師都視同父母，核心其實是「親」。這樣，中國文化以家庭為本位，就不僅是「家單位」、「家天下」，而且是「家倫理」。

家倫理

所謂「家倫理」，就是把處理家庭內部人際關係的倫理道德觀念，看作「放之四海而皆準」的準則，作為個人和國家的「立身之本」和「立國之本」。比如家庭倫理的準則「父慈，子孝；兄愛，弟敬；夫和，妻柔；姑慈，婦聽」，用之於國，即為「君令臣恭」，用之於友，則無妨照搬「兄愛弟敬」。因為民族不過家族的放大，朝廷不過家庭的升格，君臣不過父子的變相，朋友不過兄弟的延伸。因此所謂「家國一體」，也就不但表現為模式上的「同構」，也表現為機制上的「同律」。也就是說，「齊家」也好，「治國」也罷，其機制都是倫理道德，只不過前者叫「綱常」，後者叫「綱紀」。但仔細考察一下，便不難發現它們也沒有太大的區別。「君為臣綱」與「父為子綱，夫為妻綱」道理都一樣，而「仁義禮智信」，則是家國通用的。這也不奇怪。國既以家為模式，家又不可再分割為個人，當然也就既不可能有「國倫理」，也不可能有「個人倫理」，而只能有「家倫理」。

事實上，在中國人看來，一個人如果不愛自己的家，便很難設想他會愛國；如果不能為自己的家盡義務做奉獻，便很難設想他會為國盡義務做奉獻；如果不能治理好自己的家，便很難設想他能治國，這就叫「家齊而後國治」。或者說，「國之本在家」。

所謂「國之本在家」，其實也就是「道德之本在家」。

首先，家庭是倫理道德的培養基地。對於任何民族的個人而言，家庭差不多都是他的第一所學校，母親差不多都是他的第一位老師。知識教育、道德教育和審美教育，都從這裡啟蒙。但是，中國人的所謂「家教」，卻幾乎約定俗成地專指道德教育。比如，當我們指斥某人「沒有家教」或「家教不嚴」時，一定是這人在做人、在講禮貌懂規矩方面出了問題，而絕不會是因為他沒有知識或不會審美。事實上，中國的傳統家庭教育也確實是把倫理道德教育放在第一位的。兒童最先學會的詞彙是稱呼父母，而接受最多的文化指令是「聽話」。尊重父母則「孝」，聽話則「順」。孝生敬，順生服。孝敬順服，是中國全部傳統道德的根基。由「孝於父母」，而「友於兄弟」，而「和於夫婦」，而「忠於君王」，而「尊於師長」，而「信於朋友」，一套倫理道德系統，就這樣建立起來。

童年的記憶是根深蒂固的。它可能會變成一種「文化無意識」而積澱到心理深層，成為一個人日常行為的文化指令。比方說，一個從小就「孝悌」的人，在社會上就很可能尊老愛幼；一個從小就「聽話」的人，在單位上也很可能遵紀守法。在家為「孝子」，在鄉為「順民」，在國則便必為「忠臣」。道理很簡單：如果對事實上的父親尚且不能盡孝，那又何以讓人相信他會對名義和禮儀上的父親（君王）盡忠呢？這就叫「忠臣出於孝子之門」。因此，正統的君王和朝臣，對於那些不能盡孝道的官吏，是很難給予真正信任的。甚至在制度上，也做出了相應的規定，即一應在位官吏，無論職位高低，如遭父母之喪，必須去官回鄉，在家守孝三年，叫作丁憂。只有在極為特殊的情況下，國君才可以令其移孝盡忠，戴孝就職，叫作奪情。

家庭不但是倫理道德的培養基地，也是倫理道德的主要實踐場所。傳統社會中的中國人，無論外出做官，還是外出做事，機會都不很多。所以他們學習的倫理道德規範，主要地還是用於家庭，正所謂「學之於家，習之於家，得之於家，用之於家」，因此是家倫理。更重要的是，家倫理都往往不是什麼大道理、大教條，不是空話和套話，而是實實在在可見可聞可模仿可操作的具體規範。比方說，「出必告，返必面」就是。小孩子出去，一定要告訴父母一聲；回來了，也一定要去打個照面。這很現實，很具體，很好學，也很容易做到，但意義並不因此就很小，實際上是在培養一種設身處地替他人著想的道德精神。因為苟不如此，便會無端地讓父母擔憂。這種只顧自己的行為，對父母是不孝，對他人就是不仁，因此必須予以糾正。

相反，一個有家教的人，便不會因為這種小小的疏忽而給他人帶來不便。他到外面做事，到朝廷做官，也一定會懂得事先請示，事後彙報，事中通氣，從而深得領導和同事們的嘉許。可見此事雖小，作用卻大，意義也很深遠，所以既是小事，又是大事。說它「大」，是因為善之為善，本無大小。聚沙可以成塔，集腋可以成裘，而千里之堤，潰於蟻穴。故云「勿以善小而不為，勿以惡小而為之」。說它「小」，是指易行而言，不是「挾泰山而越北海」，力不能及。力所能及又意義重大的事，有什麼理由不做呢？

由此可見，家庭，實在是實踐倫理道德的極佳場所。一個人，如果在自己家裡受到了良好的教育和鍛煉，那麼，無論他到社會上擔任什麼「角色」，都不會失德或失禮。因為「禮」的儀文雖家國不一，內在精神卻是一以貫之的。對父母孝順的，對君王就忠誠；對兄長敬重的，對長官就恭敬；對子弟慈愛的，對下屬、民眾就仁和。這就叫「君子不出家而成教於國」。家之重要，實已毋庸置疑。

泛倫理

泛血緣加上家倫理，其結果必然是「泛倫理」。

所謂「泛倫理」，就是把原本並非倫理的關係（比如人與自然的認識關係和審美關係），也看作倫理關係，或者把政治問題、法律問題、教育問題、科學問題、宗教問題、藝術問題甚至經濟問題，都轉化為倫理問題，形成一種「倫理中心論」或「泛倫理主義」。

隨便舉個例。比如「講衛生」，原本是一個科學問題，因為不講衛生有害於健康。但在中國，卻是一個道德問題，叫「不講衛生可恥」。其實，只有不講公共衛生才是可恥的，因為那意味著沒有公德心。至於一個人，自己在家裡，飯前不洗手，睡前不刷牙，雖然不衛生，卻不知「恥」從何來？又比如，大糞是臭的還是香的？依照純科學的觀點，當然是臭的。但依照泛倫理的觀點，則如果你站在勞動人民的立場，有了勞動人民的思想感情，便會覺得大糞不臭了。連感覺知覺這種生理心理現象尚且也要倫理化，焉問其他？

倫理如此氾濫，則中國傳統政治的一個顯著特點，便總是要把政治鬥爭說成是道德鬥爭，把政治問題說成是道德問題。比如，初唐時徐敬業討伐武則天，明明是統治階級內部的政治鬥爭，但駱賓王為徐敬業起草的《檄文》，羅列出來的武氏罪狀，卻幾乎全是道德問題。作為政敵的武則天，被描繪成一個「頭上長瘡，腳下流膿」，十惡不赦，裡裡外外都壞透了的「壞人」。

這種對政敵進行道德譴責和人身攻擊的手法，幾乎是中國歷代政治鬥爭的通則。這個傳統至少在成湯討伐夏桀、武王討伐殷紂時就已經形成了，直到「文化大革命」中仍屢試不爽。同理，如果要在政治上肯定和拔高某人，也一定要先把他描繪成高風亮節的道德楷模，甚至是不食人間煙火的超凡神聖，而且往往要追溯到童年時期的家教，如孟母擇鄰之類。結果就出現了這樣的現象：某個人，政治上得勢時，公眾一直被告知，他是一個廉潔奉公、憂國愛民、虛懷若谷的道德家；一旦倒臺，卻又忽然間被揭發出「大量」、「駭人聽聞」的腐化墮落和殘害忠良的事實，並由此證明他原不過是偽君子。政治野心家、陰謀家是偽君子，這並不奇怪，但他的道德敗壞既然有大量事實為證，卻非得在倒臺後的一夜之間才被揭露出來，卻總讓人覺得不可思議。

因此，我們實應進行三個方面的「正本清源」。第一，應把道德和法區分開來。道德和法有關係，但並不同一。犯法的人，並不一定道德敗壞；守法的人，也並不一定道德高尚。以道德代法制，只能弄得道德與法都不健全。第二，應把政治與道德區分開來。政治是一種立場，道德是一種品質。立場表現為態度，品質表現為行為。態度好不等於行為佳，立場對不等於品質優。站在敵對立場上的人，並不都品質惡劣；而同一陣營中人，也可能背後開槍。千萬不要以為某某人在政治上擁護你，就一定是「有德君子」，可以放心依靠。第三，應把一般共同道德和特殊職業道德區分開來。有些道德品質，是作為一個「人」所必須具備的；倘無，則「不是人」。有些道德品質，則是一定崗位上的人必須具備的；倘無，則應掉換崗位。比如軍人應該勇敢堅毅，懦弱的人就不能當將軍；學者應該熱愛真理實事求是，見風使舵、賣論求官的人，就應該從學術界開除出去。至於他們生活上是否艱苦樸素，或是否有曖昧的男女關係，其實不應苛求。

對人如此，對政府也如此。一個好的政府，當然應該科學，民主，清廉。但是，三者之間分量卻並不應該一樣。在我看來，科學應重於民主，而民主又應重於清廉，而且所謂「清廉」，也只能是不貪汙，不以權謀私，而不是過苦日子。可惜，中國人普遍的心理，卻是更看重清廉。只要「清」，就是好官。至於他的作風是否民主，決策是否科學，則不大注意。其實，「清官」不一定就是「能員」，「有德」不一定就能「治國」。比如南朝梁武帝蕭衍，五更即起床辦事，手凍得開裂也不停筆，算是「勤勞」；一頂帽子戴三年，一條被子蓋兩年，一天只吃一頓菜羹粗米飯，算是「節儉」；禮賢下士，連對宮內閹宦都禮若貴賓，算是「謙恭」；民眾犯了重罪，他涕泣，士族犯了重罪一律赦免，算是「慈愛」。但在他的統治下，國政混亂，民不聊生。他的政治舉措，更是荒唐背謬，最後引來「侯景之亂」，自取滅亡。相比較而言，他的吃糙米穿布衣，又算得上什麼功德？

倫理道德無疑是重要的，但也不是萬能的。世界上沒有萬能的東西，再好的東西也不能氾濫。「泛倫理」的結果是「亂倫」，「唯道德」的結果是「失德」。如果什麼都是倫理（泛倫理），就沒有倫理了；如果只剩下道德（唯道德），就沒有道德了。這就是歷史的辯證法。

四　官本位

探源

以「家單位」為基礎，「家天下」為模式，「家倫理」為機制，這就是「家本位」。不過，社會制度的建立基礎是家庭，社會價值的計算標準卻不是家庭，也不可能是家庭，而是官位、官職和官銜，這就是「官本位」。

官本位是隨處可見的。比方說，開會的時候，官大的人坐臺上、坐前排、坐中間，官小的人坐後排、坐兩邊，不夠級別或沒有官銜的人坐下面。這時，一個人的氣質、風度、才華、能力等等是不予考慮的。說話時，官大的叫指示，官小的叫講話，沒有官銜的叫發言。這時，他們講的內容如何，是否真有學問和見解，或者是否真有意義和價值，也同樣是不予考慮的。似乎只要「官」大，就一定本事大，學問多，眼界高，見解獨到深刻。甚至一些學術單位，在考核業績評定職稱時，也以論文發表單位的行政級別來衡量其價值。國家級刊物發表的，得分就高；地方級刊物發表的，得分就低。可見，官，確實是社會價值的計算標準。

官本位的思想，也是老早就有了的。早在西周大封建時，便已確立了以爵位的高低來規定諸侯國大小的原則。比如宋國公爵、晉國侯爵、曹國伯爵、莒國子爵、許國男爵。它們的國君在官方正式的史書（如《春秋》）上，便分別被稱為「宋公」、「晉侯」、「曹伯」、「莒子」、「許男」，各自的爵位都毫不含糊。這時，他們的國力是否雄厚，他們自己是否有領導能力和領袖風采，也是不予考慮的。至於楚國，因為是「荊蠻」，血統不夠高貴，來歷也不明白，所以其國君只能稱作「子」。其實楚君早已稱王，國力也相當雄厚，但按照官本位的邏輯，他也只能是「子」。儘管官比他大的某些公、侯、伯們（如魯公、宋公、曹伯、滑伯、滕侯、杞侯等）見了他，不要說「子」，只怕連「孫子」都不如，但在官方的史書上，楚王也仍然是「子」。

官為什麼會成為本位呢？就因為中國傳統社會是一個等級社會，中國傳統倫理是一種等級倫理。內外、親疏、長幼、貴賤，都是等差，也都是級別，縱橫交錯，不勝其煩，很需要有一個簡單明確一目了然的統一標準。那麼，用什麼來做標準呢？用「君」是不行的。君又貴又少，再說也沒人敢攀比。用「民」也是不行的。民又賤又多，簡直不成標準。只有「官」最合適。官，於君是臣子，於民是父母，人數不多不少，地位不高不低，而且序列分明等級森嚴，承擔這一任務，也就責無旁貸，當之無愧。所以，中國不會有「君本位」，也不會有「民本位」，而只會有「官本位」。

官成為本位，還因為「公私不分」。既然無分「公私」，便只好或代之以「內外」，或代之以「官民」。官，不僅意謂著正式，也意謂著高級。比如學名叫官名，普通話叫官話，官道也就是「高等級公路」，而高級艙位就叫官艙。因為「官方」也就是「公家」。依照群體意識，公家總比私人好，當然要用「官」來做「本位」。

官一旦成為本位，成為身分地位的標誌，則無論與官有關無關，也要千方百計地扯上瓜葛，自己給自己「加官晉爵」。比如妻子要討好丈夫，便稱其為官人；店夥要討好顧客，便稱其為客官。同理，在日常社會交往中，但凡對方有所職司，也一定要把它當作官銜來稱呼，以示尊敬。比如「張會計」、「李出納」、「王過磅」、「劉記帳」之類，真是不倫不類。最有意思的是獄中犯人對守衛戰士的稱呼，喚作班長。蓋因班長兵頭將尾，介乎官兵之間。將戰士喚作班長，就既可尊其為官，又不違背事實，真真妙不可言。

官銜既然如此重要，只要有條件，人們也就都想弄個師長旅長當當。所以，明明是學術職銜，也要換算成行政級別，比如相當於正廳或副處。單位也一樣。級別高，單位就「大」；級別低，單位就「小」。不過，這裡的「大小」，並無關乎職工人數、占地面積、經費設備和房屋車輛，而主要是指行政級別，所以叫官本位。如科級局、縣級市、地師級企業等。甚至連出家人也不能免俗，據說也評定了「處級和尚」、「科級尼姑」云。

官與級

顯然，所謂「官本位」，其實就是「等級本位」。

不過，官這玩意，原本可不是「級」。它的意義，是職責和功能。實際上，許多官位就正是從職司任務轉變過來的。比如尚書是主管文書，巡撫是巡查撫慰等等。於是，便既有「有官無級」者（如欽差大臣），又有「有級無官」者（如襲封誥命），還有看不出級別者（如主任委員）。這就要小心。比如孫悟空就上過一兩回當。這位老兄，在花果山上，占山為王，自在逍遙，原本待得好好的，一聽說玉皇大帝要給他官做，便立馬上天受封，還一本正經去上任，並興沖沖地問御馬監的同僚，這「弼馬溫」是個幾品官兒。聽得同僚如實答曰「未入流」，便勃然大怒，反下天庭，並開出價錢，要當「齊天大聖」。大聖且與天齊，面子夠大的了，可惜還是不靈。原來雖有頭銜，卻並未「列級」，王母娘娘蟠桃大會的嘉賓名單裡，就沒有他的一席地位。於是又鬧，直鬧得不可開交不可收拾，最後被如來佛祖壓到五行山下才算了事。可見「級別」這玩意是何等重要。齊天大聖尚且不能沒有級別，我等下界凡人，要為自己和自己單位爭級，也就不足為奇。

級別之所以如此重要，就因為它不僅意味著地位的高低和面子的大小，而且意味著待遇的高低和實惠的多少。在中國傳統社會，對於什麼級別享受什麼待遇，歷來有極其嚴格的規定。明制規定七品官不能騎馬只能騎驢，結果弄得派出去「代天巡狩」的巡按們都十分狼狽。因為巡按向以監察御史充任，品級不過正七品，而被監察的對象，一省的按察使、都指揮使正二品，布政使從二品，知府正四品，知州從五品，只有縣太爺與之平起平坐，也是個「七品芝麻官」。但御史是朝廷所遣，巡按一方，官不大，權不小，與三司（布政使、按察使、都指揮使）同城理事。三司騎高頭大馬，巡按跨矮腳小驢，實在有失觀瞻，不成體統，後來只好特旨准騎驛馬（仍無「專車」）。由此可見，「級別」實在比「官銜」更重要。

級別不僅意味著「貴賤」，而且意味著「親疏」。所以西周大封建時，就不但定出了公、侯、伯、子、男五等「爵」，還進一步肯定了商制的甸、侯、綏、要、荒五等「服」。京畿五百里內，是天子近鄰，治田以服事天子，所以叫「甸服」。甸外五百里，是天子拱衛，有保衛王室的義務，所以叫「侯服」，又叫「衛服」。侯外五百里，是天子之所安撫者，相當於賓客，所以叫「綏服」，又叫「賓服」。綏外五百里，是與天子有盟約者，實際已非臣屬，而是締約國，所以叫「要服」。要外五百里及其以上，已是天荒地遠，天子鞭長莫及，只要名義上象徵性地承認周王為天下共主即可，所以叫「荒服」。甸服者須供應每天的祭品，侯服者供應每月祭品，綏服者供應四季的祭品，要服者每年納貢一次，荒服者一生朝見一次也就可以了。這就叫「日祭、月祀、時享、歲貢、終王」。可見越遠也就越疏，義務也就越少，當然人情也就越淡薄。

爵明貴賤，服定親疏，爵明待遇，服定義務，這就從縱橫兩個方面，建立起一個立體結構的等級制度，而後代的官僚體制，則不過是等級制度的集中體現罷了。官越大，地位越高，待遇越優厚，與天子也越親近。首相元輔，三公九卿，軍機大臣，六部尚書，或官居極品，或近在君側，自然為世人所仰慕。總督巡撫，位在封疆，在地方上固然威風八面，在聖上面前也極有面子，可以專折言事，甚至彈劾京官。至於知州知縣，則不過風塵小吏，在本州本縣是「太爺」，進了京便是「孫子」。甚至詹事科道，雖是京官，但官卑職小，人微言輕，也難得一睹天顏。可見官與級，大

體一致。級別這玩意，既是面子，
又是實惠，既是貴賤，又是親疏，則誰人不想，哪個不爭？

告別官本位

那麼官本位，或者說等級本位，好不好？不好，很不好。

前面說過，所謂「本位」就是價值標準。以什麼為本位，亦即以什麼為價值標準。我們評價一個人，一件事，一個對象，在一定的範圍內，都只能有一個標準。比如在認識領域，這個標準就是科學，或者說真理；而實踐，則是檢驗真理的唯一標準。又比如，認定一個人有罪還是無罪，罪大還是罪小，該重判還是輕判，也只能有一個標準，即法律。可是，官本位卻要來插一腳，結果就變成了雙重標準。比如，認定一個人有罪無罪時，還要看他是官不是官，或官們有什麼看法和意見，則法庭也就很難公正，法制也就很難健全。更糟糕的是，官本位還可能取代應有的標準。比如一個決策或一種理論，已被實踐證明是不科學的，但因為是一個大官做出或提出的，就仍要說它正確，還要硬著頭皮幹下去，則其對於國計民生的危害，也就不言而喻。實際上，「官」一旦成為本位，則天底下也就只剩下一個標準，即：是官是民和官大官小。比如官與民意見分歧，則必是官對民錯。如果一個更大的官出來否決了那個小官的意見，這個小官也只好自認倒楣。從前，許多案子之所以要「告御狀」，請皇上老爺子來最後仲裁，道理就在這裡。在這樣的情況下，什麼科學、民主、法制，什麼真理面前人人平等，法律面前人人平等，是根本談不上的。

其實，官本位不但害民，也害官。而且，既害小官，也害大官。因為依照官本位的邏輯，小官總是沒有大官英明正確，也就總是難免要犯錯誤。那麼，小官們又有什麼積極性和主動性呢？沒有。他們只有混，或琢磨著如何往上爬。結果，有能力的也會變得沒能力，或正派人也會變得不正派。那麼，大官們一貫正確，豈非很好？不好。因為這樣一來，便等於把所有的責任都攬到自己身上來了。結果，明明是下面的錯誤，但因為是在你「英明領導」下發生的，當然由你負責。而官們尤其是大官，是不應該犯錯誤的。於是，一個大官，如果不幸在政治鬥爭中落了下風，就很可能成為一切錯誤的替罪羊。

當然，真正受害的，還是國家和民族。我們知道，國家的強盛，民族的興旺，社會的進步，取決於科學的進步，政治的昌明，道德的完善，法制的健全。說到底，取決於全民族的素質。然而，官本位造就什麼呢？它造就的是思想的平庸，政治的腐敗，道德的墮落，法制的破壞，以及全民族素質的低下。

為什麼會這樣？因為價值體系被破壞、被搞亂了。試想，一個人，只要當了官，便當然地擁有真理，就當然地有學問，有水準，還有什麼科學可言？又有誰願意吃力不討好地去從事科學研究？反正真理都在官們那裡，只要鸚鵡學舌地跟著念文件、喊口號就行了。久而久之，自然是思想平庸，思維遲鈍，靈感枯竭。同樣，既然什麼都是當官的說了算，還要民主幹什麼？沒有了民主決策和民主監督，自然是政治越來越黑暗，越來越腐敗。想不黑暗、不腐敗也是不行的。因為「本位」

與「官位」已成一體，保住和提升官位已成為唯一追求和目的，哪裡還顧得上別的？為了保住和提升官位，開始可能會言不由衷，慢慢地就會口是心非甚至口蜜腹劍；開始可能只不過文過飾非，慢慢地就會謊報軍情甚至製造謠言；開始可能僅僅是爭風吃醋，慢慢地就會爭權奪利、賣友求榮、爾虞我詐、相互傾軋、落井下石、借刀殺人、為打擊政敵往上爬而無所不用其極，則道德的墮落也就成了題中應有之意。至於法制的建設，也是根本談不上的。在官本位的體制下，「刑不上大夫，禮不下庶人」，有什麼法可言？既無法制，又無道德，剩下的也就只有權術和陰謀。一個只有權術和陰謀的社會，是不會有真善美的。沒有了真善美，則全民族素質的提高，也就是一句空話。

無疑，這只是極而言之，並非說現實就是如此，也不等於說以後我們就不要官了。為了管理好國家和社會，官總是必不可少的，只是不要成為本位。一個現代社會的官員，只能是公務員。什麼是「公務員」？就是執行公務的人員。這個公務是公眾委託他去執行的，因此應以公眾的利益和意志為本位，而不是以自己的官銜為本位，否則就是本末倒置。公務員當然也要有權力，但這權力是公眾賦予他的，而且是公眾賦予他執行公務的。因此，只有當他執行公務，而且是代表著公眾利益和意志執行公務時，才有此權力。除此之外，他不應有任何特權。也就是說，官與民，公務員與非公務員，作為個人，在人格上是平等的，在權力和義務上也是平等的。平等，才有民主和法制；平等，才有科學與道德。顯然，要做到這些，就必須廢除官本位。

Chapter 7

婚戀

一　無愛的婚姻

無愛之婚

家庭的基礎是婚姻。

婚姻在中國被稱為大事。中國人的大事並不多。在國，無非「祀」與「戎」；在家，則無非「婚」與「喪」。相比較而言，「婚」又比「喪」重要一點。因為兩性的結合，家庭的建立，血統的延續，血緣的擴展，都自婚姻始；一個人的正式成人，也自婚姻始。所以是大事，而且是「終身大事」。

然而，這個「終身大事」，與那兩個定了「終身」的人，又好像沒有什麼關係。

首先，一個人結不結婚，什麼時候結婚，和什麼人結婚，都不歸自己決定，也不由自己選擇。一般情況是媒人替男女當事人找好「對象」，父母覺得挺合意，也就拍板成交。有的也會象徵性地徵求一下子女的意見，但得到的回答多半是「全憑爹爹做主」之類，父母也就眉開眼笑，誇他們是

「好孩子」。於是終身大事便這樣定下來。總之，媒人替父母做選擇，父母替子女做決定，沒當事人什麼事。

接下來便是一系列莊重、認真、嚴謹、煩瑣的儀節：納采、問名、納吉、納徵、請期、親迎。既然選擇和決定都是別人做的，這些程序自然也無勞當事人自己費心，一切都有別人來操辦。自己要做的，只有最後幾道程序：上花轎、迎新娘、拜天地、入洞房。這事別人代替不了，只好由當事人自己來做。但即便是自己做，也不過一如提線木偶，規行矩步行禮如儀而已。這就不禁讓人懷疑：結婚，到底是誰的事？

事實上，在中國傳統社會，結婚從來就不是雙方當事人的事，而是他們雙方家族的事。用《禮記》上的話講，就是「合二姓之好，上以事宗廟，而下以繼後世也」。也就是說，結婚的目的無非兩條，一是為兩個異性家族締結「親緣」，二是為男方家族承繼「血統」，即「結緣」與「繼統」。結緣也好，繼統也好，都是家族的事，而非個人的事。既然並非個人的事，則當事人也就可以不必操心，不必過問，只須完全依照「父母之命，媒妁之言」去例行公事、坐享其成即可。

這樣的婚姻，當然是無愛的婚姻。

所謂「無愛的婚姻」，並不是說中國傳統社會中的夫妻都是沒有感情的。事實上，一隻貓，一條狗，在家裡養久了，尚且有感情，況乎「一日夫妻百日恩」？自然多少有些。問題在於，這種感情很難說就是愛情，正如我們很難說貓狗「戀家」就是「愛人」一樣。何況即便有，也不是夫妻生活中最重要的內容。因為它不是婚姻的目的，自然也不是婚姻成立和維持的原因。比如梁山伯與祝英台兩情相悅，卻不能結合；焦仲卿與劉蘭芝夫妻恩愛，卻又必須離異。

關於離婚，中國古代有准予離婚的「七出」和不准離婚的「三不出」兩種規定。所謂「七出」是：凡無子、淫佚、不事舅姑、口舌、盜竊、妒忌、惡疾，均可休妻。所謂「三不出」是：凡有所娶無所歸、與更三年喪、前貧賤後富貴者，均不得休妻。無論七出三不出，沒有一條是關於愛情的。而且在事實上，休妻的理由往往不成其為理由。比如孔子的學生曾參，僅僅因為妻子做了一次夾生飯，便把她休了。可見婚姻與愛情無關。

總之，中國傳統社會的婚姻，目的是十分明確的。一是盡義務，即「男大當婚，女大當嫁」；二是結親緣，即「合二姓之好」；三是繼血統，即「生兒育女」；四是過日子，即「男人無妻家無主，女人無夫房無梁」。一男一女兩個人，是否有愛情，甚至是否曾相識，都是不要緊的。只要門當戶對，有媒有保，便可結合；只要結合以後，能夠互幫互靠，團結協助，共建家業，就算是模範家庭了。即便不模範，能湊合著過，不打得頭破血流，也行。至於愛情什麼的，則聞所未聞。再說，愛情又不能當飯吃，要它作甚？反正無論對於社會也好，還是對於個人也好，頭等重要的是女的得嫁得出去，男的不打光棍；其次是結婚以後過不過得下去，而不是愛不愛得起來。

無性之戀

這樣的婚姻，不但無愛，也無性。

當然，正如所謂「無愛之婚」並不等於夫妻之間沒有感情，「無性之戀」也不等於夫妻之間沒有性生活，只不過目的不在性，而在生育，至少要被說成是生育。比如一個當母親的催兒子早早結婚，其理由往往是想抱孫子；而「宜男之相」，則多半是媒人對其推銷對象最好的包裝和說詞。甚至一些人納妾的藉口也是老婆不生兒子。總之，在中國傳統社會，性的需要是不能公開的。即便有，也要打著生育的旗號才能合法化。

事實上，許多人的夫妻生活也確實是無性的，既無事前的性吸引，也無事後的性快感，有的只是例行公事或一洩其欲，甚至與強姦或手淫沒有多少區別。中國的傳統婚姻中，究竟有多少對夫妻真正享受到性快感，這恐怕是誰也說不清的事，因為不可能有這方面的統計數字。況且，即使打聽到什麼，也無可如何。因為婚姻既只關乎生育而無關乎性，則「性生活不和諧」云云，也就當然不能作為夫妻離異的「正當理由」。相反，男女的性冷淡和性無能，有時還會受到讚揚，叫作「不好色」、「不淫蕩」。比如江湖上的好漢，便大都「於女色上不十分要緊」，或「為女色的手段卻不會」。相反，性欲強烈且精於此道者，不是流氓惡棍如西門慶，便是娼妓蕩婦如潘金蓮。

總之，在中國傳統婚姻中，選擇的標準既沒有愛，也沒有性。就不少「正經人家」而言，男方首先要考慮的，是女方是否賢淑，其次則為是否宜男；女方要考慮的，則是男方是否可靠，其次則為是否富有（至少要有能力養家）。至於男女雙方是否產生性的吸引，則不在考慮之列。相反，有此可能，沒準還會壞事。在中國，漂亮性感的女人被稱作尤物。這多半也就是禍害、妖孽、妖精、狐媚等等的同義語，當然要不得。同樣，一個青年男子如果風流倜儻，憐香惜玉，則不是「採花賊」，便是「浪蕩鬼」，反正不是好東西，豈能把女兒嫁給他？依此邏輯，則最好是男的方正古板，女的木訥冷淡，或女的不性感，男的無魅力，除了製造人口，再無性的需要，便是模範夫妻了。

這樣一來，夫妻生活中一個不可或缺的內容也就被排斥了。當然，在事實上，它可能是排斥不了的。而且，情深意篤、美滿和諧的夫妻，也不一定沒有。但這並不具有普遍性和必然性，多半要靠運氣。就多數夫妻而言，他們對於性的態度，一如他們對待婚姻的態度，是接受常規和承認現實。反正自己別無選擇，該怎麼著就怎麼著吧！對於做丈夫的來說，有老婆總比沒老婆好，好歹比打光棍強；對於做妻子的來說，嫁雞隨雞，嫁狗隨狗，既然自己是他的人，也就隨他好了。於是，在既排斥了愛又排斥了性以後，剩下的就只有欲。只不過這欲，被說成是為了「傳宗接代」而已。

這就等於把人降到動物的水準了。因為只有動物的性關係才是以生育為目的。然而即便是野生動物，交配前也有性吸引和性選擇。然而傳統婚姻卻可以把兩個素不相識、連面也沒見過的人強行捏在一起，「彷彿兩個牲口聽著主人的命令：『咄，你們好好地住在一塊兒罷！』」（魯迅《熱風．隨感錄四十》），豈非「禽獸不如」？

更可惡的是，這種男女關係還要被說成是最「正當」和最「道德」的，這就不能不讓人懷疑，這種「道德」，究竟是「有德」，還是「缺德」！當然，它也不能不最終引起人們的反抗。於是，當中國人開始有了科學、民主、自由、平等的觀念，不少人要做的第一件事，就是追求婚戀的自由。事實上，中國新時代的到來，不僅是從打倒皇帝開始的，也是從廢除包辦婚姻、提倡自由戀愛、主張男女平等開始的。如果我們對中國傳統婚姻的無愛和無性有充分的理解，對此也就不會有絲毫的奇怪。

婚外之情

婚姻以結緣為目的，就無須愛；以繼統為目的，就無須性。於是，要想得到愛，滿足性，便只有寄希望於婚外。

當然，一般地說，只有男人才有此權利和可能。

男人的第一個辦法是納妾。納妾是婚內還是婚外？不好說。妾不同於妓。妓「人盡可夫」，妾「專事一人」；妓之子為「私生」，妾之子為「婚生」。如此，則妾在婚內。但妻家與夫家是親家，納妾則並無「合二姓之好」的婚姻關係。如此，妾又在婚外。總之，妻在婚內，妓在婚外，妾介乎二者之間，算是半婚內半婚外吧！

然而妻又不如妾，因為納妾比娶妻更多主動性和選擇自由。何況娶妻與納妾，標準也不同。「娶妻娶德，納妾納色。」德讓人敬而遠之，色讓人親而近之，這就頗不一樣。再說，妻角色繁多（賢妻、良母、佳媳、嚴婦），任務繁重（輔佐丈夫、教育子女、孝敬公婆、管理家政）。這些事都不好做，都容易得罪人，也不一定討丈夫喜歡。妾則只要伺候得老公眉開眼笑就行了。於是，那些有妻有妾的人，便多半疼妾甚於愛妻。

豈止是「妻不如妾」，而且是「妾不如婢」。納妾雖不一定非得「父母之命，媒妁之言」，但一般也要父母批准。與婢私通，或將婢收房，卻全憑自己興之所至。何況婢的社會地位極低，與男主人之間反倒較少糾葛。因此儘管男方的態度，絕大多數是玩弄、佔有，甚至霸佔，但在「閒取樂」之外，也未嘗沒有「不了情」。愛，是一種主動的行為。外界的干預和指揮越少，愛的可能就越大。

愛不但要主動，而且要平等。夫妻好像是平等的，卻又是一種禮儀關係，公務多於私情，客氣多於性愛。夫與妾是主僕關係，主與婢是主奴關係，亦都不可能平起平坐。因此「婢不如妓」。因為嫖客與妓女，是買賣關係。一家願買，一家願賣，一手交錢，一手交貨，豈不平等？換個角度說，一個是浪子，一個是蕩婦，一個嫖娼，一個賣淫，都不是「好東西」。你不用擺架子，我不用裝樣子，豈不也平等？如果碰巧一個是風流才子，一個是風塵麗人；一個有才情，一個有風情；一個憐香惜玉，一個色藝雙絕，弄不好也就真會產生愛情。事實上，中國古代許多淒婉美麗的愛情故事，便正是發生在妓女身上，尤其是發生在才子與藝妓之間。其間的奧妙，是很值得玩味的。

收婢要有權，狎妓要有錢，沒權沒錢的就只好去「偷」。偷來的總比買來的放心，何況所偷者為情，其所冒之風險，又是兩個人共同承擔的？當然，偷情讓人嚮往，還因為它是傳統社會中唯一的自由戀愛，真正的自由選擇。娶妻、納妾、收婢、狎妓，都比不上偷情真實，也比不上偷情刺激。中國人不大敢冒險，大逆不道的事不敢做，用偷情的辦法來小小地叛逆一下，也未嘗不是一種誘惑。所以「妓不如竊」。

如果說偷情的誘惑之一在於風險，那麼，它的麻煩也在於風險。因此，偷情是要有膽量的，而有此「賊膽」的人並不多。大多數人，都只是說說而已，嘴巴上快活快活。實際上也是偷情不如閒話，即「竊不如說」。一方面，沒有風險。另方面，可以放肆。在中國，關於性的閒話是廣為流傳並百無禁忌的。因此，那些有賊心無賊膽的男女，便會大講其閒話，好歹也是一種宣洩。

從「妻不如妾」，到「竊不如說」，中國傳統社會中的兩性關係，真有點每況愈下的味道。這當然是一個必須專門加以討論的問題，這裡不能細說。有興趣的讀者，請參看拙著《中國的男人和女人》。要說明的是，本書無意為納妾、收婢、狎妓、偷情辯護，更不主張大家都去偷、去嫖。只是想說，如果夫妻間情深意篤，家庭中充滿了愛，則即便偶有「打野食」的念頭，也不至於「妻不如妾」或「妓不如竊」。這可不是簡單一句「喜新厭舊」或「淫佚好色」就可以打發的。事實上，在中國傳統社會，也包括按傳統觀念和傳統方式組織的現代家庭，夫妻感情都相當淡漠，既不浪漫，也不甜蜜。於是，除個別人尋花問柳或紅杏出牆外，大多數夫妻滿腔的愛心，便都只好傾注在子女身上。

也許正是由於這個原因，子女在中國，才成了一個「問題」。

二　子女問題

子女中心論

子女是中國人家庭生活的中心。

前已說過，中國的不少家庭，舊式的也好，新式的也好，原本就是為了生兒育女、傳宗接代而建立的。所以，生育在中國人的家庭中有很重要的地位。在中國的許多地區，至今還保存著這樣的風俗：在新人的婚床上，要放棗子、栗子、蓮子和花生。棗子和栗子意味著「早立子」，蓮子意味「連連得子」，花生則意味著「花著生」，既生男孩，又生女孩，兒女雙全。兒女雙全和子孫滿堂，歷來被看作是有福氣的事情。只是由於計劃生育成了咱們的基本國策，蓮子和花生才逐漸退出了婚床，但「少生」不等於「不生」，哪怕「只生一個好」，也得生孩子。如果不生孩子，這個家庭就有問題了。即便兩口子不打算離婚，別人也要來說三道四，或出謀劃策，比如代為介紹專治不孕症的大夫什麼的。只有極開放城市中的新潮一族，才會公然表示不要孩子。但他們的婚姻，也往往同樣新潮：或者同居而不結婚，或者離婚比結婚快。

為生育而結婚，也可以說成是為子女而結婚。因此，子女成為家庭的中心，也就不足為奇。如果說，中國舊式婚姻的得以維持，還有禮法上的原因，那麼，現代通過介紹相識而建立的婚姻關係，便有相當多是靠子女來維繫的。中國人大多愛孩子。儘管「老婆是人家的好」，兒子卻是自己的好。因此常有這樣的情況，一開始夫妻感情並不好，但有了孩子後，事情就發生了變化。或者夫妻感情破裂，本應離異，但看在孩子的分上，又勉強湊合著過下去。

原因也有很多。在做母親的一方，考慮的也許是難捨骨肉，或害怕自己的孩子受後娘虐待；在做父親的一方，則不能不考慮輿論的壓力，當然也未嘗沒有情感上的原因。中國人一般認為，孩子是要由母親來撫養的，沒娘的孩子最可憐。「天上的星星不說話，地上的娃娃想媽媽，夜夜想起媽媽的話，閃閃的淚光魯冰花」，這首歌的廣泛流傳便證明了這一點。所以，一個男人如果公然讓自己的孩子變成了「沒娘養的」，則輿論便多半不會同情。如果他這樣做是為了另尋新歡，則輿論的譴責便會更甚。當然，有良心的男人，一般也不會這麼做。老婆為自己生了孩子，已是「大恩」；如不回報，已是「不對」，豈能再思休妻？當然不能。如果是「三世單傳」，做妻子的生下一個男孩，則簡直是全家的恩人，連公公婆婆都要禮遇有加，豈容丈夫說三道四？這時如若丈夫膽敢休妻，最後被休的沒準是他自己。最後自然是大家湊合著過下去。

子女不但是紐帶，也是希望。望子成龍是中國人的普遍心理。

中國人的事情很怪：既尊老，又愛幼，就是不大看得起自己。老一輩固然功勳顯赫，成就輝煌，下一代也前程遠大，希望無限。算來算去，不行的也就是自己。所以，中國人一面抱怨一代不如一代，又一面不斷寄希望於下一代。做母親的就更是如此。因為在傳統社會，女人沒有什麼前途可言。如果有的話，也不過是嫁個好丈夫，養個好兒子。因為依照「母以子貴」的原則，兒子的前程，也就是母親的希望。即便做父親的，也多半希望兒女成器。至少，兒女不成器，是丟面子的；「雛鳳清於老鳳聲」，則是榮耀。因為「養不教，父之過」，責任重大，豈可掉以輕心？這種觀念，古今亦然。

為了下一代，中國人往往不惜代價，很捨得下本錢。買鋼琴，請家教，陪太子讀書，走後門或出高價送子女上重點中學，只要力所能及，能創造的條件都給他們創造，甚至不惜犧牲自己。子女，往往成了父母的一切。有的人，甚至會發展到僅僅為子女活著的程度。

愛的錯位

這就難免要出問題。問題之一，就是「愛的錯位」。

最典型的「錯位之愛」就是溺愛。溺愛的問題不必引經據典，活生生的事例在我們身邊俯拾皆是。溺愛的表現，在生活中更是千奇百怪，不勝枚舉。但揭其本質，無非「子女至上論」或「子女中心論」。子女被看作父母的「命根子」、「心肝寶貝」，「捧在手裡怕掉了，含在嘴裡怕化了，送出門去怕丟了，放在家裡怕偷了」。子女有什麼要求，無論合不合理，都唯命是從，生怕子女不高興，還要說「你要天上的月亮，只要有那麼長的梯子，我也幫你摘下來」，事實上也真有為滿足子女要求而不惜以身試法者。子女的吃喝拉撒睡，都由父母承包，連某些本應由子女承擔的工作，比如完成作業或學校裡打掃衛生，竟也要父母家長代勞。至於子女的缺點錯誤，則不予批評糾正，反以「年齡還小」來搪塞。甚至公然包庇，不讓社會來教育和懲處。其結果，是子女成了「小皇帝」，父母甚或祖父母、外祖父母反倒成了「臣僕」，這不是錯位是什麼？

更糟糕的是，父母溺愛非常，子女卻不領情，一旦長大成人，反視父母如寇仇，正所謂「小兒任情嬌慣，大來負了親心。費盡千辛萬苦，分明養個仇人」。這不是錯位又是什麼？其實，子女只是家庭成員之一，應該人人平等，一旦變成中心，當然便是錯位。因此，提起溺愛，人們就說「寵得不像樣子」或「不成體統」，也就是錯位之意。

與「溺愛」處於另一極端的無妨稱作「戾愛」。「戾愛」這個詞，辭書上沒有，是我杜撰的。之所以要杜撰，是因為找不到合適的詞可表達；而它之所以稱之為「戾愛」，則是因為它雖然也是愛，卻表現為「暴戾」和「戾虐」，也是不折不扣的「錯愛」。戾與溺發音接近，差不太多，按照中國傳統語言學的音訓原理，沒準兒會有什麼關係。

事實上「戾愛」確與溺愛有關，即人們發現溺愛的結果是「分明養個仇人」時，便乾脆提前把子女當成了寇仇。開口便罵，揚手便打，動輒棍棒交加，更輔之以罰站、罰跪、罰餓肚子，還美其名曰「棍子下面出孝子」。甚至在二十世紀九〇年代，也仍發生了兒子學習成績稍不如意（並非不優秀）而被親母活活打死的慘案，這不是暴戾、戾虐是什麼？然而，這種暴戾和戾虐，卻又確是出於愛心，其母隨後即自盡便是證明。因此只好稱作「戾愛」。當然，這種「愛」，只能埋下仇恨之種，製造敵對情緒，更何況在前提上已將子女視若寇仇，顯然也是一種錯位的愛。

更可怕的是，這種「防兒如防賊」的觀念相當普遍。許多父母雖不一定動手打人，卻在思想上無時無刻不對子女處於防範之中，甚至直接出面過問和干預子女的行為，公然調查其隱私，比如查看其日記和信件等。這種行為因為並不訴諸武力，不致造成人身傷害，所以不大為社會所注意，甚至還為社會所容許和鼓勵，因此問題也就更為嚴重。事實上它對子女心靈所造成的傷害，也並不亞於肉體。肉體的傷口只要不致命，終可癒合，心靈的傷口則也許會終身不癒。一個人，如果在自己父母面前都得不到信任，又怎麼能指望他到社會上信任別人？結果，兒時不被父母信任者，做了父母以後，也不信任自己的子女，而一個連自己親生子女都不信任的人，又真不知道有什麼資格做父母！

溺愛也好，戾愛也好，其共同特點，是形式上的錯位，內容上的不平等。前者把子女當皇帝，後者把子女當仇人，缺少的，恰恰是一種「真理面前人人平等」的觀念。正是這種不平等觀念，造成了第二個問題，即「教的失誤」。

教的失誤

教育的失誤，問題太多，難以盡述，但我以為最核心最關鍵的，是教育者與被教育者之間的「不平等」。父母、師長一站在子女、學生面前，還沒開口，便預先不容置疑地成了「真理的化身」，無論說什麼，子女和學生都得無條件地全盤接受下來。如有疑義，便是不敬；如有商榷，便是頂嘴。一旦發生這種情況，問題就立即發生轉移，就由「父母師長的話是否正確」，變成了「子女學生的態度是否端正」，接下來自然是對態度的整肅，而真理的探討則成了幾乎永無期日的事情。這樣的教育，倘若能培養出熱愛真理、追求真理、勇於為真理獻身的科學人才，那才是咄咄怪事！

這裡顯然有一個解不開的「死結」，那就是在中國，所謂「教育」，是學會「做人」，而不是或不單純是學習知識、技能、本領等等。也就是說，倫理教育是壓倒一切的，而倫理教育的重要內容之一，則又是「序長幼，明貴賤」。依照中國文化「知行合一」的精神，這些倫理原則又顯然必須由父母和師長來以身作則，叫作「身教重於言教」。於是，作為教育者，也作為榜樣，父母和師長就不能不講「父道尊嚴」和「師道尊嚴」。如不講，則自身行為便與所傳授之倫理原則相悖，等於自己否定了自己。

然而，真理之所以是「真理」，就在於既不以人的意志為轉移，也不以人的身分地位為轉移，因此每個人在真理面前都是平等的。中國倫理之「理」既然必須以「不平等」關係來維護，便只能讓人懷疑那「理」是不是「真理」。

同樣地，我們也很懷疑，那種不平等的愛，究竟是不是「真愛」。真正的愛，不但必須是發自內心的，而且必須是無私的。如果說中國父母對子女的愛不是發自內心，當然與事實不符；若說這種愛都是自私的，似乎也有失公允。事實上，許多父母，在撫養子女時，都不但含辛茹苦，而且多有犧牲。比如，在夫妻兩人都有事業追求時，做母親的便往往主動地犧牲了自己的事業；在經濟條件困難的情況下，做父母的也往往會犧牲了自己的欲望、需求和享受，把家中可能有的最好的東西給了孩子，甚至包括自己的全部身心。但是，即便這樣的父母，在教育子女時，如果子女「頂嘴」、「不聽話」，又幾乎一定會當場勃然大怒，事後倍感傷心的。也就是說，他們可以犧牲自己的一切，唯獨不能犧牲自己的面子；可以付出自己的一切，唯獨不能交出自己對子女的佔有權和控制權。而且，這種控制和佔有，又往往被理解和感覺為「愛」。因此，一旦遭到拒絕，便會因一片好心被當作了驢肝肺而傷心，甚至痛悔自己「養了個白眼狼」。那麼，在這時，我們還能說這種「愛」是徹底「無私」的嗎？顯然不能。

其實，中國的父母，很有一些是在無意識中把子女當作私有財產的。如果說得尖刻一點，可以說有的實際上是把子女當作「寵物」，有的則實際上是把子女當作「賭注」。把子女當「寵物」的，平時寵愛有加，一旦子女頂嘴，便立馬翻臉。把子女當「賭注」的，則難免恨鐵不成鋼。因為那「鐵塊」倘若成不了「鋼材」，豈非血本無歸？於是一片愛心，便變成了滿腔仇恨；而不切實際的高期望值，則成了子女們無法負荷的心理壓力。愛的錯位，原因往往在此。

但如果由此便斷定中國的父母都很自私，也同樣冤枉了他們。事實上，由於中國文化本有公私不分的特點，這裡也很難說是自私還是無私，還不如說，這種以干預、管束為愛的想法和做法，是一種愛的錯位；更不如說，中國文化的種種特色，如人身依附、面子、良心、人情回報、長幼尊卑有序，都變成了人的文化無意識，哪怕在一個小小的問題（如「頂嘴」）上，都會自覺不自覺地表現出來。

所以，如果說目前出現的兒童與青少年問題，大部分是由於家庭和學校教育失敗所致；那麼，中國教育的失敗，則不能不歸結到中國文化的失敗。

三　大男大女

所謂「大男大女」

中國父母最關心的，無非是子女的三個問題：教育、工作和婚姻。

第一個問題最基本。因為如果教育問題沒解決好，沒有學歷和文憑，或者專業沒選好，就不好找工作和對象。所以一到高考，家長都要圍著子女團團轉，甚至從上小學起，就開始忙。因為只有小學上得好，才能上重點中學；上了重點中學，考大學才有希望。所以非「從娃娃抓起」不可。

第二個問題最關鍵。因為如果工作問題沒安排好，則前面的努力等於白費，後面的希望也會落空。所以，一些有頭臉有門路的家長，往往在子女尚未畢業時，便未雨綢繆，預為鋪墊。沒有辦法的，則多半會幫子女挑一個熱門專業，選一個便於分配的行當。節衣縮食以備來年請客送禮之需，自然也是題中應有之義。

第三個問題最麻煩。麻煩在於前面兩件事是選物（學校或專業），後面這件事卻是選人。如果嫁非其人，或者娶不如意，不但子女倒楣，自己也不得安寧。當然，如果找不到對象，也麻煩。麻煩還在於前兩個問題自己還可以想辦法，後一個問題卻往往使不上勁。但不想又不可能。尤其是，當前兩個問題解決以後，第三個問題就會突現出來；而子女們一旦成了大男大女，問題也就嚴重了。

婚嫁之事很麻煩，大男大女則是大麻煩。

所謂「大男大女」，是指較多地超過了婚齡而又尚未婚配，甚至連個婚配對象也還沒有的「超齡青年男女」。這裡說的「齡」，當然是「婚齡」。具體的數字，則沒有法定的明確界限，只有約定的含糊說法。大體上說，在古代社會，男子超過三十歲，女子超過二十歲，如尚未婚配，也沒有指婚或定親，就算是超齡，因此有「三十未娶，不應再娶；四十未仕，不應再仕」的說法。至於現代，年限又可再放寬一點，大約男子超過三十五歲，女子超過二十八歲，如無對象，便一般公認是大男大女。

這種意義上的「大男大女」，恐怕是任何國家、任何民族都難免會有的。因為一個人成為「大男大女」的原因實在太多、太複雜，有一直難以找到稱心如意伴侶的，有經濟條件家庭條件不允許的，有為事業寧肯犧牲個人生活的，也有對此根本沒有興趣抱定宗旨決意獨身的，不一而足，更難說會形成一個共同的問題。甚至在現代西方國家，一般說來，青年男女都可以自由地找到自己的異性朋友、情人或性夥伴，並公開同居，而結婚則只是一種形式和手續。他們並不缺少愛情和性，當然也就沒有什麼問題。即便有問題，也純粹是「個人問題」，而絕不是什麼「社會問題」。

然而在中國，所謂「大男大女」，不但是「問題」，而且是一個必須由全社會來關心過問的「社會問題」。家長要著急，領導要關心，單位要過問，群眾要議論，甚至政府也要設法予以解決，早已超過「個人問題」的範圍。這樣一來，「大男大女」之成為問題，本身就是「問題」。本書要研究的，也不是大男大女，而是它何以是一個「問題」。

「問題」這個詞，看起來好像很簡單，其實很複雜，也很微妙。它至少包括這樣幾種意思：一是要求回答或解釋的題目，二是必須研究討論並加以解決的矛盾，三是事故、意外、麻煩、障礙、疑難、糾葛，甚至缺點、錯誤、汙言、穢行，也都可以稱作問題。不但有上述事實是「有問題」，懷疑其有也可以說是「有問題」，因為「懷疑」本身即是「問題」。比如，說一個人「歷史上有問題」，就既可能是指他歷史上有汙點（如曾叛國投敵等），也可能只是指他歷史上有些事情還不清楚，「政治面貌不清」，有待調查。所以，窩裡鬥的老手，在整人時，便往往含糊其詞地說某某人「有問題」，卻並不說出問題的內容，弄得大家疑神疑鬼。可見「問題」這個詞究竟意味著什麼，也還是一個「問題」。說清了這一點，下面的問題，就比較好討論了。

諸多麻煩

超過了婚齡而不能嫁娶，對於男女當事人而言，當然是一個問題，因為它會給當事人帶來許多麻煩和不便。比方說，沒有自己的家。按照傳統觀念，一個人到了婚齡，就應該自己成家，不能再和父母住在一起。繼續住在一起，不但會讓父母焦慮，弟妹嫌棄，自己也會有種種不便。再說，父母終歸要去世，弟妹終歸要自立，到頭來只剩下自己孤身一人，那可真是「煢煢孑立，形影相弔」了，豈能不是「問題」？

又比方說，沒有愛。既沒有貼心人的體貼、關懷、溫暖，也沒有性愛。在中國，宿妓違法，婚前和婚外的性關係（通姦）也被視為「不正當」。於是，正派的青年男女，如無合法配偶，就只有忍受性饑渴，至多用手淫的方式聊以自慰，這對性欲旺盛精力充沛的青年男女來說，無疑是一種痛苦。

再比方說，沒有面子。一個成年男子，如果總也討不到老婆，就會被人看不起，視為無能。或是事業上沒有成就，或是經濟上沒有擔保，或是行動上沒有魄力，或是社交上沒有本事，或是相貌不好，或是品行不佳，或是人緣太壞，或是地位太低，要不然就是生理上有毛病，心理上有名堂。一個成年女子，如果總也嫁不出去，就更會被人認為有問題。否則一個年輕貌美的「黃花閨女」，哪有嫁不出去的道理？多半是有什麼「難言之隱」吧？這種心理壓力，誰也承受不了。所以不少大男大女，到了實在頂不下去時，往往胡亂找個對象，湊合著結婚了事。

當然，除此之外，也還有一些其他問題。比方說，中國傳統觀念，是「男大當婚，女大當嫁」。自己「大」了還未婚嫁，就有點「不當」，也就是「不應該」，這在心理上是會有壓力的。另外，孤男寡女的，在社會交往方面，也多有不便，弄不好就會有人說閒話。俗話說，「寡婦門前是非多」，大男大女的門前是非也不少。既有善意的規勸，也有惡意的猜測和敵意的防範（怕他們充當「第三者」）。所以，即便為了避免閒話，為了能和社會正常交往，也不能不考慮婚嫁問題。

自己的子女到了婚齡而不能嫁娶，對於他們的家長而言，也同樣是一個問題。「不孝有三，無後為大」，兒子不結婚，孫子從哪兒來？列祖列宗面前如何交代？家庭宗廟的香火由誰來接續？所以一到這時，做父母的往往比當事人還著急：「你還想不想讓老娘抱孫子？」、「你想讓老子斷子絕孫嗎？」如果自家的女兒不能出嫁，則壓力更大。「女大不中留，留來留去成冤仇」，這一古訓不能不記取。況且，女兒嫁不出去，做父母的臉上是極沒有面子的。「某某人家的丫頭是個沒有人要的貨」，聽了這話，誰的臉上還掛得住？

況且，父母不著急也不行。因為父母為子女的婚嫁操心，已成了一種習慣或習俗，如果自己的子女成了「大男大女」，做父母的居然還無動於衷，豈非咄咄怪事？這就會招來議論，引起閒話。沒法子，只好催子女抓緊點。

所以，成年男女超過婚齡而不能嫁娶，對於他們本人和他們的家庭而言，當然都是一件麻煩甚至不幸的事情。但這也至多是一個家庭的問題，與他人何干？與社會何干？又與國家何干呢？

他人的態度

他人來關心大男大女們，有正反兩方面的原因。

正面的原因，是出於對他人的一種關心和同情。這種同情心是任何一個有人緣會做人的人都不能沒有的。而在中國人看來，世界上最不幸、最值得同情的，又無非是無妻、無夫、無父、無子這四種人，即鰥、寡、孤、獨。這四種人之所以特別不幸、特別值得同情，不但是因為他們無法享受天倫之樂，而且在於他們沒有或失去了自己社會角色的對象——夫無妻，妻無夫，父無子，子無父，可不是沒有「對象」？沒有對象，也就沒有自我；無法擔任角色，也就沒有面子，豈不悲哉？大男大女雖然一時半會兒的還稱不上「鰥寡」，但至少是候補「鰥寡」，甚至候補「獨」，因為年輕時不結婚，老了何來的子？所以要幫他們找「對象」。不但要幫大男大女找對象，也要幫中年喪偶的人找對象。不這樣做，就是沒有同情心，也沒有人情味。大男大女和中年喪偶者們的周圍，總是集結著一大群幫他們尋找介紹對象的熱心人，道理就在這裡。而且，「皇帝不急，急死太監」，這些熱心人往往比「大男大女」們還要積極。

反面的原因，則是對獨身的憎惡和歧視。本書第五章已說過，中國人無論什麼事，都要求「人人有份，大家一樣」，連婚姻也不例外。既然我結了婚，那麼你也應去找對象；既然我們比你年輕，都找了對象結了婚，你那麼大了，還故意拖著，是什麼意思？是不是孤芳自賞？是不是孤傲自大？是不是孤高自許？是不是孤僻自愛？否則為什麼一個人在那裡「稱孤道寡」，不像我們這樣成家立業？是不是故意和我們作對？故意顯示自己與眾不同？故意不把我們放在眼裡？故意不給我們面子？否則為什麼我們介紹的對象，你一個也看不上？如此推理下去，便會產生一種憎惡感，視獨身者為怪物。甚至以一種陰暗的心理，對他們進行猜測和懷疑。至少是，大家都結婚生子過小日子了，某某卻堅持一個人獨往獨來，便不能不讓人感到彆扭，因為他竟如此地「不合群」。你既然「自外於國人」，「自絕於群眾」，那就休怪我們不客氣了。所以，堅持獨身，拒絕他人介紹對象者，便往往被視為孤僻，在單位上會被孤立，甚至檔案裡沒準也會被「記上一筆」。

更何況，「男大當婚，女大當嫁」，他們本來就該結婚。「男大當婚，女大當嫁」這句話說了上千年，想必是真理了。可惜，誰也沒有認真弄清過，這個「當」字究竟是什麼意思？是正當、應當還是當然的「當」。或者說，「男大當婚，女大當嫁」，是說一個人到了婚齡，就擁有了可以結婚的「個人權利」，還是說被賦予了必須結婚的「社會義務」？恐怕沒有人認真想過。在大多數中國人看來，男孩子長大了，當然要結婚；女孩子長大了，當然要嫁人啦！為什麼就「當然」呢？沒有什麼「為什麼」，可見是「想當然」。但如果全中國都這麼想，那麼，不用想，也當然。

於是，婚嫁一事，就由「個人權利」變成了「社會義務」。既然是「社會義務」，也就「人人有責」，每個人便都有資格來關心，來過問，來插上一腳。顯然，這正是作為中國文化思想內核的群體意識所使然。依照群體意識，人與人之間，既無分公私，亦無分你我。個人的事，也就是公共的事；他人的事，也就是自己的事。大家都該管，人人都能問。不問不管是不負責任，而不讓別人來管則是不通人情。

可見，正是群體意識，使大男大女這個原本純屬個人的問題，成了「他人問題」和「社會問題」。

社會的態度

社會的考慮與他人又不盡相同。

社會考慮的主要是穩定。上一章已說過，中國社會的組織結構，是「家庭本位」和「倫理本位」的。家齊而後國治。所以，只有當每個人都被「安頓」到一個個小家庭中去，各自找到自己的「安身立命之本」，尊卑長幼有序地「安分」下來以後，社會才「安定」，政權才「安穩」，軍民人等也才各自「安心」。

因此，中國社會最關心的是兩個問題。一是要讓每個人都有一份職業，有口飯吃，否則便會成為無業遊民；二是要讓每個人都有一個配偶，有個對象，否則便會成為無家浪子。無業遊民和無家浪子都是社會的「不安定因素」。沒有飯吃就會鬧事，比如行竊、詐騙、搶劫、殺人等。沒有對象就會出事，比如通姦、嫖妓、搞同性戀、看黃色錄影，甚至強姦。這些都是社會問題，社會不能不管。如果只是一兩個人沒有婚嫁，倒也無傷大雅；如果人數眾多，那就成了「問題」。因為不但他們本人成為「問題」，連帶他們的家族親人甚至單位，也難保不成為「不安定因素」。社會對此如果竟然無動於衷，那麼，這個社會可就真是出「問題」了。

這就要將「大男大女問題」列入議事日程，並動員社會各方面力量儘快予以解決。

顯然，社會關心的，首先是甚至僅僅是「女有家，男有室」，女的得嫁得出去，男的不打光棍。至於結婚以後過不過得下去，到時候再說。反正有老婆總比沒老婆好，嫁得出總比嫁不出好。

「光棍苦，光棍苦，衣服破了沒人補」；「男人無妻家無主，女人無夫房無梁」。因此，應該給他們找個「補衣服的」和「頂房梁的」。至於他們是否相愛或是否將來能夠相愛，對不起，就管不了那麼多啦！

這就難怪中國有那麼多無愛的婚姻，也難怪有那麼多家庭乾脆不談愛情了。愛情實在太遙遠、太浪漫，也太不著邊際，還是找個條件相當、看得過去的人結為夫妻，生兒育女，傳宗接代，安安分分過日子來得實際，才是正經。所以，即便現代社會的所謂「自尋對象」，也與傳統的「包辦」沒有太大區別。其方式，往往是通過熱心人的介紹見見面，大致滿意談妥條件就結婚。反正結婚原本就是為了完成任務，或者說，是為了解決個人問題，自然亦不妨採取計劃經濟的方式，完成指標就是「好同志」。所以，有的人甚至自己不操心，乾脆交給父母親去操勞，組織上去考慮。只要能履行社會義務，了卻父母心願，走完人生旅程，也就自己安心，大家放心。愛不愛的，不打什麼緊。

這當然也未必不好。但如果以為只要男男女女一個個都配了對，就萬事大吉，天下太平，則未免過於樂觀。事實上，沒有愛情做基礎的婚姻，從來就靠不住。可以湊合著過的，也可以隨便地離。離不離，只看有沒有必要，有沒有條件。傳統社會離婚率不高，第一是沒有必要（離了也沒愛情），第二是沒有條件（女方沒有權利）。一旦人們發現離婚並不很困難，離婚後或在婚外又能找到愛情，那麼，婚姻的破裂，也就只是早晚的事。

這個問題，似乎很少有人想到。而且，好像大家也都不關心。

也許，問題就出在「個人問題」這種說法上。道理很簡單：既然是「問題」，那麼，只要解決了，就不再是「問題」。至於解決得好不好，則是另一個問題。而且，既然是「個人問題」，那麼，兩口子過得怎麼樣，當然也只能由「個人」來解決。先結婚後戀愛也好，只結婚不戀愛也好，社會和他人都管不著，也不會管。也就是說，婚姻雖然被稱為「個人問題」，但大家看到的，卻實際上只有「問題」，沒有「個人」。然而，愛情又恰恰是僅僅屬於個人的。如果連「個人」都沒有，又哪來的「愛情」？

看來，也只好說上這麼一句：「少談些愛情，多解決些問題。」

離婚問題

在中國，獨身是一個難題，離婚更是一個難題。獨身雖難，但只要自己有房，又拿定主意不去理會別人的說三道四，外面的蜚短流長，也並非辦不到。即便在古代社會，也有終身不娶或終身不嫁者（當然一般要找一個藉口，比如虔誠禮佛，帶髮修行，或要練「童子功」）。離婚就難多了，因為要別人同意。或要政府批准，或要社會認可，至少也要配偶同意，而由於傳統觀念的制約，他們的態度，又往往是不同意。

一般說來，中國傳統社會是不贊成更不鼓勵離婚的。你想，就連「大男大女」們都要設法幫助和促其結婚，已然婚配者又豈能讓他們輕易離異？這是不近人情的。再說，結婚既然是「合二姓之好」，則離婚豈非「結二姓之怨」？這是不利於安定團結的。故「士三出妻，逐於境外」。也就是說，離婚被看作是萬不得已的非常之舉，故可一而再，不可再而三。另一條規定也很重要：「賤娶貴不去。」或者說，「糟糠之妻不下堂」。因為這關係到人情回報的良心原則，是每個中國人都必須嚴格遵循的，否則便會與整個中國文化精神相衝突。其所得罪者，也就不止妻子一人。

這在男尊女卑的時代，對於「保護婦女兒童的合法權益」，應該說也不無小補。它使得那些見異思遷的負心漢，多少會有些顧忌，不敢過於放肆，至少還得表面上維持原配的「正妻」地位。而「原配」們能保住名分，也多半會表示滿意。因為她們的目的，原本不在愛情。只要有名分，就有面子，也有實利（比如產權和治權）。至於愛情，本來就沒有，爭它作甚？

實際上，就連當代許多不肯離婚的妻子，想法也差不太多。反正離不離婚都無愛，只要能湊合著過日子，就得過且過，拖一天算一天。拖到對方精疲力竭心灰意冷，說不定就會回心轉意。中國人的人生態度都很現實，雖說難免「這山望著那山高」，但如果「那山」沒有了，或被別人「占了山頭」，也就不再浪漫下去。所以，拖，或者說，打持久戰，也不失為「離婚大戰」中之一種戰略。只要堅守「不同意」立場，有國家法度，有公眾輿論，諒他奈何我不得。拖半年不夠，就拖一年；拖十年不夠，就拖一輩子。只要臨終之前離不了婚，咱們就是「白頭到老」，豈不「死也瞑目」？再說，「我好不了，你也別想好」；「我得不到幸福，你也別想得到」。大家都不好，都不幸福，可不仍是「同甘共苦」？

這種心理，在離婚案中，似以女性為多。公道地說，在這種情況下，女方確實更令人同情。

因為一旦離婚，第一，女方比男方更沒有面子。所以在某些雙方協議離婚的案例中，會讓女方擔任「主訴」或「原告」。第二，女方的生活會比男方更困難，因此往往要判男方承擔一定的經濟責任。第三，女方再婚也比男方更麻煩。生理上的原因，是女性比男性更容易衰老。「女子三十而色衰」，男子即便到了四十，也仍不顯老，甚至還有一種成熟男性的魅力，比稚嫩的男孩更吸引人。觀念上的原因，則無非「從一而終」、「一女不事二夫」之類。離婚是「沒人要」，已是丟臉。再嫁是「事二夫」，更加丟臉。連同她的再婚丈夫，也一起沒有面子，因為他竟「揀」了一個「沒人要」的，「吃別人啃過的饃」，「喝別人剩下的湯」。由是之故，一個女人，不到萬不得已，便斷然不肯離婚。而且，一旦丈夫提出離婚，男方家屬親人中有「同情心」、「正義感」的人，尤其是女人（如小姑子等），也往往會不顧「血親之情」，義無反顧地站到女方一邊去。

應該承認，我們民族是世界上最善良的民族，因為我們的同情心總是傾注在弱者一邊。只要一邊是現在「抖」起來了的、地位顯赫榮華富貴的丈夫，一邊是人老珠黃身分卑微無依無靠的妻子，輿論便幾乎會義無反顧地站在後者一邊，甚至不論他們先前是否真的共過患難。顯然，在這裡，同情者們也未嘗沒有這樣一種心理：你小子現在什麼都有了，有錢有勢有地位，難道還容不得一個「糟糠之妻」？同情心與嫉妒心加在一起，便越發「義憤填膺」。義，多因前者「忘恩」；憤，則多因自己「不平」——我們大家都沒有「以舊換新」，憑什麼讓你一個人得手？因此，對於此類「義憤」，最好多做分析，不要一概肯定才好。

更何況，在這裡，公眾輿論和不願離異的妻子，也都共同地排除了「感情」這個最重要的因素。似乎所有的人都沒有更深入地想一想，即使那負心丈夫迫於輿論壓力而收回成命，維持婚姻，他的心會在妻子身上嗎？他們這種感情早已破裂的婚姻，會幸福嗎？

四　當代婚戀

當代婚姻

前面說的，都是過去的事。現在的說法，卻是「結婚沒有離婚快」。

中國的第一次離婚高潮是在建國初期。在那個人民大眾開心之日，許許多多普通中國人第一次知道了自己的權利，其中就包括離婚的權利；第一次獲得了人身的自由，其中就包括戀愛的自由。一個個包辦婚姻被解除了。離婚不再是醜事，戀愛也不再是奇聞。一些膽大妄為的農村青年開始自己給自己找媳婦或找婆家，城市青年則身穿列寧裝，在蘇式集體舞會或篝火晚會上，一面暢談著革命理想，一面醞釀著甜蜜的愛情，幸福愉快地度過一個又一個「莫斯科郊外的晚上」。

然而「階級鬥爭」畢竟與花前月下決不相容。愛情二字很快從一切傳媒中消失得乾乾淨淨。人與人之間不是「同志」，便是「敵人」。因此，一旦發現自己的愛人原來是「階級敵人」，則與之「劃清界限」也就成了理所當然。如果說，六七十年代的中國也曾頗多離婚案件的話，那麼，這些離婚案件大多與社會進步是毫不相干的。

與此同時，婚姻也不再浪漫，婚戀已成為再現實不過的事情。比如，為了「改變階級成分」，「黑五類」子女自願或被迫或半自願半被迫地嫁給「貧下中農」；為了回城，女知識青年自願或被迫或半自願半被迫地向社隊幹部「獻身」；而男知青們「小芳」式的愛情，則又不知欠下多少「孽債」。擇偶的條件大都實惠得不能再實惠，功利得不能再功利（比如有城市戶口，在全民所有制單位工作，有一房傢俱和自行車、縫紉機、手錶、收音機這「三轉一響」等等），不折不扣地地道道的「不談愛情」。

接下來便是「懶得離婚」。儘管六七〇年代的政治運動和社會生活造就了不少「無愛的婚姻」，大多數人還是接受了這個現實，只有極少數實在過不下去的人才踏上了艱難的訴訟歷程。他們不但要承受來自社會、單位、家庭、鄰里的輿論壓力，還要忍受漫長的、無止境的調解程序。不少人被磨得銳氣全無，被整得心力交瘁，最後只好自動棄權，在索然無味中了此一生。

然而這世界畢竟變化快。離婚很快又成為「時髦」和「新潮」。有一段時間人們見面就問：嗨，哥們，怎麼著，還沒離哪！當然，為離婚而苦惱的人依然存在。他們也仍然會像過去一樣，找人訴說離又離不了、過又過不下去的煩惱。不同的是，過去人們聽了這種訴說，會深表同情，會幫他們出謀劃策，甚至會幫他們去做調解工作，現在則可能剛聽到一半，就極不耐煩地甩上一句：幹嘛呀！離唄！

離婚的速度快了，結婚的速度卻慢了。儘管老人們依照「男大當婚，女大當嫁」的原則不斷催促他們的子女早日完婚，也儘管多數人都在一定年齡範圍內完成了這一人生的任務，而「大男大女」也仍然是個問題，但也有不少年輕人寧願同居而不願結婚。在他們看來，同居的好處是既能享受性愛，又不必承擔太多的責任。最重要的是，他們誰也不必依附誰，同時也不必束縛自己或束縛對方。只要兩情相悅，就可以住到一起。和則同居，不合則散，自由、自在、灑脫、輕鬆，全無已婚者為家務繁忙，為錢財爭吵，為懷疑對方不忠而猜忌的煩惱，又有什麼不好？

結婚變得越來越慢，也變得越來越難，因為人們的要求也越來越高。如果說，只要相愛就可以同居的話，那麼，一旦要結婚，考慮的因素就不那麼簡單了。職業、收入、健康、性格等等固然在考慮之列，雙方的家庭背景、生活習慣等等也不可忽視。因為既然打算結婚，也就打算差不多廝守一輩子。雖說現在離婚挺方便，但老是結了離、離了結也不是個事。所以對方的可靠程度也不能不考慮。所謂「可靠程度」，不僅指忠誠度，還包括建設和維持家庭的能力。在這方面，女性的要求又更難實現一些。她們既不願意嫁給一個「不掙錢的人」，又不願意嫁給一個「不回家的人」，而現在掙大錢的男人又多半不能按時回家。

當代家庭

在婚姻發生變化的同時，家庭也在發生變化。

變化之一，是隨著離婚率的增加，出現了越來越多的只有父親和母親的單親家庭。單親家庭過去也有，不過多因喪偶而造成，現在則以因離異而造成者居多。單親家庭的問題不少，其中最成問題的是孩子。許多人出於對孩子健康成長的考慮而反對離婚。不過後來人們也想通了。單親家庭固然對孩子的成長不利，吵架家庭難道就很好嗎？與其讓孩子在父母的爭吵鬥毆大打出手中成長，不如讓他待在缺乏一方的愛卻好歹比較安靜的家庭環境中。甚至有些孩子，看到父母親天天吵嘴月月對罵，還會主動勸他們離婚。何況現在離婚的也不一定吵架，也有和和氣氣分手的。這樣的夫妻，孩子問題往往處理得比較好。比如由一方撫養另一方提供贍養費，並定時來探望，和孩子一起出去玩等等。也有的採取雙方輪流撫養的辦法。這裡的關鍵是對孩子的愛心。只要雙方都有這份愛，則即便離異，也仍有辦法讓孩子同時得到父愛和母愛。

另一種正變得越來越多的家庭，是只有老兩口沒有子女在身邊的空巢家庭。造成空巢家庭的原因很多。比如子女出國，畢業後到外地工作，因工作需要調離父母所在地等等。即便同在一地，由於兩代人之間在生活方式和家庭觀念上的差異，也不一定願意住在一起。事實上，大家心裡都很清楚：大家族的時代已成為歷史，「三代同堂」或「四世同堂」的家庭，不但不現實，而且也未必很好。當代社會老人們與子女之間最理想的家庭方式是：同在一地，相距不遠，平時單過，節假日相聚，招之即來，揮之即去。如果子女較多的話，也不必都在身邊或附近，有一兩個就好。

第三種正在出現的，是由自願不生育的夫妻組成的頂客家庭。正如「四世同堂」不再是理想，「多子多福」也成了過時的觀念。這也是當代中國的又一個問題：一方面是來自農村的「超生遊擊隊」還在悄悄地製造人口，另方面卻是城市青年為生還是不生而苦惱。當然，毅然選擇不生的人還不多，但影響卻也不小。因為這直接牽涉到家庭的功能問題。我們知道，家庭的一個重要功能就是生育。所以有的人類學家乾脆就把婚姻制度稱為生育制度。現在，既然你們不要孩子，那麼，結婚幹什麼？如果再加上夫妻經濟獨立，則這種婚姻也就和同居無異，只不過履行了一道法律手續罷了。事實上，由於現代家庭已不再是生產單位，夫妻雙方各有各的職業，各有各的工作，各有各的收入，如果不要孩子，也不在乎那道法律手續，則結不結婚也就無所謂。既然無所謂，那麼，婚姻制度和家庭組織是不是還有保留的必要？這顯然是一個難以簡單回答的問題，也是一個值得社會學家認真研究的問題。

還有一類「偽單親」家庭也逐漸多了起來。這類家庭的特點，是夫妻並未離異，卻又長期分居。比方說丈夫或妻子出國，另一方在國內「留守」；或者一方外出經商打工，另一方留在家裡。如果說前者尚屬少數，後者則因下崗、民工潮和「一家兩制」等原因而變得越來越多。這種家庭，夫妻天各一方，卻又保持著書信、電話和經濟上的來往，維持著一種奇特的關係。這種現象以前也有，卻不會像今天這樣成為問題。因為時代和環境不同了。過去人們只不過要忍受分居的痛苦，今天則要多一份擔憂。誰也不敢保證妻子出國不是「肉包子打狗」，也不敢保證外出經商打工的丈夫不會尋花問柳，或留守在家的能甘於寂寞。這類家庭多半會在傳統與現代之間搖擺，隨時都有解體和崩潰的可能。

當代愛情

和婚姻、家庭一樣，愛情也在經受著考驗。

當代大概是中國歷史上愛情最多的時代。各路傳媒每天都在上演愛情的故事，流行歌曲更是以或高亢或纏綿或歡快或淒婉的聲音，訴說著一片片愛心一段段真情，撥動著人們躁動的心弦。醉人的暖風薰得人們忘乎所以，忙不迭地把自己的紗窗打開，也過早地催熟了青蘋果。情竇初開已不只在十六歲的花季，少年少女們高唱著「糊塗的愛」，在校園和公園裡，大樹下和草坪上，稀裡糊塗地愛得死去活來。就連一貫矜持的中年人也蠢蠢欲動，拿著一張張「舊船票」，尋找停泊在楓橋邊的情感，琢磨著能否登上舊日的客船。如果說，當今社會是結婚沒有離婚快，那麼，戀愛卻要比離婚更快。現在的年輕人，談戀愛已用不著託人說媒或請過來人指點迷津，只要膽子大一點，步子快一點，三下五去二，幾個來回就能「搞掂」。我們面對的是一個愛情的多發年代。

伴隨著愛情發生率劇增的，是其保真度的降低和其延續期的縮短。半年之內換幾任戀人已不是什麼稀奇事，認識三天就上床，一個星期後就分手，也不是什麼稀奇事。已經沒有多少人相信白頭偕老的海誓山盟，誰也不擁有愛情的「鐵飯碗」。但這並不意味著他們相愛時就不真誠，就是逢場作戲或玩弄異性。因為所謂「不求天長地久，只願曾經擁有」，並不是說他們一定就要走馬燈似的換戀人，或一定就只愛上幾天，而是說他們既不以永不分手為條件，也不以最終結合為目的，只要遇上自己真心喜歡的，就先愛了再說。換言之，他們更看重的是愛情的品質，而不是相處時間的長短。你能說這就不是愛情嗎？

此外，情人現象也多起來了。這些現象，以前是被極為蔑視地稱作「軋姘頭」或「搞破鞋」的，現在則被籠而統之地代之以極富浪漫色彩的「情人」一詞。情人們甚至還從國外引進了自己的節日。每到這一天，花店的生意就格外紅火，心形巧克力也頗為暢銷。戀人、情人、夫妻都在這一天激情滿懷，就像古代的「上巳節」一樣。

事實上，情人現象的出現有著多方面的原因。頻繁的人際交往難免使人見異思遷，單調的夫妻生活讓人產生「生活在別處」的想法。許多人的找情人，並不一定就是夫妻分居或情感不合，只不過是想換個活法。清人趙翼詩云：「李杜詩篇萬口傳，至今已覺不新鮮。江山代有才人出，各領風騷數百年。」我們也不妨改它一下：「夫妻生活許多年，而今已覺不新鮮。江山代有情人出，各領風騷三五天。」這正是當代不少人心理的寫照。已經有人提出，夫妻關係也是一種契約關係。夫妻雙方都是人格獨立的，誰也不依附誰，誰也不能束縛誰。在履行義務維持家庭的前提下，在婚外和情人做一場「愛情遊戲」，也沒什麼關係。關鍵在於必須是「遊戲」，且夫妻對等地擁有這一權利。這種觀念自然可以商榷，但可以肯定，「愛情是否必須專一」終將作為一個問題而被提出來。

不過，對於現在二十上下的那些年輕人來說，這也許已不再是問題。在他們看來，既然愛情不再永恆（天長地久），那麼，它當然也不再專一。應該允許不再浪漫也不再有激情的戀人或夫妻分手，也應該允許愛的轉移。只不過應該有個「度」，比如不能同時愛上兩個人，分手時也最好坦誠和友好一些。一些年輕人已明確表示，不在乎自己的男友或女友有其他的異性朋友，也不在乎自己的戀人和自己是否初戀。相反，有的年輕人甚至覺得只有對方經歷得多了，才更會理解自己和更懂得呵護自己。許多女孩子甚至明確地表示，她們更中意的是「紅蘋果」而不是「青蘋果」。換言之，不是「曾經滄海難為水」，而是「曾經滄海更會水」。他們甚至不在乎對方是否有過性經驗，當然也不會因婚前與他人的性關係而愧對自己的新郎或新娘。

當代年輕人的不在乎，還不止於這些。比方說，他們還不在乎周圍的人怎樣看待他們的想法和行為。過去，我們這一代人初戀時，差不多都是偷偷摸摸的，有一種「見不得人」的感覺，生怕人家知道。當代年輕人卻沒有這種羞澀。他們不但可以公然在大街上挽手勾肩甚至擁抱接吻，也能輕鬆地走進攝影棚，面對攝影機和成千上萬的電視觀眾，坦然地暢談自己的初戀甚至初吻。這些節目收視率極高。不但年輕人愛看，中老年人也愛看。一些上了年紀的觀眾反映，看過這個節目，深切地體驗到當代年輕人健康向上的生活態度，青春氣息撲面而來，連自己也感到變得年輕。的確，愛情似乎首先是年輕人的事。我們確實應該從當代年輕人那裡感受到一些生命活力，而對於當代婚戀的種種新鮮事新變化，似乎也應以這種態度去看待。

Chapter 8
友誼

一　真情所繫

夫妻

中國人很重友愛和友情。

友愛和友情，大概是在中國最受鼓勵和讚美，同時又最真誠最深厚的情誼了。「悲莫悲兮生別離，樂莫樂兮新相知」，「人生所貴在知己，四海相逢骨肉親」。這也不奇怪。中國文化的思想內核是群體意識，追求的是「四海之內皆兄弟」的境界，當然要鼓勵大家多交朋友。何況讚美友誼，也是「天下之通則」，世界各民族一樣的。林肯就說過「人生最美麗的東西就是友誼」。不過人家歌頌友情，也歌頌愛情。而且，愛情的分量好像還要重一些。「生命誠可貴，愛情價更高」，愛情歷來是西方文學的主旋律。中國人就不一樣。「生命誠可貴，友誼價更高」，為朋友兩肋插刀的故事很多，為情人兩肋插刀的事情就很少，寫詩歌頌老婆的就更是絕無僅有。要寫，也是寫給「亡妻」，比如元稹的《遣悲懷》和蘇軾的《江城子》（請參看拙著《中國的男人和女人》）。

這就奇怪。

照理說，男女之間的「情愛」和家人之間的「親愛」，才應該是最真誠和最深厚的。可惜得很，中國的傳統婚姻，基本無愛。夫妻結合的依據，不是愛情，而是社會需要和倫理義務。這樣，夫妻雙方的關係，便難免帶有「例行公事」的味道。運氣好一點的，也許可能會由「公事」發展為「私情」，運氣不好，就不好講了。多半也就是平平淡淡而已，談不上愛還是不愛，對付著過罷了。更何況，依禮，夫妻有如君臣，妻子對丈夫，要恭敬順從，亦步亦趨，唯唯喏喏，唯夫君馬首是瞻，謂之「夫唱婦隨」。處於這種不平等關係之中，哪有真正的愛情可言，有的只能是貓兒狗兒般的「戀」。

因此，傳統的婚姻，從士大夫之家到一般民間，夫婦之間的感情，都相當淡漠。儘管中國傳統社會反對夫妻隨意離異，主張「白頭偕老」、「相伴終身」、「地久天長」，但，那更多的是強調人身依附關係的牢固性，和家庭內部結構的穩定性，而非什麼「忠貞的愛情」。他們宣揚的模範夫妻，如梁鴻、孟光等等，強調的也是所謂「燕爾新婚，如兄如弟」，「舉案齊眉，相敬如賓」，突出的是「敬」而不是「愛」。夫妻之間有如賓客，妻子送上飯來，必須「舉案齊眉，不敢仰視」，這難道可以說是愛情？

不但夫妻之間的感情淡漠，而且社會對於夫妻之間的感情問題，態度也相當冷漠。在傳統禮教看來，夫妻感情淡漠，是正常的，也是合理的，因為他們能克制自己，做到「止乎禮義」。相反，夫妻之間如果感情濃烈，則不正常。或者應受到批判，斥為淫亂；或者應受到嘲笑，看作醜事。比如，直到現在，在中國許多農村，夫妻一同上路，都必須丈夫走在前面，妻子跟在後面，保持一段距離。如果有說有笑地並肩而行，便會被鄉人恥笑，視為不要臉。

事實上，傳統社會對夫妻間的情愛不僅只是冷漠，有時簡直就是嫉恨和破壞，如古詩中焦仲卿、劉蘭芝夫婦和宋代陸游、唐琬夫婦，就被活活拆散。我常疑心導致這兩對夫婦離異的真實原因，其實是因為他們「太愛」之故。這就證明即便鳳毛麟角地出現一兩例「有愛」的個案，也不能得到禮教和家規的保護，反倒要受摧殘。

夫妻之間既然少有情愛，自然也難有詩意。中國古代的愛情詩，不是婚前的，便是婚外的，寫夫妻生活或夫妻互贈的極少，寫給妓女的或寫妓女之愛的倒是連篇累牘。似乎和妓女唱和酬酢是風流韻事，和妻子親熱恩愛反倒是俗不可耐。或者婚前婚外不妨浪漫，婚內就得規規矩矩。這說明婚姻之無愛，幾乎已成為公認的事實和常規的模式，即便有那麼一點愛，也不好意思說了。

夫妻之間無愛、少愛、難愛，便只有寄希望於朋友。實際上，寫給情人和妓女的詩比寫給老婆的多，就因為情人和妓女比老婆更像朋友。你想，即便他們不過逢場作戲，如果配合默契，不也有朋友的情分嗎？就連夫妻，如果當真情投意合，也像朋友，比如李清照與趙明誠。

父兄

夫妻之間只有「敬」少有「愛」，父子之間也如此。

中國傳統社會中，父母親的社會角色不大一樣，分別叫作嚴父慈母。「慈」自然是愛，叫「慈愛」。「嚴」雖然或許也出於愛，但不易體驗到。更何況，父子和夫妻一樣，也有如君臣，所以當父親的，有時還要故意疏遠子女，以便合乎禮儀或禮義。比如孔夫子他老先生，有一天自個兒站在「庭」中，兒子孔鯉恭恭敬敬地小步從他面前走過。孔子便叫住他問，學詩了嗎？孔鯉答，沒有。孔子說，不學詩，就不會「說話」，於是孔鯉便退下去學詩。過了幾天，孔子又自個兒站在「庭」中，孔鯉又恭恭敬敬地小步從他面前走過，孔子又叫住他問，學禮了嗎？孔鯉答，沒有。孔子說，不學禮，就不會「做人」。於是孔鯉便退回去學禮。兩千多年來，孔子對孔鯉的這些教訓，一直被視為父子關係的楷模，而父親對子女的教育，也就被稱為「庭訓」。據說除此「庭訓」外，在教育方面，孔鯉從未在當先生的爸爸那裡吃過「小灶」。難怪一個名叫陳亢的人聽孔鯉講了這些情況後，高興地說，我一下子知道了三件事：知道了詩，知道了禮，還知道了君子要疏遠自己的兒子。

聖人開了頭，後學自然要仿效。於是，越是家教嚴的家庭，父子之間的關係就越冷淡，越隔膜。比如大清皇室的規矩，是「抱孫不抱子」。兒子生下來以後，是連抱都不能抱的，只能訓。上朝時，體面一點的大臣可以賜座，皇子們卻只能站，甚至只能跪。因為清王朝以「禮教」、「孝治」相標榜，非如此不可。當然，為了表示天子無私，也非如此不可。上行下效，那些極其看重「家風」的詩書官宦人家，規矩也不小。比如兒子的朋友來了，父親要破格接見，則朋友可以坐，兒子卻只能站。總之，當爹的要端架子，做兒子的要裝樣子，父子之間必須「遠」，也就難得有真愛。即便有，也要被禮消解了。

母子之間的關係當然要好得多。但母親對子女的愛，多半是「疼愛」；兒女對母親的愛，則多半是「回報」。二者並不一樣。況且，兒子的事，尤其是事業方面的，做母親的多半是既管不了，又幫不上。這就要靠朋友。更何況，母子之間，還有媳婦。婆媳關係好一點的，問題還不大；婆媳關係不好，則母子關係也難免要受影響。

至於兄弟之間，也很隔膜，因為兄弟之間也不平等。「長兄如父，長嫂如母」，也是一邊要擺架子，一邊要裝樣子。何況還有繼承權的糾紛，一方心懷不滿，一方充滿警惕，嚴重一點的，還會禍起蕭牆，手足相爭。如再加上父母偏心，情況就更為複雜；如再加上妯娌挑唆，紛爭就更加熱鬧。《春秋左傳》一開篇，就是兄弟之間的戰爭，叫「鄭伯克段於鄢」。春秋，原是「窩裡鬥」最熱鬧的時代之一，以此開篇，倒也頗具戲劇性。以後的兄弟相殘，也接連不斷，比較有名的，如東晉，如南梁，如清之雍正，都是。相比較而言，倒是平民百姓，反正沒有多少權力財產可繼承，反倒好一點。或者讀書人，要繼承的是學問，沒有什麼可爭的，也要好一點。但由於兄弟終究要分家獨立，彼此之間也就難免要淡漠起來。如果妯娌相爭，姑嫂不和，事情就會更麻煩。

其實兄弟關係原本應該最好的。輩分同，年齡近，血緣親，最容易做到心意相通。所以就連江湖上的口號，也是「四海之內皆兄弟」。江湖好漢最看不起儒生，卻對儒家這一信條情有獨鍾，豈能沒有道理？然而「四海之內皆兄弟」的結果，卻是真正的兄弟反倒不像兄弟。比如向官府舉報李逵的，便正是他的親哥哥。阮氏三雄倒是親密，但他們之間的關係，和其他「兄弟」（實則朋友）

也沒什麼兩樣。看來與其說朋友以兄弟為模式，不如說兄弟以朋友為楷模。事實上，兄弟之間的道德準則也是友愛，叫「友於兄弟」。「平生風義兼師友，不敢同君哭寢門」，任何關係，只要具有了朋友的性質，那情分就往往會變得重起來。

朋友

夫妻無愛，父子無情，兄弟無義，則一腔真情，便只能訴之於友。

朋友最平等，也最自由。

平等，是朋友關係的第一個特點。什麼是朋友？「朋」是兩個「貝」，或兩系貝（五貝一系），兩貝一樣大，兩系一樣多，是平等的；「友」是兩隻「手」，左手和右手，也是平等的。事實上，可以交朋友的，其身分地位都大致相等，至少也都得是一個圈子裡的人。比方說，你就很難設想一個「大官」居然和一個「小民」成了朋友。如果居然是，那就一定有別的原因。或原本就是貧賤之交，或後者其實是隱士，再不然就是交往時並未暴露身分。所以，一個人如果社會地位極高，便慢慢地會有孤獨寂寞之感，甚至深感「高處不勝寒」，而皇帝則幾乎無一例外是沒有朋友的，因為實在沒有人能夠和他平等。

朋友關係的第二個特點，則是「相同」。《易・兌》孔穎達疏云：「同門曰朋，同志曰友。」朋友之間，總有某種共同之處，或同鄉，或同學，或同事，或同年，或同道，或同志，或性情相同，或志趣相同，或觀點相同，或境遇相同。一旦發現共同點，便很容易成為朋友。這一點，比平等還重要。兩個人，如果相同之處極多，情投意合，一見如故，也可能不在意身分地位的差異而成為朋友，比如「忘年之交」即是。

第三是「相合」。一般地說，「朋」是指相同者，如兩隻貝；「友」是指合作者，如兩隻手。所以「同心協力」又叫「朋心協力」，有合作關係的人、單位或集團則叫友，如「友軍」、「友邦」、「外國友人」等。在原非友誼的合作關係中，如果合作得好，人們也容易成為朋友。事實上很多人的友誼，便正是在長期的合作關係中建立的。同事、同行、戰友、夥伴有時即等於朋友，道理也正在這裡。

第四是「可選擇」。朋友不像兄弟，是天意安排；也不像夫妻，由父母選擇。朋友就像情人，都是自找的，最有自主權，也最能激起每個人發自內心的熱情。更何況，有選擇，就有自由。既有結交的自由，也有斷交的自由。同則交，不合則散，既可相知於患難，又可相忘於江湖，比其他的人際關係，寬鬆得多啦！

平等，相同，相合，而又自由可選擇，關係就親密，感情就深厚。

因此，中國人對於友情和友誼，相當地看重。在中國古代詩詞中，差不多每位詩人的作品，都有相當數量的篇幅是歌頌友情的。以李商隱為例，他的詩作，只有一首懷念亡妻，情詩也不過十五首左右，而寫給朋友或表現友情的，不算唱和應酬之作，至少也是情詩的三倍之數。其中最有名的一首《夜雨寄北》，曾有人認為是寫給妻子的，應題作《夜雨寄內》。其實，「何當共剪西窗燭，卻話巴山夜雨時」，說是寫給妻子或是寫給友人，都講得通。「贈內詩」和「贈友詩」難以區分，豈非恰好證明「愛情」受到限制，而「友情」則無論如何深厚也不會被視為過分？

事實也是如此。「醉眠秋共被，攜手日同行」（杜甫《與李十二白同尋範十隱居》），如不說明是朋友，你看像不像情人？「你耕田來我織布」，又像不像朋友？豈但像朋友，甚至像「互助組」、「合作社」。愛情與友情既然如此錯位，則一首詩究竟是贈內還是贈友，當然也就難以弄清了。甚至也不必弄清，因為好夫妻原本像朋友，好朋友也原本像夫妻。「呦呦鹿鳴，食野之苹。我有嘉賓，鼓瑟吹笙」，這「嘉賓」究竟是男是女，是妻是友，也是搞不清的事。因為「鹿」是吉祥意象，「鹿鳴」可視為呼朋引伴，也可視為發情求偶；朋友來了固然要「鼓瑟吹笙」，夫妻相愛也同樣是「琴瑟相諧」，都可以稱為知音。所以我看不必細究。「公私」尚且不分，又何必一定要區分「妻友」呢？

顯然，正是由於上述種種原因，友情才特別發達，也才特別珍貴。總之，有朋友是幸福的：「有朋自遠方來，不亦樂乎？」沒有朋友則是不幸的：「勸君更盡一杯酒，西出陽關無故人。」與朋友別離是痛苦的，因此應報以豁達的態度：「海內存知己，天涯若比鄰。」而無論走到哪裡都有朋友，則當視為人生之最大幸事：「莫愁前路無知己，天下誰人不識君。」友情之珍貴，實非言語所能表達。

二　交友三昧

交友之道

朋友有兩種，一種是有益的，另一種則是有害的。

孔子曾經提出過「益友」的三個條件。首先是直。直不但是心裡不拐彎（正直），而且是嘴上也不拐彎（直率）。一般人，做到「正派」並不難，做到「正直」就難一些了。而要能夠看到別人的缺點、錯誤就說出來，尤其是敢於對自己親近的人（如朋友）直統統地說出來，做到直率，就非常之難。難之一在於礙於情面，很難說出口；難之二在於顧忌功利，很難下決心。於人有損（傷了對方的面子），於己無利（自己並無好處），便很難會有人去做這種「蠢事」。然而直言雖然難聽，卻是出於真愛。故如能得一「直友」，實乃人生之大幸。

其次是諒。朋友犯了錯誤，自己能夠諒解；或做了對不起自己的事，自己能夠原諒，這並不算很難。但是，要真正站在對方的立場上，設身處地地予以體諒，就不容易了。尤其是他幹了公認不仁不義的事，直接損害了自己又沒有道歉，還能不顧自己背上黑鍋而予以「曲諒」，那就真是其難無比！一個看重名譽的人，為了名聲而「直」，還不難；一個追求實利的人，要他不顧名聲而「曲」，也不難；而要一個人既不顧名聲又不顧實利地去「曲諒」朋友，就幾乎難得「不合情理」。但只有這樣的朋友，才是真朋友。

最後就是「多聞」了。博學多聞的人，當然也是益友。相反則是損友。損友也有三個特點。第一，外表堂堂正正，但說的都是官話、套話、場面上的應酬話，表面上無可挑剔，內心卻並不正義，所以是「不直」；第二，只知逢迎討好對方，甚至不惜附和錯誤，指鹿為馬，表面體貼諒解，內心卻並無真誠，所以是「不諒」；第三，誇誇其談，言不及義，表面上能言善辯，內心卻胸無點墨，當然不能算作「多聞」。這三種人，頗具迷惑性，其實最害人，所以是「損友」。

因此，君子的交友之道，就有以下幾項原則：

第一是「尚自然」。不強交（不強迫別人交朋友），不苟交（不隨便和別人交朋友）。真正的朋友總是可遇而不可求的。你可以去尋找機遇（尋師訪友），但不能製造機遇。輕率就更不好。「生死之交一碗酒」，爽則爽矣，其實靠不住。

第二是「超功利」。因「利」而勾結者，不能叫朋友，只能叫「朋黨」（狐朋狗黨）。這種人，因為唯利是圖，所以利相一致時，便狼狽為奸；無利可圖時，便作鳥獸散；一旦利害衝突，便反目為仇，互相廝咬，哪裡還有情誼可言？只有因「義」而結交者，才既可為正義而並肩戰鬥，也才可能在一方有過時，敢於直言而成為「直友」，或因大義而曲諒其小過，成為「諒友」。

第三是「去嫌疑」。朋友之交，貴在忠信，一有狐疑，便生嫌隙。故曰「識人不可不真，疑心不可不去，小嫌不可不略」。這裡最難做到的是「小嫌不可不略」。因為正派人都難免清高甚至孤高，常自詡為「眼裡容不得一粒沙子」。對自己固然要求嚴格，對他人（尤其是那些被認為「有資格」和自己交朋友的人）要求也不會低，而且往往認為那不過是「起碼」的要求。於是，小有不滿，便課以大罪名，一心只想關係正了又正，友誼純了又純。結果，「水至清則無魚，人至察則無徒」，最後只能孤立自己。真正的君子之交，誠應「大行不顧細謹，大禮不辭小讓」，著眼大處，不拘小節，求同存異，才是長久之計。

第四是「多寬容」。寬容是雙向的。既要對朋友寬容，也要對自己寬容。不能因為自己做得到，就指責他人有過失；也不能因為自己做不到，就覺得沒臉見人。金無足赤，人非聖賢。每個人，都有力所能及者，有力所不能及者，總有做得到和做不到的事。所以，既不必苛求於人，亦不必苛求於己，以免失去了朋友之間的平等。

第五是「有肝膽」。能不能「去嫌疑」而「多寬容」，全在於有無「肝膽」；而有沒有「肝膽」，又全在於是不是「超功利」。實際上，君子因為重義輕利，個人的進退榮辱成敗得失都無所縈懷，自然胸懷坦蕩；小人因為重利輕義，或害怕所求不可得，或害怕所得不能保，或害怕所保不能全，自然斤斤計較，患得患失。這就叫「君子坦蕩蕩，小人長戚戚」。與人交往時，君子襟懷坦白，安詳舒泰，從不以強淩弱，仗勢欺人；小人則矜己傲物，唯恐失尊，難免盛氣淩人，不依不饒。這就叫「君子泰而不驕，小人驕而不泰」。同理，君子求義，只須反躬自省；小人逐利，勢必趨炎附勢。這就叫「君子求諸己，小人求諸人」。求諸己者，相互之間沒有利害關係，矜而不爭，群而不黨，自然淡泊寧靜；求諸人者，相互勾結，相互利用，少不了吃吃喝喝，拉拉扯扯，說些甜言蜜語，給些蠅頭小利。這就叫「君子之交淡如水，小人之交甜如蜜」。益友與損友，豈非正是君子與小人之別？

交友之情

交朋友，要講「交情」。

交情有深有淺。交情深的是「深交」，交情淺的卻不叫「淺交」，而叫「一面之交」。中國人講情面。見了面，就有情。但畢竟只見過一面，交情尚淺，雖然也可以託人情，但往往不大好開口，也不能重託，除非是一見如故。「故」就是見面很多、交往很久的意思，又叫故人、故友、故舊、故知，如老同學、老同事、老戰友、老鄰居。老則深，深則入。即使不能「深入」，「老」本身也是面子，總比「一面之交」來頭大。

的確，中國人的交情，一般是與交往時間的長短成正比的。因為「路遙知馬力，日久見人心」，而交情一如美酒，越陳越醇。沒有經過時間考驗的交情，總讓人覺得不那麼「靠得住」，也難以產生戀戀不捨的「戀情」。故民諺曰：「衣服是新的好，朋友是老的好」；「新婚情烈，舊友情深」。友情不同於親情，親情是天然的，比如自己生的孩子，自然疼愛；友情則是慢慢建立起來的，要靠積累。積累則厚，厚則深，叫作「深厚」；不積累則薄，薄則淺，叫作「淺薄」。淺薄的人，胸無城府。表現在交往上，一是「多言」，誇誇其談，自我炫耀；二是「泛交」，輕諾寡信，不知自重。真正的友誼，應該是「面淡如水，心甘如飴」，就像真正的學問和藝術一樣，「看似尋常最奇崛，成如容易卻艱辛」，厚積而薄發。

交情雖然以「老」的好，但「故舊」並不一定就是「深交」。反倒是口口聲聲宣稱自己與某某要人是「老交情」者，其交情往往可疑，就像時下某些「青年學人」，專好賣弄古怪澀口的新名詞、新概念，把文章寫得誰也看不懂，不過是以其艱深飾其淺薄而已。交情老，只不過意味著面子大。「老交情」有事來請幫忙，那麼，「不看僧面看佛面」，看在交往多年的面子上，也不能不有所「照顧」，當然也可能只不過「面」上敷衍，這就全看交情的深淺和事情的難易了。從這個角度講，「故交」也不一定靠得住。

真正的「深交」，是「知交」，即「知心之交」。要結知交，第一要「誠」，即以誠相待，「我無爾詐，爾無我虞」；第二要「忠」，即忠於友誼，「受人之託，忠人之事」；第三要「信」，即恪守信義，「言必信，行必果」；第四要「權」，即通達權變，「不拘泥，不苟且」。四者之中，「權」最難。孔子說：「可與共學，未可與適道；可與適道，未可與立；可與立，未可與權。」也就是說，一般人，我們可以和他「同學」，但未必「同道」。因為道路可選擇，各人選擇的人生道路，未必都一樣。可以和他「同道」，但未必「同志」。因為選擇人生道路的動機、目的、志向並不一定相同，雖然走在同一人生道路上，說不定只是「同路人」，沒準什麼時候還要分手。可以和他「同志」，也未必「同權」。因為志是方向，叫「志向」；權是便宜，叫「權宜」。大徹大悟之人，為了最終地實現道與志，有時不得不略做變通，以為權宜。但這很容易被誤認為是不忠誠，或不誠信，一旦起疑，也就不再「同心」，所以，非得真正的知交，才可與之同權；而一旦同權，也就真是「將心比心，以心換心」了。

由此可見，結交知心朋友，真是其難無比，故云「人生得一知己足矣」。許多人終其一生，也難得一知己。但是，有一種朋友，雖不一定知己、知心，卻最可依賴，這就是「患難之交」，即「同生死，共患難」的人。或是在戰場上，救過自己的命；或是在受害時，掩護或救援過自己；或是在危難時，和自己同心協力，共渡難關。這種經歷了生死患難考驗的朋友，將是最忠實的朋友，是刀架在脖子上都不會翻悔的朋友，所以又叫「刎頸之交」。

道理也很簡單——真正的友誼是超功利的。生死患難，功名利祿，最能鑒定友誼的真假和交情的深淺。司馬遷在《史記．汲鄭列傳》的贊語中說，有個下邽人姓翟的，起先當廷尉（最高司法官）時，賓客來往極盛，把大門都塞住了，罷官以後，則大門外可以張設捕捉鳥雀的網羅（「門可羅雀」一詞即出於此）。後來，翟公又當了廷尉，賓客們又準備前往翟府交結，翟老先生便在門上用大字寫下一句話：「一死一生，乃知交情；一貧一富，乃知交態；一貴一賤，交情乃見。」說得真是再透徹也沒有了。

交友之態

翟公的話，可以說是關於交往之道的至理名言。他不僅談到了「交情」，而且談到了「交態」。所謂「交態」，就是結交朋友的意向和態度，也指人世間社交的常態，即「世態」。前面講到的「君子之交」和「小人之交」，也可以說是兩種交態，但那只是兩個極端。因為世上真正的君子和真正的小人都不多。大多數人，處在君子與小人之間，無妨稱之為常人。常人的「交態」也就是人世間社交的「常態」。

通常的「交態」，有以下幾個特點：

第一是「有目的」。常人交朋友，都是有目的的。這種目的，不一定是小人那種急功近利的目的，也許只是覺得人生在世，不能沒有三五友人。「在家靠父母，出門靠朋友」，「一個籬笆三個樁，一個好漢三個幫」，沒有朋友，就無法自立於人世，也無法做人。所以，就大多數人而言，都會有意識有目的地去尋找和結交朋友。大體上說來，這些目的又可分為三類：一類是為了事業，或是尋找事業上的指導者，或是尋找事業上的支持者，或是尋找事業上的參謀者，或是尋找事業上的合作者，如古代大政治家的「廣納天下之士」，或學者詩人的「四方尋師訪友」，都屬於此類。一類是為了生活，比如工作上有個方便，生活上有個照顧，在遇到緊急情況和特殊困難（如生病住院，購買車票等）時有個幫襯，這些都需要有朋友，否則便寸步難行，投靠無門。還有一類是為了心靈的交流。每個人都有自己的感情，這些情感都需要與他人交流；每個人都有自己的遭遇，這些遭遇都需要向他人傾訴；每個人都有自己的隱祕，這些隱祕有時也需要向一兩個人透露，否則憋在心裡會生病的。但是，自己的家人、親人並非都能充當交流、傾訴和透露的對象。比如夫妻感情不和，就不能向丈夫或妻子傾訴。又比如初戀的祕密，有時就不能向父母透露。這就需要朋友，以便把一些不能對父母親人講的話講出去。中國傳統文化把「朋友」和「君臣、父子、夫婦、兄弟」一起，列為最重要的五種倫理關係，稱為五倫，不能不說有其獨到精闢之處。

第二是「趨利害」。趨利避害本為人之常情，更何況是有目的地交朋友，當然就不能完全沒有功利的考慮，也不能一概地斥之為「小人」、「不義」。一個人在選擇和開始交朋友時，兩人之間，尚無情義，如果趨利避害，又怎能說「不義」？歷史上如信陵君之結交侯嬴，公子光之結交專諸，嚴仲子之結交聶政，燕太子丹之結交荊軻，都有明顯的功利目的，也都未被視為不義，又怎能要求常人之交往，完全不計利害？嚴格說來，只有那些共患難而不共富貴，為小利而忘大義，賣友求榮，一闊臉就變的人，才是忘恩負義的小人；也只有那些不顧身家利害，甚至承擔著風險，仍要去結交身處逆境甚至困境中朋友的人，才是大義凜然的君子。處於二者之間的是常人。常人在初交時趨利避害，是應予理解的；若能在對方失勢落難時仍維持友誼，便更是難能可貴，應視同君子了。

第三是「多離合」。常人交友，既以需要為目的，則需要發生變化，朋友關係也會發生變化，或加深，或疏遠，或轉移。所以常人的朋友關係，往往會不斷地重新組合，老朋友漸次疏遠，新朋友紛至沓來。這既是一種正常現象，也無妨說是一種好事，因為能擴大交往的範圍。中國傳統倫理觀念視朋友如夫妻，一味強調「從一而終」，既不現實，也不盡合理。因為對人的認識要有一個過程。在交往過程中，如發現對方與自己志趣不同，性情不合，道路有異，亦不妨說聲「再見」，從此各奔前程。單方面強調「從一而終」者，往往都有一種「霸氣」，以一己是非為是非，以一己善惡為善惡，要求朋友處處與自己相同，事事與自己相合，倘有異議，便視為叛徒，這其實是「同而不和」。其結果，不是變成「小人之交」，便是變成「孤家寡人」。許多人終身無一知己，道理往往在於此。如果還要以「古來聖賢皆寂寞」來做遁詞，便未免阿Q精神了。「古來聖賢皆寂寞」，多因其思想超前，觀點獨異。但聖賢固然多寂寞，寂寞者卻不一定都是聖賢。非聖賢而又寂寞的人，多半是心理過於狹隘之故。狹隘並無好處。因此，我們還是把自己的心理調整到常態為好。

三 任俠與清高

友誼價最高

毫無疑問，真正的友誼，畢竟是超功利的。正因為如此，友誼才會成為體現真愛之所在。也正因為如此，重義輕利的人，才會把友誼看得高於一切，重於一切。

首先，友誼重於金錢。在許多中國人看來，金錢乃身外之物，最不足惜。不但金錢，一切可以用錢買的東西，一切值錢的東西，一切物質利益和物質享受，都可以為友誼而輕易捨去，「萬金寵贈不如土」。當年，孔子要他的學生顏回和子路談自己的志向和願望，重友情的子路便慨然答道，只願把我的車馬衣服和朋友們一起使用，用壞了也不可惜。這其實也是一般看重友情的中國人的共同心態：自己的金錢財物，只要朋友需要，儘管拿去使用；朋友需要什麼，只要自己有，也絕無吝嗇保留。

這就和西方人不一樣。西方人把友誼和金錢分得很開，友誼歸友誼，金錢歸金錢。不要說朋友借貸，便是父子借錢，也要立字據，打收條，認為這才是尊重人格。因為西方的人際關係，是「契約關係」，非立約不足以規範。中國的人際關係，則是「情感關係」，一立約，便見外，會「傷了感情」。所以中國的朋友之間借錢，很少打借條，甚至諱言「借」字，而說「只管拿去用好了」。

朋友之間，重的是「信義」而不是「契約」，因此在語言表達上，「友邦」、「友軍」也要比「盟邦」、「盟軍」更親切。朋友有難，本當救助，豈有吝惜財物之理？甚至，僅僅只是為了與朋友共度良宵，以圖一醉，也不惜典當寶貴的財物：「五花馬，千金裘，呼兒將出換美酒，與爾同銷萬古愁。」李白這話，是他客居友人元丹丘的潁陽山居時在宴席上對主人說的。酒錢不夠？你不是還有五花馬、千金裘嘛！拿出去！拿出去！叫你們家小孩子拿出去換酒來喝，咱哥們今兒一定要一醉方休！這種反客為主的慷慨，真非以心換心不拘形跡的豪邁知交斷不能如此。梁啟超詩云：「瀝血一杯酒，與君兄弟交。君母即我母，君仇即我仇。」連至親和仇敵都「與朋友共」，況乎錢財？

不但金錢財物，便是功名利祿、官爵職位，也可以為朋友捨去。比如司馬遷，便正是因替李陵辯護，不但丟了官職，絕了仕途上的前程，而且被下獄問罪，入「蠶室」，受「腐刑」。其時，李陵已然降敵，司馬遷的辯護，並於事無補。戰將降敵，不要說好大喜功的漢武帝，便是一般「愛惜名節」的人，也不能容忍。然而司馬遷卻寧願冒著天大風險，為並不在面前的「叛徒」辯護，這就非「知心」而不可為。司馬遷獲罪後，依律可以出錢贖罪，但他家貧不能自贖，而平日交遊的朋友竟無一人願意幫他。結果司馬遷在獄吏酷刑的淫威下受盡了折磨，而且所受乃任何男子都會感到屈辱的「腐刑」，弄得男不男女不女，生不生死不死。受此屈辱後，司馬遷又忍辱負重地完成了巨著《史記》，這就非「真君子」、「大丈夫」而不可為。司馬遷在《史記》中，但凡寫到為友捐軀或忍辱負重的人物，總是那麼動情，顯然不是沒有原因的。此外，如趙國虞卿為救魏齊而自解相印，中牟縣令陳宮為救曹操而自棄官職，都可以說是「重義輕利」的豪舉。

不但金錢財物、功名利祿、官爵職位等等「身外之物」，可以為朋友捨去，甚至連自己的親生骨肉乃至自己的生命，也可以為朋友犧牲。在有名的「趙氏孤兒」故事中，程嬰為了報恩，以親子代替被追殺的趙盾之子，冒充頂死；公孫杵臼為了友情，又代替程嬰冒充藏孤之人，和程嬰之子一同死於非命；韓厥為了正義，冒險放走真正的趙氏孤兒，然後自殺滅口。這三個人，便正是孟子所謂「舍生而取義者也」。[1]

這種為恩情、友情、正義或情義而不惜獻身的行為，在歷史上屢見不鮮。比如春秋時代齊國人北郭子，家貧不足以養母，曾求助並受惠於齊相晏嬰。後來晏嬰見疑於齊君，只好出奔他國。晏子一走，北郭子便對朋友說，請把我的頭放在竹籃子裡，交給齊王，就說晏先生是天下之賢者，他一走，齊國必亡。與其眼睜睜地看著國破家亡，不如先死！說完自刎而死。北郭子的朋友為了「受人之託，忠人之事」，也為了與友人「同生死，共患難」，又自刎以託付旁觀者，終於驚動齊王，親

1 編注：出自《孟子．告子上》。「舍」同「捨」。

自坐上驛車去追回晏嬰。

又比如西漢大俠郭解，因犯律被官府通緝，武帝追殺，逃到臨晉。臨晉人籍少公並不認識郭解，見他來求，便設法幫他脫逃出關。後來官府追查到籍少公這裡，少公才知道原來那人竟是郭解。為了掐斷線索，竟自殺滅口。少公與郭解素不相識，並無交情，也居然以身相殉，這就不能說是忠於友誼，而只能說是「任俠」了。

任俠

任俠，又叫「尚義任俠」、「為氣任俠」、「使氣任俠」，也就是「好帶意氣，以俠義自任」的意思。據《史記．太史公自序》及《遊俠列傳》所云，我們可以總結出俠或任俠的三大特徵，即：重然諾，講義氣，輕生死。

重然諾，是俠的第一個特徵。所謂「不失信，不背信」，「其言必信，其行必果，已諾必誠」，說的都是這一點。所有的俠們差不多都是這樣：只要答應了別人，便一定堅守「然諾」，不計利害，不避風險，千方百計地去實現這一諾言。至於這一諾言是在什麼情況下立的，其內容本身是否合理，有沒有能力和可能去實現，在實現諾言的過程中產生什麼問題，其結果是否果真正義，都不在考慮之列。「三杯吐然諾，五嶽倒為輕」，似乎「重然諾」本身便是最高的合理性。比如《水滸傳》中的宋江，只因當年在清風寨時曾對矮腳虎王英許下諾言，「日後別娶一個好的，教賢弟滿意」，打下祝家莊後，便硬把扈三娘許配給他。那王英身材矮小，相貌醜陋，武藝平常，又是個「色鬼」，哪裡配得上出身大戶、年輕貌美，且武藝高強的「一丈青」？連宋江自己也覺得不甚「般配」，只好對扈三娘實話實說：「我這兄弟王英雖有武藝，不及賢妹，是我當初曾許下他一頭親事，一向未曾成得」云云，似乎求婚的倒是他宋江本人。扈三娘心裡當然不願意，但迫於宋江「義氣深重，推卻不得，兩口兒只得拜謝了」。大概連施耐庵自己也覺得尷尬，這才不得不用了「只得」二字。這除了再次說明中國的傳統婚姻是「無愛之婚」外，也說明「重然諾，講義氣」，在江湖中人看來是何等地高於一切。

講義氣，是俠的第二特徵。義氣其實是一個很含糊的概念，有時講的是「正義」，有時講的又是「情義」。「路見不平，拔刀相助」，「救人於厄，振人不贍」，講的往往是「正義」；「君母即我母，君仇即我仇」，「為朋友兩肋插刀」，講的往往是「情義」。正義具有普遍性，也具有抽象性，並不限於某一特定對象，所以俠們往往會為素不相識的人挺身而出，因「看不慣」而「管閒事」，甚至不惜得罪江湖同道，把自己也變成追殺的對象。情義具有個別性、具體性，是針對具體特殊對象而言的，所以俠們有時又會因「哥們義氣」而不顧大義王法。

儘管俠們天真地堅信，他們所守的具體「情義」和社會普遍公認的「正義」，一定是完全一致的，但可惜事實上並非如此。比如宋江和官府作對（搭救晁蓋或造反上山）時，正義與情義是一致的；後來他一門心思要投降，正義與情義就矛盾衝突了。這時，是「跟著正義走」，還是「跟著情義走」，對於眾好漢就成了一個「問題」。其結果，當然是情義壓倒了正義，一夥人都跟著宋江投降去了。甚至，最具俠肝義膽，也最不願意投降的幾個弟兄，如李逵、吳用等，還為此斷送了性命。這是他們的悲劇，也是俠的悲劇。

輕生死，是俠的第三個特徵。俠們都是不怎麼怕死的。他們把「然諾」、「義氣」看得很重，卻把自己的生命看得很輕。一旦生與義發生衝突，便毫不猶豫地捨生取義，不是觸槐觸階而死，就是自刎自剄而亡。如前述韓厥，是為正義而死；北郭子，是為恩義而死；公孫杵臼，是為情義而死；而春秋時晉國的力士鉏麑，則是因兩「義」之難而死。鉏麑是晉靈公派去謀殺趙盾的刺客。這個晉靈公是歷史上有名的無道昏君，而趙盾卻是讓人肅然起敬的國家重臣。這下鉏麑為難了。殺這樣的人，是不「忠」；受命而不克，是不「信」。兩條罪名有一條，就該死。當然，回去把晉靈公殺了，也是不行的，那是「　」。於是鉏麑只好一頭撞在趙盾家的槐樹上，把自己殺了。這件事，《左傳》和《國語》都有記載，而「鉏麑觸槐」也成為「俠肝義膽」的同義語。

俠們殺起自己來既然毫不猶豫，殺起別人來也往往滿不在乎。比如梁山好漢為救宋江而劫法場，便是「不問軍官百姓，殺得屍橫遍野，血流成渠」，李逵更是「掄兩把板斧，一味地砍將來」，「一斧一個，排頭兒砍將去」，殺的豈非多是無辜？即便是黃文炳，無論多麼該殺可殺，似也不必「把尖刀先從腿上割起，揀好的，就當面炭火上炙來下酒，割一塊，炙一塊」（幹這活的又是李逵）。這就近乎以殺人為樂，幾乎是殺人狂了。俠們往往武藝高強，又不怕死，又愛意氣用事，又不把國律王法放在眼裡，甚至故意和官府作對，所以韓非子稱「俠以武犯禁」，把他們列為禍害國家的五種人物之一，稱為「五蠹」。

清高

與「任俠」處於另一極端的是「清高」。

清高者的特點，是輕易不肯與人交往。任俠者因為「專趨人之急」，有如「救火隊」和「救世主」，所以往往交遊極廣，甚至弄得天下之人，「莫不延頸願交焉」。清高者則不同。在清高者看來，這個世界基本上是骯髒醜惡的。眾人皆濁我獨清，故曰「清」；眾人皆俗我獨雅，故曰「高」。他們不願過問俗事，更不願結交俗人，甚至聽見了俗言，哪怕是至尊至貴至聖至神的「堯舜之言」，也要趕忙去洗耳朵。比如歷史上最古老的高士許由便是。當時，帝堯要任命許由當「九州長」，許由一聽，便跑到潁水河邊去洗耳朵。正好他的朋友巢父牽著頭牛犢兒來飲水，一聽是這麼回事，連忙把牛犢牽開，說這河水已被你洗髒了，連牛也飲不得了。高士們清高如此，哪裡還會像俠們那樣去管「閒事」？所以與任俠正好相反。前者廣交遊，好結友；後者避世人，愛獨身。俠們可能有一大群朋友，清高者們則可能終身只有一二知己。

然而，任俠與清高卻有相通之處，即他們都把友誼看得高於一切。正因為把友誼看得極為珍貴，所以任俠者會不惜獻出生命，而清高者則不願輕易與人交往，也就是生怕褻瀆友誼之故。所以俠中也有清高者，而清高者也大都有俠骨。如魏晉名士嵇康，因被鐘會進讒而遭殺害，臨刑前，竟然能索琴而彈奏之。這種視死如歸的態度，就是一種「俠氣」。所以，俠士和高士，往往都脾氣大得嚇人。俠士是動不動就要和人「過招」，高士則是動不動就要和人「絕交」。比如管寧（東漢末年名士），早年曾和華歆「同席讀書」。有一次，讀書時，門外有達官貴人的車馬儀仗經過，管寧讀書如故，華歆卻扔下書跑出去看熱鬧。回來以後，發現管寧已把席子割開（所以後世稱朋友絕交為「割席」）。小小年紀，脾氣就這麼大，真不知後來會怎麼樣。

任俠者和清高者脾氣之所以這麼大，是因為他們要做的，實非常人所能做到者，故非以「氣」使之不可。其實，華歆也不是什麼小人，也是多少有點俠骨的。有一次，華歆與魏國司徒王朗同船避難，有一個陌生人也要上船。華歆開始並不同意。王朗說，地方還很寬嘛，有何不可？後來，賊人追上來了，王朗又想把那人扔下去。華歆說，我當初猶豫，怕的就是出現這種情況。現在既然已同意了他的請求，又豈可因情況緊急而相棄？於是照舊攜帶庇護這個人。這種「重然諾」的精神，不也正是一種「俠肝義膽」麼？

管寧之所以要和華歆絕交，是因為他認為華歆太勢利。其實，華歆只不過修養略差而已。他倆一起在園子裡鋤菜時，「見地有片金」，管寧揮鋤如故，與見到瓦片石塊沒有什麼兩樣，華歆則把它拾起來又扔掉。這就有高下之別了，但畢竟也只是「略差」而已。然而，徹底的任俠和清高，是容不得半點功利的。任俠者要「救人於厄，振人不贍」，當然要過問世事，清高者也未必一定不出仕，但有一個共同的嚴格要求，就是「不計名利，功成身退」，在為國家、為他人做了貢獻，做了好事以後，決不索取報酬，甚至羞言感謝，更遑言自吹自擂，叫作「無伐善，無施勞」。這也是當年顏回對孔子「各言爾志」的回答，被看作真友誼、真義氣的一個標準，也是真俠與假俠，真清高與假清高的分水嶺。

總之，任俠也好，清高也好，共同強調的都是一種人格力量和人格精神。這種精神力量，使他們或蔑視權貴，或蔑視權威，視功利如糞土，置生死於度外。甚至，還能使不具備這種人格精神的人在他們面前自慚形穢。有一次，擔任了衛國「相爺」的子貢帶著人馬浩浩蕩蕩開進窮街陋巷，來看老同學原憲。原憲卻戴著破冠、穿著破衣來見他。子貢覺得老同學太「掉價」，便問：學兄就這麼可憐嗎？原憲答道：我聽說，沒有錢財只叫作貧窮，學了「道」而不能實行，那才叫「可憐」哪！像我原憲這樣的，只能算作貧窮，不能算作可憐。子貢一聽，羞得滿面通紅，拂袖而去，並終身以此言為恥，這就是「清高」的勝利。又比如，東漢末年的名士荀巨伯，有一次大老遠地去看望生病的朋友，正好胡人攻進城來，見荀巨伯居然膽敢一個人留在這裡，大為驚詫。巨伯說，朋友生病，不忍心遺棄他，請讓我代友人一死。胡兵互相看了看說，「我輩無義之人，而入有義之國」。於是班師而還，一郡因此獲救，這就是「俠義」的勝利。人格精神力量之大，一至於此。

四 圈子

圈子種種

中國人友誼的又一個特點，是任何人的結交，都有一定的「圈子」。

君子之交是一種圈子，小人之交也是一種圈子，俠義之交是一種圈子，清高之交也是一種圈子。雖然儒家的社會理想，是「四海之內皆兄弟也」，但沒有一定圈子的交往，事實上並不存在。就連水泊梁山之上，雖然都是哥們，也有一定的圈子，比如智取生辰綱的幾個就比較親密，而李逵、花榮、戴宗等人則和宋江比較「貼心」。

物以類聚，人以群分，不同的人形成不同的圈子，原本是十分自然的事。所以，如果我們要瞭解一個人，認識一個人，只要看看他生活在哪一個圈子裡，和什麼人來往，跟誰交朋友，也就能猜個八九不離十，這就叫「不知其人而視其友」。

這種「觀人之術」，應該說有它一定的道理。因為每個人在結交朋友時，總是會有意無意地選擇那些和自己在各方面都比較相同，至少在某一方面比較相同的人，或者氣質、秉賦、個性、志趣、愛好相同，或者是世界觀、人生觀、價值觀相同，或者是個人道德修養、知識修養、審美修養的檔次、層次、境界相同。如果相異，就沒有共同語言，甚至「話不投機半句多」，哪裡還有友誼可言？「雲從龍，風從虎，麋近鹿，鳳求凰」；「魚找魚，蝦找蝦，烏龜找的是王八」，圈子的形成是很自然的。

不過，圈子並不一定等於友誼。形成圈子的因素和條件很多，比如「行業」。「行」的本義是「道路」，其次是「行列」。同行也就是同道、同列。同行之間，只要不存在直接的現實的利害衝突（如同在一個單位爭奪同一個職位），一般說來，感情上總存在某種天然的聯繫，較之非同行要更親密，也較易交往。所以歷史上，不少行業都有自己的圈子、團體和組織，叫作行會、行幫或幫口，就連乞丐也有，叫丐幫。行會、幫口內部，有自己的規矩，叫行規；有自己的語言，叫行話。不懂行規行話，就很難進入他們的圈子，甚至很難和他們交往。

又比如「學歷」也是。它包括三個內容。一是學什麼，類似於行業。習武的，是「武林中人」；修文的，是「衣冠中人」。這就有圈子了。二是跟誰學，這就有門派、學派、師門之別，圈子更小。同一老師的叫同門，感情關係又更深。三是何時學成，學到何種程度。科舉時代，同屆考中者為同科，同科考中者為同年。同科、同年之間，無論先前是否相識，都有一種特殊的關係，叫年誼。有年誼者，互稱年家，稱其長輩為年伯，同輩為年兄，後輩為年家子，宛如親屬家人。一旦為官，則在官場上，都有互相照應提攜的義務，甚至勾結成黨，朋比為奸，成為朋黨。

形成圈子的又一種最常見的因素和條件是「籍貫」。中國人歷來重籍貫，直至今日，中國人的檔案材料中，差不多都有「籍貫」一欄。中國文化認為，不同的地域的人，會有不同的文化氣質，或剛，或柔，或憨，或狡，或粗獷，或細密，或耿直，或油滑。文化氣質甚至影響到他們的行業職業，如「江南出才子，山東出響馬」，「寧波出裁縫，紹興出師爺」等。同一籍貫的人，由於文化氣質相近，當然也就「同聲相應，同氣相求」了。於是同鄉之間，也就有一種特殊的感情關係，叫鄉誼。如果都是背井離鄉、外出謀生者，哪怕先前並不相識，一旦認了「老鄉」，也是必須互相照應的。

以上三種最常見的圈子中，又以同鄉為最常見，最普遍。一是因為每個人無論有無職業、學歷，都有籍貫，都有鄉里，因此最具普遍性；二是因為「鄉」與「家」的關係最為密切，鄉情本身便帶有親情性質或親情意味，故謂之「鄉親」。正如費孝通先生在《鄉土中國》中所言，「每一家以自己的地位做中心，周圍劃出一個圈子」，這個圈子，在城鎮叫街坊，在農村叫鄰里。街坊鄰里關係，有時比親屬還要密切，叫作「遠親不如近鄰，街坊不如對門」。門對門、牆隔牆的近鄰，關係最親密，因為都是「低頭不見抬頭見」的人，見得多，自然有「情面」。親熱的說法，叫「有牆是兩家子，拆了牆就是一家子」。街坊鄰里是一個圈子，擴大一點，就是鄉里，再擴大一些，同一縣，甚至同一省，都是老鄉。「老鄉見老鄉，兩眼淚汪汪」，感情自然非比尋常。

共用原則

圈子既以認同（同鄉、同年、同行）為前提，則圈子一旦形成，便難免黨同伐異，把圈內人視為自己人，把圈外人視為外人，嚴格按照「內外有別」的原則進行交往。比方說，幾個人在一起，如果都是自家人，就有說有笑，打打鬧鬧，而且可以相互開一點出格又無傷大雅的玩笑。如果這時來了一個人，卻是圈子以外的，則玩笑立即停止，甚至大家都不說話，弄得那人進也不是退也不是，說也不是不說也不是，十分尷尬。至於略帶隱祕性的資訊、傳聞、小道消息，也首先是在圈子內相互傳遞，而且傳遞時還往往要加以叮囑：「不足與外人道。」尤其是關係到某種實際利益的消息，更是「肥水不流外人田」，只能讓圈內人「近水樓臺先得月」。也就是說，必須按照「資源分享」的原則，給予適當的「照顧」，包括送消息和打招呼。

其實，所謂圈子，在一定意義上，也就是「資源分享」的意思。

比如同鄉，就是共同耕種一塊土地，共飲一江一河一井之水者。其餘如同學，是共用「知識資源」；同事，是共用「行業資源」。依照中國文化的人情原則，先前既然共用了資源，則現在有了新的資源，也同樣必須拿出來共用。這正如先前我在你家裡吃了飯，則現在你來我家，我也一定要請你吃飯一樣，是一種講良心有回報的表現。這是中國人必須普遍遵循的一條道德原則。甚至一個盜賊，行竊得手後，如碰上了另一個盜賊，也要見面分一半，以示「利益均霑」，因為大家都是「圈內人」。如果該盜賊竟然違背了這一原則，則他在江湖上，便會立即聲名狼藉，不但從此休想再和大家共用資源，而且很可能連立足都成問題。

然而，均霑者絕不止於利，還有害。正如公與私、你與我難以區分，利與害也不過是一塊硬幣的正反面。所以「共用資源」者也必須「同仇敵愾」，「利益均霑」者必須「禍患均攤」。

比如在舊中國，常有兩姓或兩村之間的大規模械鬥。這械鬥的起因，無非或是爭面子，或是爭資源（如共用一河一渠之水的上下游村落，在大旱之年因爭奪水資源而爆發械鬥）。械鬥一旦發生，則兩姓、兩村之人，都會全體出動，爭相投入，有進無退，奮勇當先。如果是有預謀的械鬥，則事先往往還要舉行一種極為殘忍的儀式。在這種儀式上，要先將生擒的「敵方」人員（最好是青壯年或對方首領）剖腹，取出心肝以祭奠列祖列宗，然後架起大鍋，將其煮熟，而本族或本村的全體成員，每個人都要來吃一口肉，喝一口湯。參加「人肉宴」的，有時只限於成年男子，但至少每家每戶必須有一人參加吃喝。依照家本位原則，只要有一人參加，也就全家有份。這就等於全族或全村的每一個人，都成了對方的「死敵」。這種儀式的用心是極深的。第一，它使全族或全村的每一個人，都與對方結下了仇怨，終身無法擺脫，世代無法擺脫，只能橫下一條心來，和對方決戰到底，不會中途出現「變節分子」。第二，它使全族或全村的每個人，都有了罪惡和罪惡感。這種罪惡和罪惡感會使每個人都變得瘋狂，從而在戰場上成為「死士」。第三，它使全族或全村的每個人，都分擔了責任，一旦對方報復或官府追究，便必須施加於全體。對方的報復要施加於本族本村之全體，當然沒有那麼容易（比較容易的辦法，是也從這邊抓一個人回去吃掉）；官府的追究則因「法不治眾」，往往也只好不了了之。可見中國人一旦「抱團兒」，就不大好對付。

既共用資源，又同仇敵愾；既利益均霑，又禍患均攤，這就叫「有福同享，有難同當」，是中國人交朋友、結圈子、拉幫派的基本原則。它給中國人帶來的直接好處，是一個人一旦有難，便不怕沒有救援。讀過武俠小說的人都知道，江湖上有所謂傳「俠義柬」、「綠林箭」的規矩，即一方有難，便可向八方求援。同門師弟不必說，便是不同門的朋友，無論親疏遠近，只要接到了「俠義柬」、「綠林箭」，全得立即趕到應援，否則便是不義，無法再自立於江湖。非同門的朋友趕到後，如果發現其事於理不合，或雙方都與自己有交情，也可以撤身退出或勸雙方講和，或袖手旁觀，但同門師弟則一般不問是非地「同仇敵愾」。

其實，這種現象並不止於江湖，在日常生活中也比比皆是。比如，一個人犯了錯誤，或者觸犯了刑律，要受處分了，他那圈子裡的人便會絡繹不絕地前去說情，四處奔走，設法營救。這種事，可謂古今如一。在政治黑暗，冤獄遍於國中的時代，它確能使部分好人倖免於難；但在建設民主與法制的今天，又可能會使部分壞人漏網。是非功過，實非三言兩語能夠說清。

代價與是非

但有一點卻可以肯定，即上述好處是要付出代價的。

代價之一，就是消解了個人。在中國歷史上，除極個別的人，如各學派的祖師、各門派的宗師、各團體的領袖，可能會因個人的魅力而成為「核心」，並因此而建立「圈子」外，其餘絕大多數人，要想進入某一圈子，或在某一圈子內生存，都必須盡可能地與圈子認同，甚至包括極細小的方面。比如老鄉們在一起，就要說家鄉話。如果一個人外出多年，依舊鄉音未改，家鄉的父老鄉親們便會對他格外親熱。如果他居然記得只有本鄉本土才有的極「土」的「土話」，就更會受人歡迎。相反，如果他回到家鄉，竟是一口的「官話」、「京片子」，大家就會敬而遠之，在內心深處不把他看作自己人。《論語》上說孔夫子他老先生在宗廟裡、朝廷上，說話雖謹慎，但也明白流暢，一到自己本鄉本土，便「似不能言者」，除了表示對「鄉黨」的恭謹外，不知有沒有語言方面的原因？又比如，圈子裡的人要在一起聚一聚，那麼，即便你厭食、胃潰瘍、酒精過敏，也少不得要「叨陪末座」的。因為「一人向隅，舉座不歡」，不能因一人之好惡，掃了大家的興。這些小事尚且如此講究，遇到大是大非，當然也就更沒有價錢好講。這樣一來，個人就成了圈子，或者說「我」就變成了「我們」。一個人的團體意識越強，自我意識就越弱；越是與圈子認同，就越是消解了個人，最後就變得只會說「我們」，不會說「我」了。中國人寫文章，談到自己的觀點時，往往說「我們認為」，而不會說「我認為」，就是這種觀點和習慣所使然。

代價之二，則是消解了國家。孫中山先生早就說過：「中國人最崇拜的是家族主義和宗族主義……沒有國族主義。」如果把類似於家族、宗族的鄉里、幫口、師門、同仁等大小圈子都考慮進去，則孫先生的意思也可以這樣表述：中國人只有「圈子觀念」，沒有「國家觀念」。所以「對於國家，從沒有一次具極大精神去犧牲的」。當然，這絕不是說中國歷史上沒有為國捐軀者，但如果深入分析一下，則不難發現他們多半是集國難與家難、君仇與父仇於一體的人。前方將士抗敵是因為「守土有則」，邊陲士民抗戰是為了「保衛桑梓」，岳家軍、戚家軍作戰英勇是因為他們忠於團體。只要「鬼子」不打到自己家門口，中國人的「愛國主義」往往是口頭上的。故「前方吃緊」，並不妨礙「後方緊吃」，半壁江山淪陷，偏安一隅的小朝廷依舊歌舞昇平。「暖風薰得遊人醉，直把杭州作汴州」，以致「遺民淚盡胡塵裡，南望王師又一年」。甚至國難當頭之日，朝廷裡的各個小團體，仍不肯放棄一己之私利，一個個「內戰內行，外戰外行」，忙於黨爭，無暇禦寇。這可以說是團體（即「小圈子」）利益高於國家利益之最典型事例。

在戰時是團體利益高於國家利益，在平時則是人情大於王法。這類實例實在太多太多，我們在報紙上、雜誌上時有所聞。可以說每辦一案，都難免有人來「說情」，或有人會「徇情」。其實，人情豈止大於王法，而且大於真理。一件事，只要一牽涉到自己的圈子，圈內人處理起來，便往往不問是非，只問親疏。疏則公事公辦，親則大開方便之門。至於公道不公道，姑且放到一邊。有人說中國人只講人情不講原則，其實並不準確。準確的說法，是「人情即原則」。也就是說，講人情，不能六親不認，不能做「親者痛，仇者快」的事，這本身就是原則，而且是最重要的原則。為了堅持這一「最高原則」，什麼真理，什麼公道，什麼王法，都可以不顧，都可以不視為原則。

因此，一旦圈子、團體的利益與國家利益發生衝突，被犧牲掉的往往便是後者。因為國家是「公家」，何妨犧牲一點。反正國家的利益大得很，多得很，「地大物博，人口眾多」，稍稍犧牲一點也無傷大雅。

又反正大家都只關心自己的小圈子，只要不傷害「自家」的利益，傷害了「公家」，誰也不會來管「閒事」。圈子和團體就不同了，這是「自家」。自家門前雪，自家不掃誰來掃？傷了自家人，在自家人的面前就會沒臉見人，當然只好為了維護「自家」而對不起「公家」了。

沒有「國家觀念」，也就沒有「公民意識」。所以，中國人一旦有困難，首先想到的不是去找「國家」，而是去找「自家」。比如，生活發生困難，不會去領社會救濟，而是靠親戚朋友接濟。一旦國家救濟了（如扶貧），又認為是理所當然，並不把扶貧款用來發展生產，而是迅速吃光花光，再等第二回，絲毫也不考慮自己作為「公民」，對國家還有什麼「義務」。又比如，做生意，辦企業，也不是向國家借貸，而是靠親戚朋友集資。即便貸款，也要靠圈子裡的朋友幫忙，託人情，走後門，才貸得到。再比如，受人侵害（被打、被強暴等），也首先不是訴諸法律，而是找自家人幫忙，把對方也痛打一頓，或者索賠私了。總之，在中國人心目中，親戚朋友，圈子團體，要比空洞的、高高在上的、無法直接感知的「國家」更親切，更靠得住。因此，在檢討自己的社會角色時，首先想到的是自己屬於哪個圈子，而非首先想到自己是公民。

事實上，中國傳統社會是沒有「公民」概念而只有「臣民」、「子民」的。臣是對君而言，子是對父而言。「君」住在紫禁城中，九重天外，遙遠得很。君所代表的國家，便不能不給人以陌生感。各種「父」——家父、師父、父母官，都是看得見、摸得著、靠得住的人，不能不予以特別的重視。更何況，君王的意旨，國家的政策，政府的法令，也只能通過各個種類的「父」，接力棒似的傳達到每個「臣民」或「子民」。這樣層層傳遞下來，不走樣、變味，才是怪事。處於最下層的民眾們，不對國家感到隔膜，也才是怪事。

因此可以這麼說，傳統的中國社會，既沒有嚴格意義上的「個人」，又沒有嚴格意義上的「國家」，而只有許許多多的「圈子」（比如行幫和鄉社，家族和家庭）。天下大治時，這些圈子以中央政府為中心，耦合成一種同心圓的結構。一旦天下大亂，中央政府失控，那麼對不起，這些大大小小的圈子便立即自成體系，或群雄割據，或土崩瓦解，一個個乘機興風作浪，渾水摸魚。等到一個或幾個梟雄出來收拾殘局時，也不能不借助各個圈子的力量，把大家再籠絡到一起，重新結構同心圓。所以，外國人說中國人是「一盤散沙」，是不準確的。準確的說法，應是「一盤散圈」。大大小小的圈子，星羅棋布地「散」在各處，相互之間靠著血緣和地緣，人情和面子，維持著一種鬆散的聯繫。只要這種鬆散的聯繫尚能維持，政府也能借助這種聯繫收稅完糧，那就是「天下太平」了。

這就難怪中國人特別看重友誼了。個人太渺小，國家又靠不住，只好廣交朋友多結圈子。只不過交異性朋友的時候要注意。紅粉知己雖然令人羡慕，卻也容易招人物議。中國人的傳統觀念是男女有別。若是孤男寡女地弄在一起，就難免會有人要說「閒話」。

Chapter 9
閒話

一 所謂閒話

閒話與麻將

是人，大約就總要說閒話。

閒話有兩個意思，一是閒暇時說的話，二是非正式說的話。人不能老是幹活，總有閒下來的時候；也不能老是打官腔，多少得來點兒信口開河，於是就有了閒話。閒話的好處，是輕鬆、隨意，說的人不累，聽的人不煩。說閒話又叫「聊天兒」，也叫「閒聊」。聊，有暫時、權且、略微等意思；閒，則有空、白、漫無邊際、無關緊要等意思。可見「閒」也好，「聊」也好，都無關大局，無傷大雅。又閒又聊，就更加可有可無，沒個正經。反正閒話就是那種「不說白不說，說了也白說」的話。既然「說了也白說」，就不妨「亂說」；既然「不說白不說」，就大家「都說」。再說，閒著也是閒著。說點兒閒話，既打發了時光，也好歹算是做了點事情，沒白閒著。所以，閒話也不完全是「白說」。

中國人愛說閒話。全國各地，都有關於閒話的種種說法。比如北京叫侃山，上海叫吹牛，東北叫啦呱，西北叫諞傳，新疆叫宣荒，閩南叫化仙，成都叫擺龍門陣。這些說法都很形象，也有意思。就說「宣荒」。宣是宣講，也是散布、傳播。荒則是荒遠，也是荒唐、荒謬。宣荒嘛，就是把那些荒誕不經的「荒信兒」（也就是「道聽塗說」）胡亂「宣」他一氣，自然可以漫無邊際地東扯西拉，一直扯到天荒地遠，一點譜都沒有了。因此也叫吹牛。

這就開心。因為沒有拘束，不必循規蹈矩，很能讓人放鬆。

其實宣荒也不容易，得有點精神，也得要點水準才行。比如北京人「侃」起「山」來，就確乎有股子「愚公移山」的勁頭；而成都人「擺龍門陣」的架勢和陣勢，也絕不亞於當年的薛仁貴薛大將軍。北京人和成都人，都是拿閒話當事業的。倒是閩南人瀟灑。烏龍茶一泡，榕樹下一坐，看著潮起潮落雲散雲飛，天南海北隨心所欲地聊開去，便飄飄欲仙了。是啊，聊天即等於「化仙」，則其樂也如何？

難怪中國人愛說閒話。

愛說閒話，首先是比較有閒。農業民族的生活節奏是比較慢的。農村裡靠天吃飯，白天雖然忙碌，晚上卻有的是空閒。何況還有農閒。尤其北方農村，一到冬天，就沒什麼事做，又哪兒也不能去，只能貓在家裡，不說閒話幹什麼？當然，遊牧民族的生活節奏也不快。但他們騎在馬上，人與人隔得老遠，說閒話就不怎麼方便，所以他們唱歌。

唱歌和閒聊，都是宣洩過剩精力、打發多餘時間的方式。其實讀書也一樣。因此「無聊才讀書」。不過讀書要有文化，得斷文識字才行。此外，泡吧要有錢，釣魚要有閒，健身要有場所，下棋要有智慧，還是說閒話便當。只要有那麼一點點時間，也無論是在田間壟上、街頭巷尾、茶館飯店、車站碼頭，都可以說。既無須經費，也不要文化，一張嘴就是本錢，兩個人便可開講，更沒有身分地位的限制，「人人有份，大家一樣」。因此，在中國，人無分男女，地無分南北，皆有說閒話之可能、之條件、之興趣。

再就是打麻將了。麻將是中國的「國玩」。它比橋牌好接受，比撲克花樣多，不像圍棋那麼深奧，不像象棋那麼費神，既可深入，也可淺出，少長咸宜，雅俗共賞，所以人見人愛，一玩就上癮。坐在麻將桌前，就像坐在電腦跟前一樣，時間過得飛快。何況麻將還有「群體性」，非四人一桌不可。這下好了，一個人，枯坐家中百無聊賴，正尋思著到哪湊熱鬧，一個電話來了：「嗨，哥們，咱這兒正三缺一呢！」他還不趕緊去？

這就有用。有什麼用？交際。至少是為交際提供了機會，製造了藉口。中國人是極其注重人際關係的。有事沒事，大家都得聚一聚。但走親串門，枯坐閒聊，久則乏味；請客吃飯，勞神費力，難以持久。何況請客吃飯，要有藉口；走親串門，要有話題。打麻將就沒有這麼多囉嗦。打麻將是不要藉口的，麻將本身就是藉口；打麻將也不用另想話題，麻將本身就是話題。所以打麻將最好。朋友聚會，可以增進友誼；家人圍打，可以共用天倫。有些做子女的為討雙親高興，特地在節假日陪父母打上幾圈，也算是一種孝心。朋友之間打麻將，那些會做人的，八圈下來，贏家請客吃飯，就更是功德圓滿，皆大歡喜。

這就很像說閒話。

說閒話，圖的也是融洽關係增進感情。閒話就是閒話，與己無關，無足輕重，既不必勞神費力，又不會因觀點不同而陡起糾紛，正是融洽關係的好玩意，自然人人愛講，個個愛聽。所以，說閒話和打麻將一樣，也是會上癮的。「十億人民九億搓，還有一億在琢磨」；「十億人民九億侃，還有一億在發展」。麻將和閒話，是不是中國人的「最愛」？

閒話與段子

中國人愛打麻將，愛說閒話，說到底，還是因為愛扎堆，愛抱團，愛往一塊湊。所以中國人也愛聚餐。或者集體會餐，或者湊份子吃飯，或者輪流坐莊，這回你請我吃，下回我請你吃，反正就是湊在一起吃。聚餐既為友情而來，便常常還要輔之以麻將和閒話。或者吃飯之前先來幾圈，或者飽餐之後打個通宵。但不管是觥籌交錯，還是長城高築，閒話總是不會缺席的。

閒話是酒席上最重要的一道菜。說是調料也行。沒有閒話，大家都正襟危坐，沉默寡言，或者溫文爾雅，行禮如儀，那餐飯一定吃得寡淡，還劇累。想想也是。湊在一起吃飯，原本就是為了聯絡感情發展關係。如果一個個都跟悶葫蘆泥菩薩似的，屁都不放一個，這飯還吃它作甚？所以，即便是不甚相識的人湊在了一起，哪怕是吃工作餐，也得說上幾句。如果是請客吃飯，那就更不能冷場。這時，主人自己如果不善言詞，或沒有酒量，就非得請善飲健談者作陪不可。「陪客」不是「說客」。他的搖唇鼓舌，不是為了說服別人，而是要活躍氣氛，因此不能講道理，只能說閒話。

不說閒話，難道談哲學不成？

哲學當然也是可以談的，但只能作閒話講。政治也一樣。事實上政治也是酒桌上的一個主要話題，另一個主要話題則是性。也有把政治和性糅在一起講的。當政治和性被當作閒話，尤其是被糅在一起當作閒話來講的時候，它也就成了「段子」。

段子的種類很多。從形式上講，有小故事，也有順口溜。從內容上講，則有葷有素有黑有白。葷段子也不一定就粗俗。抗戰時，有人撰得一聯戲贈新婚夫婦，道是「軍進娘子關，英雄膽戰；炮打珍珠港，美人心驚」。以「時事」影射「性事」，你不能不嘆服「真虧他想得出」！時下流行的一個段子則頗有時代感：「二十歲的男人是『奔騰』，三十歲的男人是『日立』，四十歲的男人是『正大』，五十歲的男人是『微軟』，六十歲的男人是『松下』，七十歲以上就只好靠『聯想』了。」這也得有些小聰明才編得出。

政治話語當然也能入段。比如麻將這玩意，看起來沒有什麼了不起，其實學問不少。便有人套用林彪的話說：「打麻將，不但戰士要學，幹部也要學。打麻將，最容易學，真正打好就不容易了。」（林彪的原話是「老三篇，不但戰士要學，幹部也要學。老三篇，最容易學，真正做到就不容易了」）

其實說段子也一樣。段子不過是閒話，按理人人會說，但真正說好並不容易。首先得交際廣。交際廣，聽得就多，而且「版本」新。但聽得多不一定記得住、說得出，所以還得記性好、口才好。會說段子的人差不多都有相聲演員的口才，會設懸念，會抖包袱，甚至會說方言，總之是說學逗唱樣樣精通，嘴皮子特溜，這才能成為「九段高手」。

聽段子既然有如聽相聲，會說段子的人在酒桌上便特受歡迎。現如今，但凡有點規模的公司和有點級別的部門，都會有一個到幾個這樣的「高手」，以便應付那沒完沒了的迎來送往，並保證每一個被宴請的客人，都眉開眼笑心情舒暢，對本公司或本單位、本地區留下愉快而深刻的印象。實際上段子在酒席上有著不可小看和不可替代的作用。酒席上只能說閒話是不是？但閒話也不是可以隨便說的呢！比如拉家常，就只限於親朋好友之間。官場上，商界裡，雙方如果不是關係特「鐵」，或知根知底，拉家常弄不好就會有「套取情報」的嫌疑。其他一些閒話沒準也會犯了忌諱，只有說段子百無禁忌。段子裡面說的事，都屬於事不關己，可以高高掛起的一類，不會招誰惹誰。但又有趣，因此百聽不厭。尤其是葷段子，幾乎沒人不愛聽。幾個包袱一抖，再矜持的人，也會忍不住笑起來。這時，他就是想端個架子擺個譜，怕也不能。

這就好了。講段子，要的就是這個效果：調節氣氛，放鬆身心，解除戒備，拉近距離。你想，當大家都因為一個葷段子而笑成一團時，彼此之間，還有什麼隔閡、防範、陌生感呢？自然是打成一片。即便不是哥們姐們，至少也不會再打官腔了。

閒話與中國人

段子是閒話，閒話卻不等於段子。

閒話的範圍很廣，內容很多，而且也沒有什麼一定之規。事實上，舉凡一切與「大事」無關的「小事」，與「公事」無關的「私事」，與「正事」無關的「閒事」，以及一切不願意、不能夠，或者不值得擺在桌面上公然進行的議論和批評，都可以成為閒話，或被視為閒話。

不過，說得多的，還是他人的私事，和對他人的私下批評。傳統社會中的中國人，對探索自然興趣不大，對公益事業也熱情不高，唯獨對關乎他人私事的閒話，以及各類來路不明的消息傳聞，興趣盎然，樂此不疲。它是茶餘飯後的消遣，街頭巷尾的談資，飯局上的下酒菜，床頭上的興奮劑。對於「閒話愛好者」來說，評張論李，說三道四，大嚼其舌頭，比嚼口香糖有味道得多。倘若一天不說閒話，或無閒話可說，則會像發了鴉片煙癮一樣，渾身不自在。

這樣一來，中國的成年人，便差不多都和閒話有了瓜葛。不是自己說閒話，便是聽別人說閒話；不是說別人的閒話，便是被別人說閒話。被別人說閒話固然是不好的，因為那多少意味著自己有什麼「話柄」捏在了別人手裡。儘管這話柄也許根本就不成什麼「話」，或根本就不在「話」下，但無端地被別人「話」了一下，總歸心裡膩歪。然而，不被人說閒話，也是不好的，因為那意味著別人根本就不把你放在眼裡。如果放在眼裡，時時盯著，怎麼會一點閒話也沒有？怪事！

同樣，愛說閒話，固然是不好的。因為太愛說閒話的人，總會給人以不那麼正派或正經的感覺。他怎麼那麼愛說閒話呢？八成是有毛病。正經事都忙不過來，哪有那麼多時間說閒話？自己的事都管不好，怎麼那麼愛管閒事？然而，完全不說閒話，也是不好的。因為大家都說閒話，你一個人不說，就顯得不合群，也給人以有毛病的感覺。所以，除非你自命清高，存心和大傢伙兒過不去，便少不得多多少少要說點閒話。

於是，在中國，凡有人群的地方，就有閒話。在茶館、飯店，在車站、碼頭，在單位的辦公室，在各個家庭和宿舍，到處都是閒言碎語，蜚短流長，正所謂「春城無處不飛花」。

然而卻很少有人能想到這「閒話」竟是可以殺人的。

比如《紅樓夢》裡的尤二姐，其實便為閒話所殺。王熙鳳先是「私下裡」（而且是「好心好意」地）把閒話倒給尤二姐聽，說是：妹妹的名聲很不好聽，連老太太、太太們都知道了，說妹妹在家做女孩兒就不乾淨，又和姐夫來往太密。然後不知使了什麼法子，果真傳得滿世界都知道，「除了平兒，眾丫頭媳婦無不言三語四，指桑說槐，暗相譏諷」。「弄得這尤二姐要死不能，要生不得」，最後只好走上絕路。像這樣被閒話殺死的人（尤其是女人），究竟有多少，我們無法統計。但只要多少讀過一點中國文學作品的，便知道那一定不是一個小數。「周公恐懼流言日」，連位高權重的周公，尚且害怕流言蜚語，更何況是孤立無援的弱女子？

閒話可以讓人喪命，也能讓人丟官。比如西漢文帝時的河東太守季布，大約是個好官。文帝聽人稱其賢，便把他從河東太守的職位上召回來，打算任命為御史大夫。當時御史大夫的職位很高，位列上卿，相當於副首相，於是便有人說「閒話」了。說是季布這人挺勇敢的，力氣又大，就是愛喝酒，一喝酒就發酒性，大家都不敢接近他。

文帝一聽就犯了嘀咕，把季布冷落在賓館裡，一等就是一個月。季布便跑去對漢文帝說，陛下將臣召回，又無所任命，只怕是聽到什麼閒話了吧？陛下以一人之譽而召臣，一人之毀而去臣，臣生恐天下有識之士聽說陛下如此地為他人的議論所左右，就能窺測到陛下的深淺了。文帝被說穿心思，暗自慚愧，一聲不響，呆了半天，才支吾其詞地說，河東比鄰京畿，是朕的手足，所以特地召見愛卿。季布這才重回河東去當郡守。如果季布不向文帝把事情說穿，豈不就會因幾句「閒話」而成了「待聘幹部」，甚至要「下崗」？

當然，閒話之最常規作用，還是讓人「丟臉」。別的不說，光是被人說了閒話，便是丟臉。因為別人都沒有被說閒話，唯獨你被說了，成了「另眼相看」的人，丟臉不丟臉呢？再說，為什麼不議論別人，偏偏議論你呢？可見你「有問題」。至於那「問題」是不是問題，則又當別論。但「有問題」即是問題，而一個本來應該沒問題的人居然「有問題」，當然也就丟臉。儘管你被平反了，儘管你被證明無罪，也沒有問題，但只要閒話不止，就終究是個「問題」，也就別想過安生日子。阮玲玉的自殺，便是證明。

二 閒話不閒

鬥爭武器

如此看來，閒話其實「不閒」。唯其「不閒」，所以歷史上和現實中，就有人用了它，來做鬥爭的武器。

這似乎匪夷所思，然而卻是事實，且有道理。

首先我們得弄清楚，中國歷史上的鬥爭，基本上是窩裡鬥。既云「窩裡鬥」，當然也就是朝廷內、家族內、圈子內，自家人鬥自家人的內部鬥爭。這就不能「公開化」。一旦公開化，不但會家醜外揚，讓外人看了笑話，鑽了空子，而且自己臉上也不好看。再說，自家人，「抬頭不見低頭見」的，總不能公開翻臉吧？見了面，總得「皮笑肉不笑」吧？有什麼看法、意見，總不能「當面鑼對面鼓」地直說吧？所以，無論心裡面如何地咬牙切齒，暗地裡如何地弄拳踢腳，表面上的安定團結還得維持，故而不能公開「鼓噪」，只能背後「嘀咕」，則「輿論」也就變成了「閒話」。

其次，這種鬥爭，不但不能「公開化」，而且也不能「激烈化」。不到萬不得已，一般不能大打出手，刀兵相見。閒話這玩意，又閒又不閒，「提起來千斤，放下去四兩」，用來做武器，最為合適。再說，既然是「內部鬥爭」，則其勝敗的最終裁決者，也在內部。倘若採取其他手段，可能會引起「自家人」的反感，先不先就脫離了群眾。閒話卻是人人愛說，個個愛聽的。運用「閒話」做武器，就容易被大家所接受，所容許，也就能夠保證自己立於不敗之地。即便露了馬腳，被人發現了，也不要緊。不就是說閒話嗎？難道你沒說過？自然說過的。那麼，「和尚摸得，我摸不得」？你能說閒話，我不能說？何況，我說了你，你也說了我，兩下裡也就扯平，你還鬧什麼鬧？

最後，中國歷來缺少民主程序和輿論監督，什麼事都是「頭家」說了算。在國內是皇帝說了算，在家內是父親說了算，在家族、行幫、門派內部是族長、幫主、師父們說了算。制度既為「一言堂」，則這些「君父」們要體察「下情」，就只好去聽閒話。因為暗中的舉報有告密的嫌疑，公開的批評又好像是在向「君父」們的權威挑戰，只有不動聲色地倒些「閒話」，把足以置人於死地的輿論「閒閒」地娓娓道來，才既能「驚動聖聽」，又確保自身無虞，真正收到「言者無罪，聞者足戒」的效果。

何況「君父」們也是人，也愛聽閒話。對於他們來說，聽閒話的好處甚多。「言者無心，聞者有意」，沒準能從閒言碎語中聽出點什麼名堂來。聽出來以後，想當真，可以追究，因為「無風不起浪」。不想當真，也無妨一笑了之，因為原本不過街談巷議。同樣，對那些倒閒話的人，想整治查辦，可以說他「別有用心」；想包庇縱容，也可以說他「有口無心」。反正是不是閒話，是故意誹謗還是隨便亂說，從來就沒有一個客觀科學的標準，全憑握有生殺予奪之權者一句話。

這就靈活、便當。所以，歷代王朝，都有指派詩官特為采風（搜集民歌民謠），指派稗官收集「街談巷語，道聽塗說」的事，或規定言官（監察部門的官吏）可以「聞風奏事」。民歌民謠也好，道聽塗說也好，都是平民百姓「背著」皇上說的閒話，比如漢時的「舉秀才，不知書，察孝廉，父別居」之類。有的還直接罵到皇帝頭上。比如明朝嘉靖愛抄家，民謠就說「嘉靖嘉靖，家家乾淨」。這類閒話，歷朝歷代都有，時下也很不少。除前面提到的「十億人民九億侃，還有一億在發展」、「十億人民九億搓，還有一億在琢磨」外，還有「十億人民九億商，還有一億在開張」，「十億人民九億倒，還有一億在思考」，「十億人民九億賭，還有一億在跳舞」。這些民謠都反映了社情民意，有的還反映了時代的變化，如從「學會數理化，走遍天下都不怕」到「學會數理化，不如有個好爸爸」就是。故「王者」認為可以「觀風俗，知得失，自考正」，當然要派人去收集整理。

不過「聞風奏事」這規矩，就不大好講。所謂「聞風奏事」，即無論聽到什麼閒言碎語，哪怕只是捕風捉影，均可直接報告皇帝，而不必核實，也不受「反坐」的處分。說句不好聽的話，這就簡直是在公開鼓勵「倒閒話」了。

妙處多多

上有所好，下必效焉。「倒閒話」既為至尊天子所認可，並公然使之制度化、合法化，則普天之下的「閒話愛好者」，其欣然雀躍為何如？更何況，閒話這種武器，具體地使用起來，又確有許多妙不可言的好處。

第一是「合理合法」。在說話這個問題上，中國人和西方人的觀點是不大一樣的。西方人主張言論自由，認為說話是一個人的天賦人權，誰也不能限制和干涉。故西哲有云，我堅決反對你的意見，但我寧願犧牲生命，也要捍衛你發表這個意見的權利。所以西方人說話比較隨便，國是可以議論，總統可以批評，上帝是否存在也可以懷疑（當然要在中世紀以後）。即便說錯了，也只能說你說得不對，不能說你「不該說」。

中國人就沒有那麼隨便了，並不是什麼人都可以說話，也不是什麼話都可以說的。比如「階級敵人」、「專政對象」，就不能允許他們「亂說亂動」。又比如，犯上作亂、造反謀逆的「反話」，不但不能說，連在心裡想一想都是殺頭的罪，其罪名就叫「腹誹」，也就是在肚子裡誹謗「君父」，同屬「大不敬」。其實，豈止是誹謗批評不得，就連他們的名字也不能說。比如五代時有個叫馮道的，當官前曾當過先生。有一天教學生讀《老子》，一開頭就是「道可道，非常道」。學生為避先生之諱故，不敢說「道」字，只好大聲念道：「不敢說，可不敢說，非常不敢說。」的確，中國人的許多話，確實是「非常不敢說」的。

不但「反話」不能說，「正話」也不能隨便說。說的時候，要看場合，要看對象，要看自己的身分（有無資格說這些話），還要注意態度、語氣、方式、分寸。倘若犯規，君父、長官、老爺大人們便會一聲斷喝：「這裡豈有你說話的地方？叉出去！」或令「掌嘴」。所以懂規矩的中國人，一般都不會亂講。不分場合不看對象不注意態度語氣地信口開河，至少也會被目為不懂規矩、沒教養。

「正話」不能亂講，「反話」更說不得，這樣算下來，大約只有「閒話」，可以隨便說，或說得比較隨便。所謂閒話，也就是非正式的話。前面已多次說過，中國人說話辦事，極其講究規格、格式。這些規格、格式無非官民之別，朝野之別，內外之別等等，總之是「正式」與「非正式」之別。正式的話是「官話」，非正式的話是「閒話」。民可以講「官話」（如宣讀官方文件，傳達官方意圖，在官方組織的會議上發言等），官也可以講「閒話」（在非正式場合上的非正式發言都是）。故「閒」與「不閒」，全在於是否「正式」。但凡「非正式」者，都可以謂之曰「閒」，而無論其主體是否當「官」。這就官民皆便。

何況只要是人，就要說話。正話反話都不能說，或不能隨便說，如果連閒話也禁，豈不把人憋死？所以歷朝歷代，都沒有禁閒話的「法」，也沒有禁閒話的「理」。茶館裡張貼的告示，也只會說「莫談國事」，斷不會說「禁止閒話」的。其實，「莫談國事」也就等於多說閒話。因此，在中國，「國事」往往也會變成閒話，比如變成小道消息和政治民謠，也沒有聽說過會遭禁的。因為所謂閒話，也就是「隨便說說」的意思，當然說得再隨便，也「合法」。

至於「合理」，則本之於「群體意識」。依照群體意識的邏輯，每個個人都是群體的。群體的也就是大家的，既無分公私，亦無分你我，每個人的私事、家事、閒事，也就是大家的事，大家也都有權來關心，來過問，來議論，來品頭論足，說三道四。所以，中國人歷來不承認個人有什麼「隱私權」，也不會懂得要去尊重別人的隱私權。要求享有和尊重隱私權，是近幾年才有的事。在先前，一個人如果要求隱私權，不但得不到尊重，反倒會被視為咄咄怪事：「怎麼，他難道有什麼不可告人的隱祕？」在不少中國人看來，「不可告人」的，也一定或多半是「不正當」的，否則為什麼不能告訴大家？這就只能進一步引來閒話。

總之，我是群體之一員，你也是群體之一員。我可以議論你，你也可以議論我，正所謂「誰人背後無人說，哪個背後不說人」。反正「大家一樣，人人有份」，這就「公平」，也就「合理」。

壞事傳千里

用閒話做武器，妙處之二是「傳播迅速」。俗話說：「好事不出門，壞事傳千里。」閒話的傳播速度是最快的。快的原因，當然在於閒話所言，多半不是什麼好事。中國歷來有以德立國以禮治國的傳統，「好人好事」總是會得到官方的正式表彰。「壞人壞事」就難講了。除非是為了殺一儆百，做「反面教材」，弄不好就會被捂起來，以免家醜外揚，影響太壞。好事既然多由官話來講，則閒話就難免多講壞事了。

閒話多講壞話，還因為好話可以當面講，壞話則多半只能背後講。好話是人人愛聽的。要說好話，儘管當面。壞話就不同了。當面講一個人的壞話，不但他未必接受，自己也往往講不出口。但是，不講，心裡又憋得慌，便只好背後說閒話。正因為此，「閒話」一詞，才有了「背後議論批評」的意思，或等於「不滿的話」、「壞話」。

那麼，壞話為什麼就傳得快呢？

道理也很簡單，就因為壞話多半是「背地裡」說的話。背地裡說的話，往往比較有「價值」。一是真實可靠。中國人是愛面子的。面對面時，為面子故，便難免閃爍其詞，甚至虛情假意。即便要說對方的壞話，也多半會吞吞吐吐，含糊其詞，不得要領，除非是吵架。背靠背時就不一樣了。沒有面子障礙，不怕「對不起」，就可以放肆，也就比較真實，或被認為比較真實。

其二則是神祕誘人。背地裡說的，也就是不能公開講的。為什麼不能公開講呢？這就神祕，也就誘人。所以，越是不能公開講的事情，就越是有人打聽；越是打聽不到，就越是神祕；而一旦打聽到了，就會產生一種優越感，因為自己居然聽到了不能公開講的、別人聽不到的東西，豈不優越？

如果這背地裡講的，又是別人的壞話，就更有優越感。別人被說了壞話，就證明自己很好；別人被說了閒話，則證明自己沒有被說。這就大可得意一把。所以但凡聽到他人之閒話者，鮮有不心中竊喜的。不過，光是「沒事偷著樂」還不行，還得把這閒話傳出去。不傳，則喜悅無人分享，得意無由證明。而且，為保證效果，傳的時候，還得言之鑿鑿，神祕兮兮。

真實可靠，就有人信；神祕誘人，就有人傳。因為能夠聽到不能公開講的話，證明自己面子大，路子廣，手眼通天，消息靈通，如不向人展示，則優越感何以顯現？再說，把「不足與外人道」的閒話倒給別人聽，也是拉交情、套近乎的一種方式，它往往意味著「如果咱倆不是哥們姐們，怎麼會告訴你」。這就是面子，也是人情。倒閒話，體驗了優越感，又得了面子人情，當然是很合算的買賣。

即便倒給當事人本人聽，也不要緊，因為那壞話是別人說的，而自己講出來，則全因彼此「貼心」之故。否則，又不關我什麼事，誰吃飽了飯沒事幹，管這閒事來？正因為咱倆是哥們，怕你被人暗算了還蒙在鼓裡，這才顧不上面子不面子，特地來給你「提個醒」。這份人情，對方當然不能不領。

閒話傳播速度快，也還有閒話自身的原因。一是「閒話愛好者」人數眾多。人多議論多，熱情高，幹勁大，傳播起來自然也就快。二是中國人對閒話的興趣大，熱衷此道，積極主動，不愁找不到不要佣金的「義務宣傳員」。三是閒話能滿足中國人的許多心理需求，如「好奇心」、「窺私癖」、「平衡感」、「嘴巴癮」等等，下面還要專門講到。四是閒話走的是民間管道，不需要審查報批、開會討論、舉手表決，自然比走官方管道效率更高。所以有時官方的非正式意圖或決定，也採取「閒話」的民間管道下達，謂之「吹風」、「通氣」、「打招呼」等等。

暗箭難防

用閒話做武器，妙處之三是「不負責任」。前面說過，閒話就是「不說白不說，說了也白說」的話，負什麼責？何況說閒話時，一不記錄，二不備案，三不存檔，「來如春夢幾多時，去似朝雲無覓處」，你上哪兒追究責任去？即便找到了責任人，又怎麼拿得出證據？即便拿得出證據，又請誰來主持公道？更何況，既然大家都公認其是閒話，自然不會有人去認真對待和加以追究。誰要是去認真追究，大家便都會覺得好笑，沒準兒追究本身，也會變成新的「話柄」、新的「笑料」，讓人說閒話，這是很不合算的。

至於當事人本人，更不便出來闢謠，因為那會有「此地無銀三百兩」之嫌，越解釋，越說不清。閒話嘛，「姑妄言之」又「姑妄聽之」的事，認什麼真呢？還是「心裡有鬼」吧？所以，對於閒話，最好一笑了之。如果硬要去解釋，那就不但「吃不到羊肉」，沒準還會「惹一身的騷」。況且，傳閒話的人那麼多，你總不能站在十字街頭，見一個人就解釋一次吧？又況且你永遠無法弄清是哪些人在傳閒話，哪些人信了哪些人不信。對那些信了的人解釋，人家會認為你故作姿態，越發堅信不疑；向沒聽過這些話的人解釋，則又等於白當了一回「義務宣傳員」，反倒擴大了影響，誰會幹這蠢事？

主政者既不便追究，當事人又無法解釋，大家也就樂得乘興胡說亂講一通，過過嘴巴癮，反正絕不會因此而對簿公堂，正所謂「不說白不說」。即便認真查下來，也不要緊。因為查來查去，最後的結論，往往無非是「事出有因，查無實據」八個字。既然「事出有因」，說的人當然也就沒有什麼責任；而「查無實據」也並不等於沒有證據，只不過其據「不實」而已。更何況，說閒話的人那麼多，你追究誰的責任去？「白頭宮女在，閒坐說玄宗」，可見說閒話是不必擔心要負責任的。

第四就是「殺傷力強」了。因為被人說了閒話，是一件丟臉的事，這本身就是傷害。而且，說的人越多，就越沒面子。於是還沒開戰，便先落了下風。況且，被人議論卻不能追究，被人笑話卻不能解釋，被人傷害卻不能反擊，只能悶在心裡生「閒氣」，沒準就悶出病來，甚至活活氣死，你說殺傷力強不強？

其實，閒話的作用還不止於此。我們知道，閒話主要不是說給當事人聽的，而是說給別的什麼人聽的。這就難保不會有某個人「聽話聽聲，鑼鼓聽音」，「疑心生暗鬼」。如果這疑心之人又非同一般，則很可能對被議論者產生極大的危害。更糟糕的是，這種疑心往往無法證實，而且也不會表露出來，結果很可能一個人中了暗箭自己還蒙在鼓裡，稀裡糊塗地就被「斷送」了政治生命。所以，閒話雖小，雖輕，殺傷力卻強。

閒話不但殺傷力強，而且難以應付。其所以難以應付，除了前面講的無法追究，不能解釋，以及找不到還手對象外，還因為它實在太小，太輕。閒話也者，無非是些雞零狗碎，雞毛蒜皮，陳芝麻爛穀子，不登大雅之堂，也就無法擺開陣勢和它「過招」。它就像毛毛雨，打起傘來很可笑，不打傘又弄得渾身濕漉漉、黏糊糊的怪難受。所以，被閒話包圍的人，就像得了愛滋病，自己沒法應付，別人還老躲著他。你說可怕不可怕？

那麼，閒話果真就無法對付了嗎？有的。一個直截了當的辦法，就是用閒話來對付閒話。比如別人說你偷奸，你就說他耍滑；別人說你謀私，你就說他搞鬼。總之，誰說你的閒話，你就說誰的閒話，甚至寫匿名信。不過，以閒話對閒話，以匿名信對匿名信，未免以小人對小人，以缺德對缺德。最後的結果，是使自己也會變成惡。

閒話之可惡，亦在於此。

三　男人女人

女人與閒話

男人和女人，誰和閒話更有緣分？女人。

首先是女人比男人更愛說話。「三個女人一臺戲，兩個男人沒好話。」男人和男人在一起，要嘛說正事，要嘛談女人和性，要嘛話不投機，乾脆不說。女人和女人在一起，則總有話說，天氣啦，物價啦，孩子啦，衣服啦，單位上的閒言碎語啦，鄰里間的雞毛蒜皮啦，明星們的逸聞趣事啦，街面上的最新產品啦，大多是些閒話。這時，你想要她三緘其口，保持沉默，比登天還難。所以，如果要刺探情報，最好的辦法，就是去和女人說閒話。只要她說到興頭上，那麼，不等你提問，她就不打自招，主動「坦白交代」了。

其次，女人對於閒事比男人更有興趣。比如熱心於給別人介紹對象的，便多半是女人。女人一般比男人更有「閒」，也比男人更有同情心。有同情心就有「動機」，有閒就有「條件」，一來二去，就形成了對閒事的好奇心。因此，鄰里之間，一旦要打探別人家的私事，派出的探子，便十有八九是女人。

最後，女人比男人更有想像力。男人邏輯能力較強，女人則長於直覺與想像。故男人「認死理」，女人「想當然」。說閒話，恰恰是不能推理，只能想像，不能認死理，只能想當然的。如果較起真來，非得弄個水落石出不可，那閒話還是閒話嗎？女人和女人在一起，大家都想當然，說起閒話來，也就沒有障礙。

即便用閒話做鬥爭武器，也是女人比男人多。因為女人比男人更容易受歧視、受欺負，又比男人更細緻、更敏感，也就更容易感到不平。男人因為粗放、馬虎、大大咧咧，所以往往感覺不到。即便感到不平，也比較容易「想開」；女人則因無法排遣，就往往「想不開」。想不開就要宣洩，就要報復。但男人的報復多訴諸行動，女人的報復則多訴諸語言。故男人動手，女人動口；男人打架，女人罵街；男人搞政變，女人倒閒話。

當然，最主要的還是女人愛說話。愛說的也愛聽。所以，祥林嫂講阿毛的故事時，「特意尋來」的必是魯鎮上的「老女人」，而「男人聽到這裡，往往斂起笑容，沒趣的走開去」。由是觀之，女人與閒話更有「緣分」。

女人愛說閒話，也更容易被人說閒話。

首先是被女人說閒話。女人比男人更關心自己的同性。不過這裡說的「關心」，不是愛，更不是同性戀愛，而是一種暗地裡的「較量」或「提防」。傳統社會是一個男人的社會。男人高踞於社會金字塔的頂端，占據著社會舞臺的中心，掌握著政治、經濟、軍事、外交、法律制裁和道德判斷的大權，出盡風頭，占盡風流，閱盡人間春色，女人則不過是他們的陪襯與附庸。一個女人要在這樣的社會立足，就不能不設法引起男人的注意，也就不能不防備別的女人比自己更年輕、更漂亮、更性感和更具魅力。

所以，女人更關注的是女人，而不是男人。在她們看來，男人都一樣。只要自己有吸引力，就不怕沒有男人來獻媚。也所以，在公開的社交場合，男人關心的是自己的預期目的（結交要人、交換資訊、洽談生意等）能否實現，或能否有意外收穫（如豔遇），女人關心的則是自己能否成為眾人注意的中心。因此，一個單位，或一個圈子裡，如果突然來了一個女人，而這個女人又相當出色，或氣質高貴，或談吐優雅，或年輕漂亮，或風流性感，便立即會引起注意。男人的注意多半帶有「邪念」，女人的注意則多半帶有「敵意」。雖然都是「不懷好意」，但內容和性質卻大相徑庭。

女人不但關心和注意女人，而且眼光也格外挑剔。於是任何女人都難保不被挑出「毛病」來。一旦挑出毛病，也就有了話柄，則閒話也就油然而生。如果這個女人是眾矢之的，則閒話的流布，也就格外迅速、廣泛。可以說，一個女人閒話的多少，往往是與她受到公眾注意的程度成正比的。越是引人注目，閒話也就越多。社會上的三流小報之所以特別愛刊登女歌星、女影星的逸聞，尤其是關於她們的「婚變」或「偷情」的逸聞，道理正在於此。某些女歌星、女影星會有意製造一些新聞，道理也在於此。

不過，說起歌星影星們的閒話來，人們的心理更多的是好奇。甚至在好奇、鄙薄和幸災樂禍之外，也未嘗沒有幾分羨慕。「星」們畢竟離自己太遠，簡直望塵莫及，因此只能「閒談」，也無妨「閒談」。如果是說自己身邊的女人，就沒有那麼客氣了，不把她們剝得一絲不掛，批得體無完膚，是絕不住口的。如果這個女人又出了「事」，丟了「臉」，則那份幸災樂禍的快感，就會溢於言表。如果說，有些人最不能容忍的，就是自己身邊眼前的人比自己過得好，那麼，女人之於女人則尤然。

男人與閒話

女人愛說女人的閒話，男人也愛說女人的閒話。

男人只要不帶功利目的，不是為了報復誰、搞垮誰，談起女人來，倒是地地道道的閒談。其心情是舒暢的，其態度是閒適的，其眼光是欣賞的，話題也比較集中，多半討論該女是否性感漂亮。這也不奇怪。子云：「吾未見好德如好色者也。」可見好色也是人之常情。再說，除此以外，又議論什麼？莫非議論她學習成績好，工作幹勁大不成？那就不是說閒話了。事實上，一旦男人意識到「這個女人不尋常」，他們也就不再把她當女人看。不是會產生同性間的警惕，就是會產生同性間的敬重，話題也會變得嚴肅起來。

女人談論女人，話題則比較分散，但大體不出以下範圍：一是穿著打扮，二是舉止言談，三是婚戀情況，四是社會交往。議論的過程中，往往伴隨著道德的評價。如果該女的行為有不夠檢點之處，則多半會引起同仇敵愾的批判。的確，女人比男人更看重貞潔問題。男人看待貞潔的態度是矛盾的。他們多半希望自己的老婆守貞，而別的女人最好都是蕩婦。所以即便發現某女有點什麼「問題」，也不會憤怒。

女人的態度則表裡如一。嚴以律己的，也不會寬以待人；自己如果不貞，也不會罵別人淫蕩。但貞潔的女人畢竟是大多數，而「不尋常」的女人則不太多。所以，總的來說，男人談女人，意在欣賞；女人談女人，意在批評。男人較少對女人進行道德評價，女人則很難對女人進行審美欣賞。男人的態度是美學的，女人的態度是倫理學的。男人是欣賞者，女人是批評家。

男人愛說女人的閒話，女人則很少說男人的閒話。即便說，也不能那麼放肆，或不能把男人當作男人來議論。再說，在傳統社會，一個女人所能接觸到的男人，除了自己的父親、兄弟，便是自己的丈夫、兒子，又有什麼好議論的？頂多也就是「訴說」而已（比如訴說丈夫的不忠或兒子的不孝）。即便這類話題，說的機會也不會太多。至於家庭以外的男人，則絕對說不得。一說，就會引起一系列問題。總之，男人談論女人，固然會有「流氓」嫌疑；女人談論男人，則可能被目為「娼婦」。相比較而言，後者顯然更可怕。

如此看來，男人似乎與閒話較少瓜葛，其實不然。在中國，男人往往是和女人一樣愛說閒話的（否則中國的閒話愛好者就不會那麼多），而且說起來可能比女人還厲害。前面說到在漢文帝面前說季布閒話的，便是男人（這種事女人可插不上嘴）。可見，男人不說則已，一說，就會說出事來。

這就至少證明了三點：第一，男人也倒閒話，而且也不見得少說；第二，男人的倒閒話，多半有目的，甚至是用於搞陰謀；第三，男人的倒閒話，和女人一樣，也是著眼於他人的隱私和私生活。這就比女人更可怕，也更下作。因為女人的倒閒話，多半沒有什麼直接的功利目的，只不過愛說而已，頂多借此表明自己的清白，或洩洩私憤。男人是不愛說閒話的。不愛說而說，就多半「別有用心」。朝廷裡，單位上，用閒話來損人、整人、害人，置人於死地的，也多半是男人。何況，女人倒閒話，範圍往往不大，所說也不過雞毛蒜皮，故危害也有限。男人倒起閒話來，那就沒譜了，弄不好就整得別人丟官送命，家破人亡，豈不可怕？而堂堂男子漢大丈夫，不幹正事倒閒話，豈不下作？

其實，即便女人用閒話做鬥爭武器，也比男人值得同情。女人一無權，二無勢，三無力氣，當然只好背地裡嘀咕。男人就不同了。男人完全可以布堂堂之陣，展正正之旗，當面挑戰，公開過招，幹嘛用這下三濫的手段？也只有一種解釋，那就是給逼出來的。誰逼他們來著？專制主義和專制制度。專制就不民主，不民主就沒有言論自由，也沒有輿論監督。大家有話不能公開講，就只好私下講；不能當面講，就只好背地講。私下也好，背地也好，都是「陰」。陰也者，偷偷摸摸、鬼鬼祟祟之謂也。偷偷摸摸、鬼鬼祟祟的事情做多了，自然心理也會變得陰暗起來。而心理陰暗的人，又怎麼可能正大光明？

閒話陰謀家

中國有陰暗心理的「閒話陰謀家」，差不多都會或都愛做以下幾件事情：

一是「爭寵」。這類人物，自己是沒有什麼獨立人格的，也沒有什麼自由意志。他們總是要依附於某個團體，或某個人，攀龍附鳳，以為進身之階。這就決定了他們必須「得寵」，而且必須「爭寵」。因為得寵是相對的。別人得寵，就意味著自己不得寵。即便已然得寵，也還有更多更高級的寵要得，這就非爭不可。但是，恩寵這玩意，又不是自己想爭就能爭來的，得由上面給。這就要投其所好，阿諛奉承，見風使舵，甚至出賣靈魂。所以這類人，大多有「兩件珍寶」，曰「好馬快刀」。馬是什麼馬？吹牛拍馬。刀是什麼刀？兩面三刀。吹牛拍馬就說假話，兩面三刀就倒閒話。

二是「告密」。告密是爭寵的題中應有之義。因為一個人是否得寵，要看他表現好不好，而表現的好壞，又是相對的。別人表現好，就意味著自己表現不好。或者反過來說更確切：只有別人表現不好，才能顯得自己表現好。所以，要爭寵，就得讓上面認為別人不好。這就要告密了。那麼，為什麼不能公開指責別人表現不好呢？因為公開指責要有證據，也得大家承認。這並不容易。公認表現不好的，往往不是對手；是對手的，又往往抓不住把柄。於是只好告密了。告密，並不僅僅只是「密告」（偷偷報告），更是「告密」（報告隱祕）。既然是告密，就能引起注意，驚動聖聽；既然是密告，就神不知鬼不覺，對方既無還手機會和辯解機會，自己也可以捕風捉影，無事生非，造謠編謊，至少也能添油加醋。當然，同時也還能顯得自己忠心耿耿，鐵桿保皇，也就能爭得更多的恩寵。因此，此類小人，幾乎沒有不告密的。

三是「找事」。告密是爭寵的配套工程，找事則是告密的前期工作。告密雖然可以誣告，但總以有據為宜，哪怕捕風捉影，蛛絲馬跡。這就要沒事找事。所以此類小人，幾乎無一不會雞蛋裡面挑骨頭。不過找來找去，也無非兩類。一是政治問題，二是生活問題（又叫作風問題）。前者多半著眼於言論，比如犯上、大不敬、誹謗君父，或者反動言論、自由化言論等。哪怕只是發發牢騷，或者對領導不滿，有意見，也行（而且更管用）。後者則多半著眼於行為，如亂搞男女關係。用政治問題整人則「狠」，用作風問題整人則「毒」。前者能把人「打倒」，後者能把人「搞臭」。如果得而兼，則最能大快此類小人的私心。

再就是「造謠」了。因為並非所有的人都能找到毛病抓住把柄。特別廉正和特別世故的人就不好對付。前者一身正氣，沒有辮子可抓；後者謹言慎行，想抓也抓不住。但不抓，又不甘心，便只好造謠。造謠也容易。因為只要是人，就總會有所動作，有所表現。如果附會演繹，指鹿為馬，無限上綱，便不難課以大罪名，製造新新聞。比如某同志外出調研，便可以說成是去會情婦；某先生房間裡曾有年輕女子出入，自然是叫了小姐。那麼，請問有證據嗎？嘻嘻！這你就傻逼了。這種事情，哪有留下證據的？信不信隨你好了！

其實，這些傢伙又何嘗一定要你信？只要有人聽就行了。而且，他們越是表示不在乎你信不信，就越是有人信。結果，被誣陷的人便渾身是嘴也說不清。

何況也不一定要造謠，還可以對已然存在的事實另做解釋。這就更便當。只要存心找碴，隨便什麼都可以往壞裡說，而且種類還挺多。笑，可以解釋為「幸災樂禍」，也可以解釋為「笑裡藏刀」，還可以解釋為「皮笑肉不笑」。哭，可以解釋為「兔死狐悲」，也可以解釋為「貓哭耗子」，還可以解釋為「劉備哭荊州」。不哭不笑也有話說。不是「冷酷無情」，便是「心懷鬼胎」，要不然就是「故作鎮靜」。你說不是這麼回事？那麼請問你哭了沒有？笑了沒有？不是麼！

這實在是防不勝防。

在上述魍魎行徑中，閒話都充當了重要角色。罪名既多從閒話中收集，告密亦不妨採用閒話方式。用倒閒話的辦法來告密，萬一查無實據，也不會構成誣告，因為那原本不過是閒話。閒話都是些道聽塗說，也就是別人說的，自己不必負責。再說，這個人的閒話這麼多，至少也能證明他口碑不好。就算這些閒話都是謠言，怎麼別人沒有？

當然，一旦陰謀得逞，成了氣候，那就不再是倒閒話，就要大做文章，甚至大開殺戒了。歷史上那些奸臣們是這樣做的，「文革」中康生之流是這樣做的，現在某些成天拿著放大鏡在別人的著作文章裡找問題挑毛病，隨時準備打棍子扣帽子的人，也想這樣做。

這類小人，人數不一定很多，危害卻不小。我們還真不可「小看」了他們。

四　閒話心理

好奇心與窺私癖

由是觀之，閒話這玩意，似乎不算什麼好東西；而熱衷於倒閒話，就更是中國人社會生活中的一只「毒瘤」。然則，為什麼又有那麼多人喜歡講閒話、傳閒話呢？莫非真的嗜痂如癖，「紅腫之處，豔若桃花，潰爛之時，美如乳酪」？

這就要進行一番心理分析了。

中國人的閒話心理，粗略地說，大體上有以下幾種：

一曰「好奇心」。中國人也有好奇心嗎？從表面上看，似乎沒有，也不大主張有。原因嘛，也有兩個。第一，在中國人看來，好奇是丟人的。中國有句老話，叫「少見多怪」。也就是說，好奇，只因為見識太少。如果見多識廣，自然「見怪不怪」。因此，即便見到沒見過的東西或事情，也要做無所謂狀。比如第一次參加祭典，雖然沒有見過，也不能東張西望，左顧右盼，只能規行矩步，行禮如儀。又比如有家教的孩子，到別人家裡作客，就斷然不許探頭探腦。見了主人家的新奇玩意，也不許大驚小怪，以免讓人覺得咱們沒見過「世面」，「小家子氣」，遭人笑話。

第二，在中國人看來，「好奇」也是不正經的。什麼是「奇」？「奇」就是怪，叫奇怪；就是異，叫奇異；就是巧，叫奇巧。與「奇」相反的是「正」。「正」就是經，叫正經；就是常，叫正常；就是道，叫正道。所以，正常人、正派人或者正經人，就不能好奇。「子不語怪、力、亂、神」，即此之故。「說奇」尚為君子不屑，何況「好奇」？這樣一來，中國人的好奇心受到壓抑，也就「不足為奇」了。

然而，好奇畢竟是人的天性。因此，中國人的好奇心只能受到限制，而不可能被泯滅。事實上，中國人對於自然奧祕、宗教歸宿、哲學思辨等問題，確實漠不關心，但對於世道人情、政治鬥爭、人事糾紛等等，則津津樂道。就連一般小民，愛看的也是這一類的熱鬧：婚娶、出殯、吵嘴、打架、罵娘，以及縣官審案，犯人遊街，劊子手殺人。每到這時，不是場外圍一大堆，就是後面跟一大群，走一路，看一路，而且正如魯迅先生所描述，「頸項都伸得很長，彷彿許多鴨，被無形的手捏住了的，向上提著」，還不夠起勁的嗎？

可見中國人並非不好奇，只不過其所「好」者，無關乎物，只關乎人。所謂「家事國事天下事，事事關心」，豈非都是人事？但當真關心「公事」（國事、天下事）的，其實並不多。一般普通老百姓關心的，還是「私事」（家事），尤其是別人家的事。

這就難免產生「窺私癖」。

中國有多少人有窺私癖，這無從統計。但大體說來，那些聚族而居者，各房媳婦妯娌之間，都難免相互窺測。另外，小市民，尤其是女小市民，亦多半有此嗜好。究其所以，則多因「親密無間」故。住在一起的人，一般總想知道人家是怎麼過的，過得比自己好，還是比自己差。這就非窺視不可。所以，在物質匱乏的那些年代，誰家要是偶然吃一次紅燒肉，也得偷偷摸摸，免得別人知道了說閒話。

攀比之外，也不乏好奇。人的心理大約總是這樣：離得太遠，根本看不見的，他沒有興趣；全無遮掩，一目了然的，他也不會好奇；唯獨那些近在眼前又看不清楚、半含半露、半遮半掩、若有若無、似是而非的東西和事情，最能勾起他們看個究竟的欲望。

小市民的生活，就是如此。一條里弄，住上幾百戶人家。樓上樓下，一牆之隔，什麼都聽得見，又都聽不真切，什麼都看得到，又看不清楚，還能不激起「好奇心」，培養「窺私癖」？再說，街坊鄰里，三姑六婆，不是在一起洗衣服，就是在一起搓麻將，總得有閒話說吧？這就要有談資，而他人的私生活，無疑是最好的話題之一。可惜，這類新聞材料，是不能公開採訪的，於是便只好窺視。

那麼，探頭探腦，聽壁腳，就不怕被人發現嗎？不怕。因為即便被人發現，也沒有什麼關係：「你又沒有什麼見不得人的，看看有什麼不可以呀？」於是你就只好「開門揖盜」，恭請諸位「窺私愛好者」登堂入室蒞臨視察。既然連他們的眼睛都管不住，當然更管不住他們的嘴巴，第二天的閒話場上，便又平添了許多「口香糖」。總之，窺私所得，可為閒話之談資；閒話所聞，又可為窺私之補充，真是「相得益彰」。

當然，真正的原因，還在於中國先前根本就沒有隱私概念。隱私概念是建立在個體意識基礎上的。只有承認每個人都是具有獨立人格和自由意志的個體，才會承認他有不可侵犯的隱私權。然而，按照中國文化的邏輯，公私不分，則無私可隱；內外有別，又界限模糊。如果窺私者自認為他和你是「自家人」，你還能說他是「窺私」嗎？再說，鄉里鄉親的，平時少不得要來來往往，相互照應，如果連你家裡面都不讓人家看看，那不是太見外，太不夠意思了嗎？難道街坊鄰里還會偷你東西不成？結果，窺私成了堂而皇之的事情，捍衛隱私權反倒變得不正當，至少也會弄得沒人緣。

問題是，你看了也就看了，為什麼還要說，而且還要到處說？因為不說，就沒人知道我知道，豈非白知道？何況，不說，不但好奇心和窺私癖不能得到充分的滿足，而且想像力也不能發揮，創造性也不能表現，而想像力和創造性，也分別是閒話心理之一。

想像力與創造性

閒話是想像力的磨刀石。

想像力和好奇心一樣，也是一個有爭議的問題。許多人認為中國人缺乏想像力，證據是中國的神話不多，鮮有好的科幻小說等。但據此便說中國人缺乏想像力，是冤枉的。魯迅先生說過：「一見短袖子，立刻想到白臂膊，立刻想到全裸體，立刻想到生殖器，立刻想到性交，立刻想到雜交，立刻想到私生子。中國人的想像惟在這一層能夠如此躍進。」（《而已集・小雜感》）這豈非中國人頗有「想像力」之明證？只不過「惟在這一層」而已。

想像力既然不幸被擠兌到如此狹小的領域，便總要讓它大顯身手才好，而閒話則恰好為它提供了用武之地。閒話閒話，不過「說說而已」，何況「君子動口不動手」，隨便說說總沒有什麼關係。況且，越是不能「動手」，就越是想「動口」。所以，中國人閒話的內容，雖非「唯在這層」，但也「多在這層」。因為性原本就是一件必須「說一說」又不能公開討論的事情。不能公開說，就只好私下說；官方不能說，就只好民間說。於是關於性的話語，便多半是閒話。（亦請參看拙著《中國的男人和女人》）

中國的性閒話很多，各類葷話葷故事都是。其共同特點，是內容刺激誘人而形式撲朔迷離。因為性畢竟是一個禁忌的話題，不能明目張膽地說。但越是禁忌，就越構成「擋不住的誘惑」。於是說的人欲說還休，聽的人欲罷不能；說的人閃爍其詞，聽的人又不便刨根問底。這就要靠想像力來幫忙了。這種想像力，是連普通農民都有的。比如一個農民問一個農婦，你那塊田乾了吧？要不要我來澆水？我的管子又長又粗。農婦聽懂了，就會罵道：什麼東西！農民則會笑嘻嘻地說：什麼東西？當然不會是胡蘿蔔，也不會是紫茄子啦！倘若沒有想像力，你就悟不出什麼名堂。

如果事關身邊人身邊事，想像力起到的便又是另一種作用。因為這回可是「來真格的」了，必須有真實性，尤其是細節的真實。但細節的真實，又哪裡是能夠全都打聽得來的？這就要靠想像力來幫忙。所以，一說到此類事情，說者張目，聞者動容，雙方都往往十分起勁。說的人為了繪聲繪色，少不得要加以「合理的虛構」；聽的人為了彼此呼應，也少不得要加以「合情的補充」。雙方的想像力都得以充分地施展和發揮，還能不快活嗎？只可憐那被說閒話者，從此便不得安寧。行則有人「行注目禮」，坐則有人「戳脊梁骨」，居則有人以種種藉口前來打探窺測，去則立即會被認定是已然私奔。一個人，尤其是一個女人，倘被人說了此種閒話，那可真是「跳進黃河也洗不清」。用於殺人之閒話，多為此類，而想像力則是其刀刃。

其實，不但男女關係，其他閒話，也多半要靠想像力來補充的。因為閒話不過街談巷議，道聽塗說，甚至捕風捉影，無事生非。即便事出有因，也難免語焉不詳，沒有想像力怎麼行？何況，說閒話是不必負責任的，便正好操練操練自己的想像力。即便不過「想當然」，也不要緊。反正是說閒話，又不是做學問，認什麼真呢？

這就正好充分表現一下創造性。中國人原本是很有創造才能的，只可惜和好奇心、想像力一樣，受到限制。古時候，舊社會，科學研究不受鼓勵，著書立說頗多禁忌。既不能離經叛道，亦不敢異想天開，人人循規蹈矩，個個祖述前賢，也就談不上什麼創造性。再說，研究也好，著述也好，都是個別人的事，與平民百姓何干？

只有閒話是「安全地帶」，只有閒話是「用武之地」。

閒話最大的好處，是什麼人都可以說，什麼事都可以講，反正只當放屁。放屁是沒有規矩的，這就寬鬆。但閒話又不是放屁。它沒有規矩，卻有技巧。因為說閒話的目的是大家開心，好玩，樂。因此要有巧智，要有新鮮感。這就非有創造性不可。否則，講來講去就那麼些陳詞濫調，味道寡淡，誰聽？

事實上閒話的創造性也極強。比如酒桌上的段子，就年年都有新版本。手機上也不時可以收到新的短信。這說明有不少人在從事閒話的「業餘創作」，而且不在乎「著作權」。同時，在傳播的過程中，也不斷有人進行修訂和補充，以求完美完善。正因為有這樣一支不圖名利的創作大軍，中國的閒話事業才蒸蒸日上，歷久不衰。

平衡感與報復欲

閒話其實有兩類。一類是娛人的，一類是害人的。如果說，娛人的閒話表現了想像力和創造性，那麼，害人的閒話則主要源於「平衡感」和「報復欲」。

這兩條，可以算作一對。愛講他人之閒話者，多因內心不平衡。為了報復，也為了心理平衡，便去講閒話。試看大觀園中，最愛講閒話的是誰？無非是趙姨娘之流，因為他們內心最不平衡。不平衡則「爭閒氣」，爭閒氣則「倒閒話」，閒話講得越多，閒氣也生得越多，

如此惡性循環，永無出頭之日。然而除此一招，也實別無良策。因為他們一無權，二無勢，三無地位，又沒有正經事可做，不講閒話幹什麼？何況，閒話不閒，說得多了，沒準還真能起點作用。因不平衡而講閒話者，心理大抵如此。

可以這麼說，但凡愛講別人閒話的，都多少有點「姨娘心理」；而所謂「平衡感」，說白了，也就是嫉妒心。正因為嫉妒，所以，自己不走運，便巴不得別人倒楣；自己不成功，便巴不得別人失敗；自己站不直，便巴不得別人摔跤；自己沒本事，便巴不得別人垮臺；自己生了病，便巴不得別人早死；自己不幸福，便巴不得別人鬧離婚。總之，是容不得別人，尤其是自己身邊眼前天天看得見的人，比自己過得好。正如魯迅先生所言，「我們中國人對於不是自己的東西，或者將不為自己所有的東西，總要破壞了才快活」（《華蓋集續編．記談話》）。於是竟會有這樣的怪事，一個人的女朋友跟別人跑了，這個人便去將那女孩痛打一頓，或者竟將她毀容，而不是如西方人那樣，去找男的決鬥。

當然還有更差勁的，那就是大講這女孩的閒話。這實在是一種「姨娘心理」，也是一種「弱者行為」。因為強者居高臨下，有強烈的優越感，自然不會去毀壞自己得不到的東西，而只會去爭取更好的。當然，他也絕不屑於去說閒話。弱者既無能力，又無優越感，只好找更弱的對象出氣，甚至只能背裡去講閒話，亦即通過用閒話損人的方式來獲得一種替代性滿足。你不是得勢了嗎？你不是走運了嗎？你不是奪走了我的幸福（並非果真如此）嗎？你不是在人前露臉（也並非果真如此）了嗎？可是我背後說你閒話了，我和別人一起損你了，我們也就扯平了。這就簡直連阿Ｑ都不如。阿Ｑ雖然主張「精神勝利法」，而且也是找比自己更弱的人（如小尼姑）出氣，卻還沒有下作到背後講閒話損人的。

講別人閒話者，多半都被講過閒話；被別人講過閒話的，也多半要去講別人。這叫作「以眼還眼，以牙還牙，以閒話還閒話」。你說我貪汙，我就說你偷錢；你說我曖昧，我就說你養漢；你說我的文章都是別人代筆，我就說你的書都是剽竊。這種「閒話大戰」，連學者教授之流也公然加入，真乃噫吁嘻不亦悲乎！

除了這種雙方都以閒話為武器而相互報復者外，也有單方面用閒話來進行報復的，即明裡吃了人家的虧，又鬥不過，只好暗地裡弄些鬼鬼祟祟的魍魎手段，含沙射影，指桑罵槐。這自然也不折不扣的是弱者行為。這種人，往往睜著兩隻賊亮賊亮的眼睛，千方百計在對手身上找岔子。一旦逮住把柄，或自認為逮住了把柄，便立即興奮異常，四處奔相走告，唯恐天下不亂。如果這把柄是別人逮住的，閒話是別人製造的，則幸災樂禍，拍手稱快，並主動承擔起傳播的義務，而且在傳播的過程中不惜添油加醋，增容補缺。所以，通過閒話，也可以考察人際關係。一個人，如果十分起勁地說某個人的閒話，則他們之間便多半是有過節，或是前者吃了後者的「虧」。

其實，即便不是出於報復，人們在傳播閒話的過程中，也往往有一種幸災樂禍的潛在心理。因為好壞優劣總是相比較而存在。別人倒楣了，就說明自己走運；別人被說閒話，就證明自己沒有把柄。因此，為了證明和顯示自己清白，也為了體驗優越感，便不但暗地裡盼望別人出事，也會有意識地去說別人的閒話。別人的閒話越多，自己的閒話就越少。不過，真到少得等於零時，有些人又往往會有一種失落感，心裡酸溜溜的，因為這意味著他根本不值得別人注意。

所以，一個人，除非誰也不認識他，或者誰也不把他放在眼裡，就難免會被人說閒話。即便他再會做人，再小心翼翼，也在劫難逃：「這傢伙，八面玲瓏，從來不得罪人，真是油壺裡的雞蛋，又圓又滑。」這不也是閒話嗎？

閒話藝術家

除了存心用閒話為武器，報復洩憤，搞窩裡鬥外，還有一類人的愛說閒話，只不過是為了過嘴巴癮。這可算作「為藝術而藝術」的一派。他們與誰也沒仇沒怨，既不想打倒誰，也不想報復誰，既沒有目的，也沒有動機。他們之熱衷於講閒話，完全是「為閒話而閒話」，因此是真正的、純粹的、不折不扣的「閒話愛好者」甚至「閒話藝術家」。

這種人，人數雖不一定多，但能量大，影響廣，是「閒話運動」的中堅分子和骨幹力量。中國的「閒話事業」，多半要靠他們來維持和發展。因為他們對閒話最熱愛，最癡迷，也最不受其他非閒話因素的影響，因此總能保證閒言碎語的流布和傳播。

從性格上講，「閒話藝術家」多半是些熱心快腸又心直口快的人。熱心快腸就愛管閒事，愛管閒事就熟人多，人緣好，資訊面廣，消息靈通；心直口快就口沒遮攔，不看對象，逢人就講，到處傳播。總之，什麼話他們都能插上一嘴，什麼事他們都能插上一腳，沒有他們不知道的事情，沒有他們不敢發表的議論。加上沒有私利，沒有目的，沒有是非，傳起閒話來，也就義無反顧，勇往直前，甚至常常站在十字路口，義務充當「新聞發言人」，在眾「望」所歸和一片喝彩聲中大過其癮。

這當然十分可愛，同時也十分可怕。因為他們的傳播閒話，完全沒有私心雜念。沒有私利，也就沒有立場，當然什麼閒話也都一律予以傳播，傷害了誰他可不管，而且還自認為很公正，因此也最可怕。

老謀深算的窩裡鬥高手，要用閒話來暗箭傷人時，首先想到的「槍手」往往也就是他們。他們稀裡糊塗地被別人當了槍使，還任勞任怨，不計報酬，實在堪稱「閒話藝術家」。

這類寶貝之所以樂此不疲，細考其心理，又無非三端：其一是「責任心」，以管閒事為己任，甘願賠上時間，搭上精力，為與自己毫不相干的閒事四方奔走，到處遊說，似乎天下之興亡，社會之治亂，全系在他的一張嘴上。其二是「表現欲」，不甘寂寞，好勝心強，聽到一點風吹草動，立馬就要表現自己「天上知一半，地上全知道」的「神通」。所以這類人講閒話時，聽眾越多，他的熱情就越高；如果沒人愛聽，便會落落寡歡，索然無味。其三是「快樂感」，即在傳播和講述閒話的過程中，能因這過程本身而體驗到一種快感。有無這種快感，是區分「閒話藝術家」與一般「閒話愛好者」的分水嶺。只有那些不帶任何功利目的，純為快感而講閒話者，才真正是「為閒話而閒話」，「為藝術而藝術」。

以閒話為樂事、為第二職業的「閒話藝術家」畢竟是少數，以閒話為武器、為鬥爭手段的「閒話陰謀家」也畢竟是少數。就多數人而言，他們的講閒話、聽閒話、傳閒話，則不過是為自己平淡無奇的日常生活，增添一點樂子罷了。「世界大舞臺，舞臺小世界」，每個人都要在這社會舞臺上「表演人生」，倘無「戲劇性」，便未免乏味。聽閒話，即等於看戲；講閒話，即等於演戲；在傳閒話的過程中添油加醋，則無異於編劇之一了。

不過，「編劇」並非人人能當，「好戲」又必須連連出臺。尤其在古代，既無廣播可聽，又無電視可看，說閒話是重要的娛樂方式之一。單靠自家業餘創作，信口胡謅，遠遠不能滿足需求。何況倘若沒有口才，也說不好。

於是，以閒話為職業者，也就應運而生。

宮廷裡的「職業閒話家」是「弄臣」，主要的工作是和皇帝開玩笑，說笑話，閒聊天，逗樂解悶。皇帝也是人，不能整天板著臉辦公、說正事，也要消遣、娛樂、遊戲，包括說閒話，這就非有弄臣不可。「弄」者，戲弄也，故弄臣即「狎近戲弄之臣」。他們的工作，並不止於說閒話，有的其實是「男寵」，即同性戀的角色，所以不大被人看得起。專一說閒話的則叫「文學弄臣」，又叫「文學侍從之臣」，較之男寵要稍為體面一點，有的還能「入閣拜相」，如清代康熙朝的高士奇即是。此外還有「太監」。太監原本是女性化的男人，自然不乏會說閒話者，給皇太后、皇后、嬪妃們說閒話的任務，就由他們承擔。達官貴人家裡的「職業閒話家」則是「清客」，即專一在這些人家裡幫閒湊趣的門客，比如賈政身邊就養了一大批。他們的任務，無非是作點詩，填個詞，說說笑話，行個酒令，湊湊趣，捧捧場，拍拍馬屁，打打秋風而已。弄臣和清客，因為都是只有等皇上或權貴們「閒」下來時才「上班」的，所以他們的職業，也就可以統稱為「幫閒」。

幫閒與幫忙

幫閒的職業，歷來不大被人看得起。皇上既把他們「俳優蓄之」，達官們也往往只有表面上的客氣，因此有抱負或有骨氣的文人便往往不屑一為。比如司馬相如，就常常裝病，不到武帝面前去獻殷勤，一心要做「封禪」的大文章。又比如李白，聽說玄宗召他，以為會委以重任，高興得「仰天大笑出門去」，聲稱「我輩豈是蓬蒿人」。及至到了長安，才發現不過是做「文學弄臣」，寫些「雲想衣裳花想容」的小曲，便氣得在街上喝得爛醉，「天子呼來不上船，自稱臣是酒中仙」，最後終於掛冠而去。其實依我看，這兩位也用不著這麼惱火，因為實在看不出他們有什麼政治才能。太有藝術家氣質的人，其實不宜持政，因為他們只會「亂政」。試看會作詩的李煜，會畫畫的趙佶等人，哪一個不是把國家搞得一塌糊塗？讓他們幫閒，應該說倒真是「知人善任」。

何況幫閒也不容易。魯迅先生說過，「必須有幫閒之志，又有幫閒之才，這才是真正的幫閒」（《且介亭雜文二集．從幫忙到扯淡》），否則便不過是扯淡。所謂「真正的幫閒」，第一要「會說」，也就是要有好的口才，能夠舉重若輕，揮灑自如，風趣幽默，引人入勝，相當於「口頭文學家」。第二要「能講」，見多識廣，知今鑒古，無論什麼話題，都能接上茬，對上口，說出名堂來。這就要肚子裡有貨，至少是半個「學問家」。第三要「善道」，也就是要知道哪些話該講，哪些話不該講，無論講什麼，都只會讓人高興，不會讓人反感。這就簡直要有點「政治家」的天賦了。

說好閒話已屬不易，而要能做到「微言大義」，起到「振危釋憊」的作用，就更不容易。不但要為人正直，還要有過人機智。不過歷史上還真有這樣的人，比如戰國時的淳于髡和優孟等等就是。其中最優秀的，又當首推秦的優旃。「優」即「倡優」，是以樂舞戲謔為業的藝人。優旃是個侏儒，矮小醜陋，大約是滑稽演員這一類的人物，「善為笑言」，卻「合於大道」。秦始皇曾想建一個大獵場，東至函谷關（今河南省靈寶縣西南），西至雍（今陝西省鳳翔縣南）、陳倉（今陝西省寶雞縣東）。優旃聽了後便說，好得很好得很！再多養些野獸在裡面，敵寇從東方來，只要命令麋鹿去抵抗他們就行了。秦始皇一聽，便打消了這個念頭。後來秦二世當了皇帝，又異想天開地要用油漆來塗飾城牆，優旃一聽又說，好得很好得很！油漆過的城牆，又漂亮，又闊氣，又滑溜溜的，敵人來了爬也爬不上。只是塗漆倒也容易，但要找一間大房，把漆過的城牆放進去陰乾，就有點困難了。於是二世也一笑了之。這可真是片言談笑之間，便否決了一件於國於民有百弊而無一利的議案，實在應該說絕非「幫閒」，而是「幫忙」。

清客之中，也不乏能幫忙者。漢武帝（一說漢宣帝）時北海太守某公（一說名龔遂）的清客王先生就是。當時，皇上召見太守，王先生便對太守說，如果皇上問明公，「何以治北海，令無盜賊」，明公打算怎樣回答呢？太守說，我回答：選擇賢良的人材，任其盡展所長，賞拔超異尋常的人，處罰不圖上進的人。王先生說，這就是自吹自擂，自誇功勞了。請明公這樣回答：「非臣之力，盡陛下神靈威武所變化也。」北海太守見了皇上，當真如此對答。皇上一聽，果然「龍心大悅」，提拔北海太守為掌管上林苑的水衡都尉，令王先生做他的副手（水衡丞）。王某的話，算不上正義，但也是「幫忙」，不是「幫閒」。

可見「閒話不閒」。閒話講得好，便是「幫忙」，講得不好，便是「扯淡」。幫忙與扯淡之別，全在內容，不在形式。所以，歷史上的政治家、外交家雖不是「職業閒話家」，卻也大都會講幾句閒話，多少有一點講閒話所必須的文思、口才和應變能力。因為中國傳統的政治和外交，都往往有宴會。宴會是表示友好的形式，不能「打官腔」，只能「說閒話」。即便發生衝突，也只能用閒話來還擊和化解。三國時，有一次西蜀的使節張奉在孫權舉行的宴會上出言不遜，東吳方面十分惱火，又不便發作，於是東吳方面的薛綜便走過去向張奉敬酒，並十分隨意地問他：先生知道什麼是「蜀」嗎？「有犬為獨，無犬為蜀，橫目苟身，蟲入其腹。」張奉不高興地反問：先生難道不能說說什麼叫「吳」嗎？薛綜應聲道：「無口為天，有口為吳，君臨萬邦，天子之都。」於是眾座皆笑，張奉無言以對，只好認輸。可見所謂「折衝樽俎」，其實是離不開閒話的。

閒話與閒書

閒話既然有這麼多的用處，自然就會有專門講閒話的書，叫作「閒書」。閒書又有兩種，一種專門記錄閒話，另一種則自身便是閒話。前者如魏文帝曹丕的《笑書》、同代人邯鄲淳的《笑林》都是。另外如有名的《世說新語》，也記錄了不少閒話。後者的範圍就更廣了。廣義地講，但凡供人閒暇時閱讀，並不一定要正式場合才使用，或並不一定要正襟危坐刻苦攻讀的書，都可以看作是閒書，儘管它們的內容未必都是「閒事」。這又是只關乎形式而不關乎內容了。這樣算下來，則雜文、隨筆、散文、小說，總之，文學作品的半數以上，都應視為「閒書」。

這顯然要引起不少人的反對和忿怒。理論家會認為這是無視文學的社會作用，而作家則會認為這是故意貶低他們的「身價」，視作家為「倡優」。但是，請且慢大動肝火。第一，當今社會，人人平等，所司職業，只有社會分工不同，沒有高低貴賤之別。當一個「職業閒話家」，至少不比當一個「職業套話家」和「職業空話家」更「下賤」。第二，一本書有無社會價值，主要看內容；有無審美價值，則主要看形式。只要有高尚、健康、充實、於人民有益的內容，就有社會價值，而無論其形式「閒」與「不閒」。當年有人攻擊魯迅先生，說他的作品是一種「以趣味為中心的文藝」，「它所矜持著的是閒暇，閒暇，第三個閒暇」，先生不以為「掉價」，反將自己的雜文集名之曰《三閒集》，以為略示反擊。顯然，先生對於所謂「閒書」問題，有著超於常人的深刻見解，與那些表面自命高雅實則俗不可耐的人，不可同日而語。

其實，閒書正如閒話，本身並無所謂好壞。關鍵要看你說的是什麼。比如前述優旃說的那些閒話，就利國利民，而且效果比正兒八經上「萬言書」要好得多。當然，閒話也害人。但，不是閒話，就不害人了麼？張春橋、姚文元寫的那些文章，還有那個時期「兩報一刊」的社論，不是閒話吧？害人不？可見，閒話害人，並不因為它是閒話。這就正如一把斧頭不幸被用來殺人，那罪過卻不在斧頭一樣。

更何況，閒書和閒話，還為生活之不可少。我們知道，閒話，原本並不是「背後議論批評」的意思，也不等於「不滿的話」、「壞話」，而是「閒暇時說的話」。閒書則是「閒暇時看的書」。它們不但是一種休閒方式，也是一種生活情趣。生活中，完全不說閒話的人有多少呢？讀書而完全不讀閒書的也不多吧？即便有那麼幾個，也十有八九刻板迂腐、枯燥無味、了無情趣，而且還活得很累。

因此我們不妨把閒書分為三類，一類是內容充實、意義深刻者，則形為閒書，實則正史。一類是形也「閒」，實也「閒」，雖無重大意義，但能調劑生活，放鬆身心，消除疲勞，打發時日，也有一定的作用。還有一類是內容空洞、毫無意義者，則只能算是扯淡。閒書容易變成扯淡，這倒是不可不防的。但「扯淡」者卻並非只有閒書。比如時下道貌岸然，文字枯燥，一本正經地在那裡扯淡的所謂「正書」，難道我們見得還少嗎？

如此說來，則閒書也可以說正事，正事也可以用閒筆來寫了。事實上，這類著作歷史上並不少見，比如清人袁枚的《隨園詩話》便是。它至今仍是中國美學史和中國文學批評史上的一部重要著作，然而卻是「閒書」。這又再次證明閒書並非就一定沒有價值。相反，由於閒書態度閒適，文筆流暢，辯解敏捷，風趣幽默，讀起來輕鬆愉快，引人入勝，因此說起「正事」來，效果往往更好。寫這樣的好閒書，一要見解獨到，二要學識淵博，三要靈活機智，四要才氣盎然，才能寫得生機勃勃，發人深思。這就要有舉重若輕的功夫，絕非單憑耍貧嘴就可以奏效的。

本書要做的，也正是這樣一種試驗——給嚴肅的學術著作以閒書的形式，或者說，賦予閒書以深刻的思想內容。所以，我將這種形式，名之曰「隨筆體學術著作」。這一試驗成功不成功呢?作者心中並沒有底，就只好一任讀者諸君去鑒定，去品玩，去說三道四，去講「閒話」了。

國家圖書館出版品預行編目 (CIP) 資料
閒話中國人 / 易中天著 . -- 初版 . -- 臺北市 : 遠流出版事業股份有限公司 ,
2023.11
面 ;　公分
ISBN 978-626-361-347-8(平裝)
1.CST: 中國文化 2.CST: 文化研究
541.262　　　　112016999

閒話中國人

Talking about Chinese

談到中國人的事，實在是麻煩得很

作者　易中天
執行編輯　顏妤安
行銷企劃　劉妍伶
封面設計　周家瑤
版面構成　賴姵伶
發行人　王榮文
出版發行　遠流出版事業股份有限公司
地址　臺北市中山北路一段 11 號 13 樓
客服電話　02-2571-0297
傳真　02-2571-0197
郵撥　0189456-1
著作權顧問　蕭雄淋律師
2023 年 11 月 30 日 初版一刷
定價新台幣 399 元

ISBN　978-626-361-347-8
遠流博識網 http://www.ylib.com E-mail: ylib@ylib.com
（如有缺頁或破損，請寄回更換）

本書中文繁體字版由易中天透過果麥文化專屬授權出